中国近现代少数民族教科书政策研究

◎ 崔珂琰 著

西藏自治区教育厅和西藏民族大学学术著作出版基金资助

知识产权出版社
全国百佳图书出版单位

图书在版编目（CIP）数据

中国近现代少数民族教科书政策研究/崔珂琰著. —北京：知识产权出版社，2017.1

ISBN 978 - 7 - 5130 - 4598 - 8

Ⅰ.①中… Ⅱ.①崔… Ⅲ.①少数民族教育—教材—教育政策—研究—中国—近现代 Ⅳ.①G759.2

中国版本图书馆 CIP 数据核字（2016）第 276601 号

责任编辑：申立超 　　　　　　　　　　责任校对：潘凤越

封面设计：陶建胜 　　　　　　　　　　责任出版：刘译文

中国近现代少数民族教科书政策研究

崔珂琰　著

出版发行：知识产权出版社 有限责任公司	网　址：http://www.ipph.cn
社　址：北京市海淀区西外太平庄 55 号	邮　编：100081
责编电话：010 - 82000860 转 8340	责编邮箱：shen_lichao@163.com
发行电话：010 - 82000860 转 8101/8102	发行传真：010 - 82000893/82005070/82000270
印　刷：北京嘉恒彩色印刷有限公司	经　销：各大网上书店、新华书店及相关专业书店
开　本：720mm×1000mm　1/16	印　张：19.5
版　次：2017 年 1 月第 1 版	印　次：2017 年 1 月第 1 次印刷
字　数：303 千字	定　价：58.00 元

ISBN 978 -7 -5130 -4598 -8

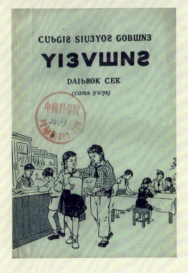

① 南京国民政府教育部，小学校初级用《汉蒙合璧国语教科书》（第四册），1932年10月，蒙文书社

② 国立边疆文化教育馆，国文藏文对照初级小学《语文常识课本》（第七册），1947年8月第1版，南京国民政府教育部印行

③ 云南省教育厅民族教材编译室，初级小学课本《算术》（试用本）（第一册）（傈僳文），1957年9月第1版，云南人民出版社

④ 广西民族出版社翻译，初级小学课本《语文》（第六册），1959年第2版，人民教育出版社

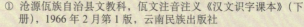

① 沧源佤族自治县文教科，佤文注音注义《汉文识字课本》（下册），1966年2月第1版，云南民族出版社

② 辽宁省昭乌达盟中、小学教材编译组，辽宁省小学试用课本《汉语》（第三册），无出版日期，辽宁省昭乌达盟中、小学教材编译组

③ 吉林省中、小学教材编写组，吉林省蒙古族小学试用课本《语文》（第五册），1971年12月第1版，吉林人民出版社

④ 延边教育出版社编辑，全日制学校小学课本《朝鲜语文》（第四册），1980年1月第1版，延边教育出版社

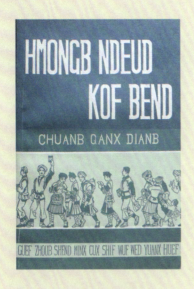
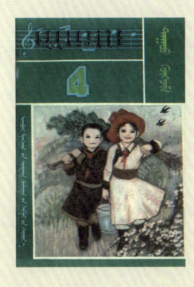

① 鲜松奎等，《苗文课本》（川黔滇），1982 年 9 月，贵州省民族事务委员会

② 内蒙古教育出版社，内蒙古自治区小学试用课本《音乐》（第四册），1982 年 11 月第 1 版，内蒙古教育出版社

③ 西藏自治区教育厅教材编译室，五省（区）藏文协作教材，全日制小学课本《语文》（试用本）（第二册），1983 年 12 月第 1 版，四川民族出版社

④ 贵州省民族事务委员会、贵州省民族研究所，贵州省彝文试用课本《彝文》（第三册），无出版日期，无出版社信息

① 新疆维吾尔自治区教委教材临时审定委员会审定，阿不都沙拉木·托乎提，六年制小学《语文》（全一册）（试用本），1991年，无出版社信息

② 人民音乐出版社小学音乐教材编写组，农光译，全日制小学壮文试用课本《音乐》（简谱）（第四册），无出版日期，广西民族出版社

③ 中小学《语文》教材编委会编写，义务教育课程标准教科书《蒙语文》（五年级上册），2009年5月第1版，内蒙古教育出版社

④ 人民教育出版社课程教材研究所历史课程教材研究开发中心，普通高中课程标准实验教科书《历史1》（必修）（维吾尔文），2010年，人民教育出版社

前　言

在中国几千年发展的历史中，我们曾用"华夏""四夷""狄戎""蛮夷"等群体称呼来描述生长在这片土地上的不同群体。这些不同语言、文化和信仰的群体在漫长的历史长河中相互适应、包容、摩擦、冲突。近百年来，由于西方侵略势力的挤压，在救亡图存的过程中逐渐形成了"中华民族"这样一个自觉的民族实体，并最终成为"我中有你、你中有我"的多元一体民族格局。❶ 在此格局中，存在"民族"的双层结构，上层是一体的中华民族，下层是多元的 56 个民族，故而也出现主体汉民族之外的"少数民族"共同体的称谓。

汉语"民族"一词出现较晚，从其传入中国的时间和内外环境来看，深受西欧民族主义影响，甚至有学者认为该词在汉语中的引入是外国侵略势力分裂中国的一大阴谋。❷ 作为新的语言资源，包括其附带产生的叙述结构，都将民族建构为中国近现代历史的主体。"民族"概念的出现改变了中国传统"天下观"与"华夷之辨"的秩序和思维模式，开启了中国人由清末肇始的"民族国家"建构的道路，并参照现代"民族国家"（nation state）理念进行"中华民族"的"民族构建"。

清末，除了"民族"这一新的历史主体外，在这"3000 余年一大变局"的时代同时出现了另一个新颖的事物——教科书，它的出现不但改变了中国人的知识结构、涵养，并形塑了国民现代精神与价值系统，更是记录和叙述了中国民族和国家建构的历程。这两个新生事物的出现，诱发了一个非常值得关注的教育现象：以少数民族为主要读者的少数民族教科书的出现。

---

❶ 费孝通. 中华民族的多元一体格局 ［J］. 北京大学学报, 1988（4）：1 – 19.
❷ 顾颉刚. 中华民族是一个 ［J］. 益世报. 边疆周刊, 1939（9）.

谨以下面几本少数民族教科书的图片简略呈现其历史的踪迹❶：

　　教科书的类型多种多样，教科书类型划分标准也不一而足，少数民族教科书是以读者的民族身份划分的一种教科书的类型。它产生于清末少数民族教育的现代转型中，生长在新式学堂里，是晚清政府改变中国

---

　　❶　按从左至右，从上至下的顺序为：

《满蒙汉三文合璧教科书》（第一册），清宣统元年（1909年），东北蒙务局石印本.

《初级小学语文常识课本》（第五册）（汉蒙对照），国立边疆教育文化馆主编，教育部印行.

《高级小学算数课本》（第四册）（藏文），青海省教育厅译，1956年8月第1版.

《语文》（第四册）（朝鲜语），吉林省延边朝鲜族自治州小学试用课本，延边教育出版社出版，1971年7月第1版.

《思想品德》（壮文），广西壮族自治区小学试用课本，广西壮族自治区教育厅普教处编，广西民族出版社出版，1987年5月第1版.

《历史2》（必修）（维吾尔文），普通高中课程标准实验教科书，人民教育出版社历史课程教材研究开发中心编，人民教育出版社出版，2008年第1版.

传统民族文教政策放任自流的态度，对少数民族教育进行积极干预的产物。有了教科书，晚清、民国、新中国的中央政府必然针对其制定政策，行使现代国家对教科书的管理权力。于是，近百年来，少数民族教科书政策与国人建构现代民族国家的步伐相伴而行。那么，国人对近代由西方传入的"民族"观念进行消化、整合与重构的过程是否影响到少数民族教科书政策？在不同执政主体的民族观下，它是如何记录了中国人的国家建构、民族统合的过程？反之，面对如此宏大的历史叙事，少数民族教科书，如此微小的读本及其政策，在近百年的发展过程中，产生了何种影响，发挥了什么功能？

　　寻求这些问题的解答可以从两个路径开始：第一，从少数民族教科书的历史文本中找寻；第二，从不同执政主体管理少数民族教科书的政策里挖掘。在这里，我们必须承认，教科书对意识形态的表达在一般情况下是非常隐晦的，它虽然具有显而易见的教诲性和权威性，但是通过运用精致、虚化、伪形、空无等技术手段和方法，形成了独特的、不易察觉的"课本话语系统"，这使我们选择第一条路径遇到了困难。并且，少数民族教科书所使用的多种语言也会增大研究投入与成本，且容易得出相似、片面的研究结论。相对而言，第二条路径却具有明显的优势：如果我们将中国人比照"民族主义"的理念构建现代"民族—国家"的行动作为历史的宏观叙事，那么站在国家与执政主体的层面制定的少数民族教科书政策更能完整、清晰地解答这些疑问。少数民族教科书的编写、审查、出版、发行在不同的历史时期都有一系列的管理政策，政策本体也经历了酝酿、萌芽、成型、发展等各个阶段，正是这些政策所植入的"民族""国家"观念，使其具有明显区别于普通教科书（汉文教科书）政策的性质，进而发展出少数民族教科书政策特殊的功能定位。对近百年来少数民族教科书政策的研究与考察或许能帮助我们了解近代以来，中国人如何选择性地吸收、消化和重构"民族"观念，采取怎样建立民族—国家的行动，因为，这些观念和行动都会在某种历史条件下步步介入少数民族教科书的政策。

第一章
引　言

第二章
历史溯源：中国古代民族文教政策

第三章

萌芽：清末民初少数民族教科书政策（1904—1926 年）

第四章

成型：南京国民政府少数民族教科书政策（1927—1949 年）

第五章
发展：新中国少数民族教科书政策（1949年至今）

第六章
中国百年少数民族教科书政策的反思与启示

第一章　引　言

第一节　研究的缘起

一、选题缘由

（一）民族教科书及其政策的价值与功能被忽视

被看作真理化身的教科书，在学校教育中具有不可替代的地位与作用。"它是人类文明、民族文化和科学知识的体现，是实现培养目标的基本手段。"❶ 作为课程实施的载体，它是教学内容最主要的呈现方式。在学校教育的场域中，教师和学生两个主体所进行的绝大多数活动都围绕教科书进行。他们将最宝贵的时间、精力和智慧花费在这个特殊的文本上，阅读、书写、计算，大到一篇课文，小到一个标点符号。教科书向阅读者展现的是整个人类文明历史的积累，在经年累月的精读、深读中，它的读者被潜移默化地形塑甚至定型。更值得注意的是，在具有几千年传统儒家教育历史的背景中，教科书作为近代传入中国的西方舶来品也不可避免地被重塑、消化与吸收，它所具有的经典性、真理性被不断定义，重复加载。没有别的什么文本像教科书一样能将"民族"概念的核心元素——文化、语言表达得如此充分，也没有什么文本能承载"想象"的族群集体记忆并将其传承下去，甚至从民族是"想象的共同体"❷ 定义来看，教科书本身就是民族想象的素材与载体。

作为教科书群体中的一种类型，少数民族教科书是国家专门为少数民族学生编写、审定、出版及发行的一类教科书，它具备普通教科书的基本特征，又因阅读对象的民族身份差异在价值与功能上独具特点。从少数民族学生个体发展来看，通过阅读民族文字和国家标准文字编写的教科书，学生一边建构本民族身份认同，构筑"我文化"与"他文化"的区隔，一边学习官方语言与话语体系，突破民族文化的狭小地域化空间，与多数人族群的主流价值观念取得一致；从多民族国家文化与政治

---

❶　石鸥，张增田. 教科书评论（2013）［M］. 北京：首都师范大学出版社，2014：卷首语.

❷　［美］本尼迪克特·安德森. 想象的共同体——民族主义的起源与散布（增订版）［M］. 上海：上海人民出版社，2011.

整合的角度看，教科书是公民意识形态的提供者，它不仅具有启蒙、教化的功能，更是控制与规训的强有力手段，国家运用政治权力即教科书政策，在保障少数民族特定文化生存的同时，也利用少数民族教科书的"语言、历史和文化共同产生集体意识"❶，形成整合族群关系的纽带。

如果说普通教科书几乎主宰了整个学校教育活动，那么处于相对文化刺激偏少的边疆地区，教科书更是少数民族学生学习主流文化，进入核心社会圈层，获得巨大发展空间的文化资本。在很多边疆民族地区，教科书甚至是少数民族学生唯一的阅读文本来源。教科书这种特殊的文本在进行语言和内容的选择与呈现时，隐含着对不同族群文化价值的判断，少数民族学生在阅读文本的过程中建构着对民族身份、文化和国家政体的认同。

从历史的长程看，少数民族教科书产生的时期正是中国由传统部族国家向现代民族国家的转型时期，也是中国自古形成的传统民族关系的变动、解体时期。清王朝的覆灭、中华民国的建立、新中国的诞生，每次重大的政治变革都会影响国内各族群之间关系的发展。尽管不同时期执政主体差异较大，但追求统一政权，以独立自主的民族国家身份参与国际竞争、合作的目标是基本一致的。"国家在承认公民社会多元文化性质的同时，其主要职能依然是维护统一，维护对公民福祉甚至生存都必不可少的最起码的社会和谐。"❷ 少数民族教科书一直以为政权的统一、民族关系的和谐提供智力的支持与情感的纽带为目标，少数民族教科书政策也以追求平等、正义、差异和包容为价值取向。但同时我们从历史发展的切面来看，在充分肯定百余年来少数民族教科书价值目标的同时，也应承认，价值理念进入政策实践操作层面时，不同执政主体由于身处时代背景的压力不同，执政理念的分歧，所采取的民族教科书政策差异巨大，政策偏离价值目标的情况也时有发生。偏离现象对国内族群关系产生的负面影响也客观存在，需要总结教训。

晚清、中华民国、新中国的中央政府利用民族教科书政策，这样一

---

❶ ［美］迈克尔·沃尔泽. 袁建华，译. 正义诸领域：为多元主义与平等一辩［M］. 南京：译林出版社，2002：11.

❷ ［美］菲利克斯·格罗斯. 王建娥，译. 公民与国家［M］. 北京：新华出版社，2003：235.

种现代国家操作的公共政策引导、调节、推动民族国家内部的族群关系，政策所具有的价值及发挥的功能对中国百余年来现代民族国家政治整合与文化整合产生了重要的影响，遗憾的是，这种影响在很长时间内被学术界和大众所忽略。现代著名社群主义思想家泰勒曾讲："我们的认同部分是由他人的承认构成的；同样地，如果得不到他人的承认，或者只是得到他人扭曲的承认，也会对我们的认同构成显著的影响。"❶少数民族教科书及政策就是现代国家对少数族群在社会生活中存在方式的一种承认。是否承认、怎样承认，承认的方式对少数族群、个体的国家认同、自我认同产生了怎样的影响？这些问题都需要用严谨、审慎的态度评估，政策所发挥的功能也需要进一步的挖掘。

（二）民族教科书及其政策遭遇实践的困境

目前，我国少数民族地区教材建设已经涉及四个层面：自主开发建设语言课（民族语文、汉语文）、音乐、体育、美术、劳动课（初中阶段使用）等教材；编译结合建设其他课程（史地、动植物）的教材；翻译数学、物理、化学、政治等课程教材；补充编写部分思想品德的教材和乡土教材。❷少数民族教科书的政策主要包括编写、审查、出版、发行等方面，客观地来看，都或多或少陷入发展的困境。

困境一：民族教科书的内容选择缺失"中华共同文化"，架空中华民族文化内涵。

教科书作为人类文化代际传承的一个重要载体和工具，将文化的多样性和文化选择呈现在教科书中是无须质疑的。关于教科书中怎样展示文化的多元性是老生常谈的问题，也是目前多族群国家在民族教育政策、教科书编写政策中经常需要面对的问题。目前，在基础教育民汉并行的教学体系中所使用的教科书都存在"中华共同文化"的缺失，这令各个零散的族群体无法在教科书中找到文化的连结点，进而在情感上难以认同中华民族的各个族群体是精神相通、休戚与共的一体。

首先，在由汉文普通教科书翻译、编译的少数民族教科书中多采用

---

❶　［加］查尔斯·泰勒. 承认的政治［M］//汪晖，陈燕谷. 文化与公共性. 北京：生活·读书·新知三联书店，1998：290.

❷　石鸥，吴小鸥. 百年中国教科书图说（1949—2009）［M］. 长沙：湖南教育出版社，2009：449.

"班克斯多元文化教育课程设计模式❶"中的"贡献模式"和"民族添加模式"来处理多元文化的问题，少数族群文化要素通常以主题、观点、概念的方式快速且简单的编入。所造成的表面结果是少数族群的文化沦为教科书多元文化的"装饰品"，导致各族群的学生产生对少数民族文化的肤浅认识和刻板印象，更深层次的后果是隔离了汉文化与少数民族文化融合，架空了中华民族的共同文化。其次，在少数民族自编教科书中又过度体现本族历史和传统文化，不仅忽略他族（汉族和其他少数民族）的文化要素，更是缺失中华共同文化的植入。在中国几千年的民族融合过程中，无论是血缘和文化都存在"你中有我，我中有你"，保守地将自编教科书文化的选择标准局限于本民族的文化，或是将"中华共同文化"的呈现仅作为汉语教科书的责任，这不仅浅化少数族群文化，也难以帮助少数族群学生了解本族文化是如何与多族群文化相生相长、互相关联的。

民族教科书中缺失"中华民族共同文化"将对阅读者产生深刻的影响。表面层次的问题是所有的学生无法理解中华民族的共同文化和社会是如何在不同文化元素的复杂合成和相互作用中生成的，深层次的问题是这种缺失将人为地划清民族边界，使各民族学生更加隔膜，最终令教科书变成狭隘的"民族保守主义"的孵化器。

困境二：民族教科书的内容编写与少数族群地区实际情况脱离。

目前，国内对少数民族教科书的界定一般以文字为标准，教科书的编辑、选用、审查、评奖等各个环节都以是否使用少数民族文字为实然标准。目前情况，除了民族语文、汉语文教科书外，大部分少数民族地区使用的教科书都翻译自汉文教科书，进行简单的文字转换。如何界定少数民族教科书并无国家明确的规定，教科书的政策缺失了最关键的基础。学界有关于文字还是文化为界定之标准也尚处于讨论阶段，对少数民族教科书的定义并无确实且一致认同的研究成果。概念的模糊诱发了民族教科书编写、审定等政策一系列附带的问题，而最严重的就是翻译、编译的民族教科书严重脱离民族地区实际情况，自编教科书质量参

---

❶ ［美］班克斯（James A. Banks）. 李萍绮，译. 多元文化教育概述［M］. 台北：心理出版社，1998.

差不齐。

教科书内容严重脱离少数族群地区实际情况，从近代开始，就困扰着少数民族教科书。如晚清时期，清政府在新疆迪化开设书局，印刊群籍，义塾中所学课程为《千字文》《三字经》《百家姓》等，所学内容不适合实际需要，致使少数民族同胞莫名其妙，感觉异常厌苦。❶ 及至民国时期，黄上成发表在《康导月刊》中的《改进西康关外教育之我见》中所描述康民愿意送子弟学喇嘛，拒绝入学校的主要原因之一：所学非所用。"儿童对学校视为畏途，俨然如入牢狱，如坐针毡，不但不感兴趣，反发生无限痛苦。"❷

目前在新一轮的课程改革形势下，少数民族文字教材的编写和使用也同样存在这样的情况。翻译、编译自汉文的民族教科书其内容与学生的实际生活、学习能力和心理发展水平相距甚远，例如数理化教科书中对概念、原理的讲解与推理、论证的演示既没有考虑少数民族学生数理思维方式的差异，也忽视了少数民族地区学生生活体验的差异。这造成少数民族学生普遍数理化学习成绩偏差，虽与其文化刺激较少有关，但是教科书的责任不能推脱。这种脱离民族地区实际教育、教学情况，不符合少数民族学生心理发展特点的情况常常会造成教科书使用者——教师和学生对教科书产生心理抵触，由此会带来更严重的连锁反映，例如引起少数民族地区教师的职业倦怠、流失和学生的厌学、辍学等。

所以，少数民族教科书的界定、内容编排、呈现方式等方面究竟该如何与少数民族学生的实际学习情况相契合，是现实对教科书研究者的最实际的拷问。

困境三：民族教科书的审定政策宏观、普通化。

2004 年 6 月教育部颁布了《中小学少数民族文字教材编写审定管理暂行办法》（以下简称《民文暂行办法》），随后于同年 10 月份公布修订后的藏文、朝鲜文教材审查委员会章程（见附录六、七）。此办法与章程目前正在内蒙古、青海、西藏、四川、甘肃、吉林、黑龙江、辽宁、新疆、广西、云南等省、自治区执行。仔细分析此办法，存在有两

❶ 谢贵平. 晚清和民国时期新疆少数民族的学校教育概论 [J]. 塔里木大学学报，2005 (4)：61-66.

❷ 黄上成. 康导月刊，1 (2)：34.

个比较直接的问题，第一，忽视了少数民族教科书的特点，将此办法与《关于中小学教材编写审定管理暂行办法》（以下简称《暂行办法》）进行对比，除了在个别地方加入"民族"内容外，并无针对民族教育之特别要求，例如对民文教科书审定具有重要意义的"审查原则"竟然与《暂行办法》一字不差，民文教科书审定的特点毫无体现。第二，在政策的可操作性上，《民文暂行办法》与《暂行办法》一样都较差。这些都是宏观的原则要求，对什么样的民文教科书是优质的教科书，具体包括哪些准则都未能确切提出，导致政策抽象、可操作性较差。

（三）民族教科书及政策外围研究丰富，核心理论研究不足

首先，民族教科书政策依托国家的民族语言政策，是民族教育政策的重要组成部分，据目前笔者所掌握资料，专门针对此项的研究异常缺乏。民族教育政策的研究主要还是集中在政策一般原理研究和某些具体政策的研究。一般原理包括，政策的方针、原则、功能作用、特点等。具体政策的研究主要集中在多元文化教育和课程、双语教材、民族教育优惠政策等方面，还未见有专门研究成果是针对民族教科书政策的。

另外，我们不妨对比普通教科书的研究状况，专门针对少数民族教材、教科书的研究力量非常薄弱，研究成果乏善可陈。关于少数民族教科书的政策、历史演变、结构、性质、功能、特征、评价（审定评价与选用评价）等内容寥寥无几。

这里还特别提出一个需要关注的现象。目前关于少数民族教科书的研究有一个倾向性认识，认为必须通晓民族文字才能进行研究，得出的研究结论才是可靠的。笔者认为，这是少数民族教科书研究中的一个误区，原因如下：第一，语言是文化的外壳，文化除却语言的表现形式外，还具有更丰富的内涵，如果认同少数民族教科书不应以语言而以民族文化为界定标准的话，那就必须要摒弃语言对教科书研究的限定，因为语言不应成为文化被理解的前提条件，民族教科书的研究应以民族文化为核心范畴。第二，我国是个多民族的国家，除了汉族之外的许多少数民族都有自己独立的语言体系。尤其是新中国成立初期在"民族平等"政策的支持下，中央政府在16个省、自治区进行了大规模的民族语言文字调查工作，帮助少数民族创制和改编了语言文字。在少数民族文字如此多样化的情况下要求教科书的研究者通晓多门少数民族语言是

不现实且非必要的。第三，如果将研究少数民族教科书比作盲人摸象，限定单一语言教科书的研究只能是"横看成岭侧成峰，远近高低各不同"，最终造成少数民族教科书研究的"不识庐山真面目，只缘身在此山中"的状况。每个研究者都在自己通晓语言的范围内进行研究，而不能以整合的视域对少数民族教科书进行全面和综合性的"摸索"，这只会令研究的视角越来越狭隘，研究的技术方法越来越单一，造成研究成果相似、趋同，既无法将少数民族教科书的研究提升至更高的层次，也造成研究成本的浪费。第四，教科书研究目前在国内逐渐呈现较热态势，一大批研究人员、专家取得了丰富研究成果，国外关于教科书研究最新动态都基本用汉语出版、翻译并发行。如果我们将少数民族教科书的研究圈定在民族研究的范围内，或限定于少数民族身份的研究者，沿着我国学术研究的"普通研究—民族研究"二元体系老路走，缺少对话的少数民族教科书的研究将难以很好借鉴这些成果，并极易在国内教科书研究的领域中迅速被边缘化。搭建高水平教科书研究的公平、完整的平台是不同民族身份的研究者共同的责任。

总之，将目前关于少数民族教科书的理论研究进一步推进，需要不同族群的研究者共同努力，语言的问题是研究少数民族教科书的障碍，而非必需条件。

二、研究的意义

（一）完善民族教科书政策，建构国家认同，凝铸中华共同文化

在现代民族国家中，为了保障国家的稳定和统一，所有的政府都要依据社会发展的现实状况制定民族政策，以调节国家内部的民族关系。国家作为整体力量和统一的象征，在多族群的文化环境中必须依赖教科书这样的文化工具设立一定基本的价值准则，平衡族群间利益取向的差异。少数民族教科书政策既是民族政策，又是教育政策。自古以来中国民族政策的一个重要组成部分就是文教政策，但中国古代文教政策具有明显被动、消极的特点，"远人不服则修文德以来之"的态度只是在百余年前中国进入现代民族国家历史进程后才发生转变。当"中华民族"成为近代中国新的认同标的时，构建中华民族概念的核心部分——中华

共同文化就成为教科书的重要使命。利用教科书的文化功能"想象"中华民族的集体记忆，描绘中华民族的共同历史，这是近代教科书产生后被赋予的一项重要功能。从清末少数民族新式学堂中使用的第一本现代教科书开始，从这个"官方知识"读本中出现"中国"一词开始，少数民族教科书代表现代国家意志整合国内族群的诉求就已经表达和定位。历经南京国民政府与新中国时期，少数民族教科书及政策无论历经怎样翻天覆地变化，作为公共权利机关，不同中央政府对各族群利益与文化要求的分配与管理在少数民族教科书政策中也有集中体现。因此，自近代以来，不同中央政府依据国际情势、国内民族关系及社会发展变化，以凌驾于社会之上的公共权力，对少数民族学生阅读的教科书进行编审、出版、发行的干预。

族群认同与国家认同、族群差异与政治一体、文化自治与国家主权等问题是任何政体下多族群国家的政府都需要面对的现实问题。对具有百年历史的少数民族教科书及其政策进行深入研究，不仅能够清晰展现近代以来不同中央政府如何利用教科书政策来解决上述问题，更重要的是探究在何种外部环境下进行政策的制定、政策波及哪些对象、产生了怎样的影响，这些总结与反思对制定当代少数民族教科书政策极具现实意义，对当前建立统一核心价值观，构建稳定的国家认同感益处良多。

（二）优化民族教科书文本，促进个体发展，培育多元文化

教科书是促进少数民族学生个体发展的工具，更是发展多元民族文化的载体。作为教学过程中供教、学双方共同使用的媒体资源，教科书的文字、符号、插图在支撑教学过程的同时，对学生知识、技能、态度与价值观的获得与养成具有不可替代的价值与功能。同时，我们也必须承认，教科书作为一种特殊文本，编写者与阅读者之间横亘着年龄、民族、性别、文化、地理等差距，阅读受"前见"的影响更加明显，教科书文本两端主体——编辑主体和阅读主体并没有必然达成一致性。教科书的编写意图是"为了教育的教科书"，它承载了主流价值观与意识形态，文本内容是在社会多数、主流文化的框架下进行选择和组织的。少数民族教科书阅读主体是社会的少数成员，他们在长期的历史过程中形成了有别于主体民族的文化传统、心理特征，对教科书的阅读是"为

了学习的教科书"。于是，鉴于文化背景差异，少数民族教科书在编辑意图与阅读效应之间就存在啮合度的问题。因此，若能以时间为序，对百年来少数民族教科书在语言、选文、体例、编撰模式等环节上进行分析，并反思其对近百年来中国国家、民族建构的影响，这将为今后我国少数民族教科书文本的优化提供最坚实的历史基础，可能在最大程度上消除源于民族文化心理差异造成的"为了教育的教科书"与"为了学习的教科书"之间的矛盾，提高民族教科书的质量，为少数民族学生的个体发展提供支架作用。

另外，多元发展是一个多民族国家文化繁荣的必由之路，教科书作为民族文化的代表载体，它不但要表达国家统一均质化的意识形态，还必须承载每个民族的文化品格，因为现代国家中的少数民族教科书，从诞生之日起就不仅仅是教学文本，它更是一种文化利益分配的政治文本。晚清、民国、新中国政府都将少数民族教科书作为政府提供的公共教育产品，通过文化权力的分配换取政治认同与社会稳定。少数民族教科书中知识的准入与选择无不伴随着不同民族文化之间的竞争与博弈，谁的知识能够被拣选进入教科书，哪个民族的哪些文化能够被传承下去，都是在教育场域中不见硝烟的斗争，因为这关乎一个民族的生存与发展。但是，政府的责任与任务正在于此，如何协调异质文化间的利益冲突，在竞争与博弈的情境下为各民族文化的沟通与互进搭建一个良好的框架与平台，研究少数民族教科书及其政策正是完成此任务的重要方法与可行途径。

（三）创新民族教育政策研究的视角与路径，丰富教科书文本研究内容

少数民族教科书政策既是国家教科书政策的一部分，又是民族教育政策的重要内容。目前学界关于民族教育政策的研究内容涉及广泛，从政策内容到政策历史，从政策过程到政策评价等都有系统、完整且深入的研究，也结集形成了一些重要的学术成果。但同时鲜有学者关注少数民族教科书政策的历史、现状及其未来走向、价值追求与伦理反思，尤其是在当今教科书及其政策研究如火如荼的情况下。

在大多数情况下，对教育政策的研究往往易于宽泛而宏大，民族教育又是如此广博的一个研究领域，极易产生流于形式的研究成果，狭窄的研究路径会极大地减损少数民族教育政策的现实与理论研究价值，对政策的决策者也无太多可操作层面的支持。但是，教科书作为连接教育决策者与受众者的终端文本，为民族教育政策的研究提供了一个绝佳的研究路径，研究者应超越就政策谈政策，在对政策搜集、汇编的基础上对其进行教育学、社会学、文化学、民族学、政治学、历史学等多角度的诠释与解读，从民族教育的细枝末节处窥一斑而观全豹，这将是民族教育政策研究领域一次重要的理论与实践的突破。同样，目前关于教科书的研究，众多领域的专家学者从多角度进行研究，取得了丰硕的研究成果。但与一些教科书研究的相邻领域比较，无论从外围历史的角度或文本核心理论的角度，对少数民族教科书的研究还是相当薄弱。由于在阅读对象的外部语言、内部认知等条件上存在较大差异，少数民族教科书文本与普通教科书文本的研究也不尽相同，因此，对长达百余年的少数民族教科书沿着历史的轨迹，将其发展过程与民族国家的建构联系起来，在借鉴普通教科书研究方法、技术路径的同时，可以进一步扩展整个教科书研究的深度与广度。

第二节　关键词的界定

一、核心概念界定

（一）少数民族

关于"少数民族"（Ethnic minority）定义，在本研究中主要以"文化"的角度理解，倾向于将其界定为具有"亚文化"❶的民族。作为中华民族文化体系的一个分支，它的观念和生活方式属于某一区域或集体所特有，既包含与中华民族主体性文化相同的价值与观念，也有属于本民族自己的局部性独特价值与观念。

因此在符合我国的国情和民族历史情况下，本研究中"少数民族"的范围应是除却中华民族体系中的汉族以外的其他"亚文化"民族。

---

❶　在本研究中仅在分类的意义中使用"亚文化"一词，汉文化和其他少数民族文化都为"中华民族文化"的亚文化分支。

（二）少数民族教科书

立足于少数民族教科书的概念在本研究中的使用范围及现实情况下的使用习惯，少数民族教科书（本研究中有时略称"民族教科书"）在本研究中指在少数民族学校中使用的，主要针对少数民族中小学生编写、审定、印刷、发行的教科书。这里特别要指出，由于国家未对民族教科书所包含范围作出明确界定，目前学术理论界也未能就此概念进行过专门的讨论，并得出一致的看法，因此，在本研究中民族教科书的范围既包括少数民族语言文字的教科书（单一民族语言文字与合璧语言文字两种），也包括新中国开始专门为民族地区中小学编写的"汉语"教科书。民族中小学使用的"汉语"教科书对融合民族感情，沟通民族文化、构建中华共同文化认同具有十分重要的价值与功能，理应作为民族教科书包含的范围。

（三）教科书政策

考虑到教科书本身的复杂特征及教科书政策涉及的范围，在本研究中将"教科书政策"定义为：教科书政策即是国家和政府在一定区域内、一定时期内，为实现教育目标对教科书的编纂、审查、出版、发行、选用按照一定的程序制定的规范准则。

另外，对于本研究中少数民族教科书政策的范围，笔者认为应采用较广义的理解，其表现形式包括国家政府机关制定实施的方针、条例、路线、计划、办法、规程、纲要、通知、法规等外显形式，同时也包括重要领导人物的观点和意见，抑或相关会议的决议、方案等都将在本研究中视为教科书政策的表现形式，总之，一切与教科书（包括民族语言政策）编纂、审查、出版、发行、选用等相关的政策在本研究中都归为少数民族教科书政策的范围。

二、研究范围

本研究在时间范围上设定为清末新政至今，约百年，主要以清末民初、南京国民政府、新中国三个时期为重点；研究对象范围既包括民族教科书的编审、出版、发行、经费等政策，还包括 800 本左右的少数民族教科书文本，涵盖各时期各地区出版的多套少数民族教科书。这些教科书覆盖中小学各学科，包括蒙古、藏、回、维吾尔、朝鲜、哈萨克、傈僳、傣、苗等数十种民族文字，是本研究的基础文献。

第三节　研究的基本方法

一、文献研究法

本研究文献资料主要有两部分组成：一是关于少数民族教科书的政策，这部分文献主要是官方文件、教育年鉴、教育史料汇编、教育杂志、著作、相关人的回忆录等，对这些文献进行爬梳、甄别、分类、整理是本研究最重要任务。二是关于少数民族教科书的文本，这部分主要来自于石鸥导师的个人收藏，部分查阅了图书馆等收藏机构。目前本研究中使用的教科书文本已全部完成分类拍照的数字化整理。完整收集新中国出版的各套民族教科书，南京国民政府教育部编审、出版的仅有的两套民族教科书（1932 年版和 1947 年版），部分收集民国时期地方编写民族教材及清末学部审定第一套民族教科书——《满蒙汉三文合璧教科书》。这些教科书覆盖中小学各学科、各学段，包括藏、蒙古、维吾尔、回、朝鲜、白、布依、傣、侗、独龙、景颇、拉祜、傈僳、苗、纳西、土家、土、佤、哈萨克、锡伯、瑶、彝、壮等数十种民族文字教科书和部分少数民族学生阅读使用的"汉语"教科书，总计超过 800 册（统计数字截至 2014 年 7 月）。近千册的少数民族教科书文本横跨百年历史，作为第一手的研究资料，本研究对其进行了细致地整理、分类。翻译了部分具有阶段性意义与价值的民族文字教科书，对其文字、体例、插图都进行了归类、分析，这极大地支持了本研究的顺利进行。

二、比较分析法

教科书政策具有一般公共政策的基本特征，它是政府利用合法的公共权力针对教科书场域中的利益冲突进行调节、分配的行为。在少数民族教科书的利益场域中，国家、主体民族、少数民族是以民族身份为标签的主要利益相关者，百余年来不同执政主体都需要对其权利主张予以回应。由于本研究中主要采用"回溯性政策分析"，注重描述政策的原因和结果，因此需要对各时期的政策进行对比分析，在描述政策的异同点中探寻造成差异的原因。在本研究中主要采取纵向比较的方法，主要对少数民族教科书的编审、出版、发行及经费政策进行对比，并最终得出民族教科书未来发展的方向性启示。

三、内容分析法

由于本研究涉及大量的文献资料的分析处理，主要有教科书政策及教科书文本，因此使用到了教育科学研究中常用的内容分析法。首先，在本研究中将对清末至当代不同政府制定的教科书政策进行统计整理，根据其内容进行编审、出版发行、经费等政策的分析与归类，描述这些政策目标与倾向。其次，本研究将对收集整理的 800 余本少数民族教科书进行时间、数量、编审出版机构、民族语言文字、科目等项目的分析与归类，从整理的数据中解读不同政府制定的政策所隐藏的利益分配趋向及意识形态的操纵力量。对以上两种文献资料的内容分析，既着重于文献资料的内容，也强调文献资料的结构。

第二章　历史溯源：
中国古代民族文教政策

对于过去的真正感知在于认为它没有真正过去。
　　　　　　　——［法］皮埃尔·诺拉《记忆与历史之间》

作为一个多族群国家，近代之前的中国统治者在"天下帝国"的世界体系视野中，以儒家"有教无类"的传统教育理念对处于"中原文明"周边的非汉民族进行文化的辐射和影响。几千年来，在东亚地区形成了以儒学为核心的精神高地，吸引着周边各非汉族群。在传统中原文化区内，无论是主体汉民族抑或少数民族建立的政权，为了稳定统治、协调族群关系都制定了一些温和文教政策以辅助强硬武力政策。但同时，"普天之下，莫非王土，率土之滨，莫非王臣"，中央政府对少数民族的文教政策因这种"天下观"而常常处于被动和消极状态。

近代以来，民族主义思潮风行，中国由传统部族国家转型为现代民族国家。一方面，由东方儒家文明构建的传统"服制""朝贡"式族群关系解体；另一方面，为达到政治整合目标，面对各族群由历史形成的巨大文化差异，现代民族国家必须建立一种新的"公共秩序"，用这种统一的价值观准则对不同族群的利益进行分配、协调。于是国家采取主动、积极的文教政策对各族群的文化权利予以承认和保护，但必须是在允许的范围内进行。这是一个与政治、经济等社会内容相匹配的主动干预行为，并以均质化为目标。在少数族群中，为了实现这一"公共秩序"，用民族语言政策、民族教育政策等所搭建成的公共教育平台，成为最重要的手段和工具，通过一本本小小的教科书将统一的价值准则、道德观念灌输到个体、社会中去。

由消极影响到积极干预，传统部族帝国的民族文教政策与现代民族国家的民族教育政策无论从内容、形式、结构、作用方式都看似完全不同，深受西方"民族主义"思想影响，产生于新式学堂里的少数民族教科书也是自古未有的新事物。古代文教政策与现代国家的民族教育政策之间是否存在某种内在的联系？这是本研究起始阶段经常困扰笔者的一个问题，也是本研究作为历史研究必须要回答的问题。"传统历史学是构建于连续性的基础之上：'对于过去的真正感知在于认为它没有真正的过去。'过去仍在现实中起作用，这就是为何澄清过去是非常重要的：历史自然而然的照亮现在。"❶ 对于中国百年少数民族教科书政策来说，几千年传统民族文教政策就是它的历史，更是一种在现实中塑造民族记忆的社会框架。古代民族文教政策与现代少数民族教科书政策在一些历史的本质问题上存在紧密的联系：第一，两种政策产生的民族格局背景一致。被费孝通先生形容为"多元一体"的中华民族格局自古就存在，多族群的多元文化样貌从过去到现在，以致未来都会存在。无论是古代文教政策或是现代教科书政策都产生于这样的客观族群环境中。第二，两种政策实施的对象大体一致。政策的实施对象也即影响对象，从历史的长程发展来看，这两种政策实施影响的对象主要包括主体汉族与非汉民族。当然，就如所有民族学家所承认的那样，中国境内汉族与非汉族是在不断发生变化的，自然的、人为的融合、拆分现象非常普遍。第三，两种政策意欲解决的问题、政策的功能诉求基本一致。在多族群国家，从古至今政治的整合与文化的差异就是政府必须面对的矛盾。只不过古代中央政府深受儒家政治思想文化影响，采取了内驱性的文教政策，而建立于民族主义思潮中的现代民族国家则倾向于制定外控性的民族教育政策。而且，面对整合与差异的矛盾，制定政策的主要目的都是保持统治的稳定、文化的延续。因此，以上三方面的一致性构成了本研究回溯古代文教政策的理由。在关于更近历史的历史研究中，挖掘少数民族教科书政策究竟延续了中国历代中央文教政策的哪些核心思想，并对其百年发展产生了哪些或隐或现的影响，这对本研究极具价值。

　　"历史学呈现给人们的不是大量单独的事实。它将这些事实组织起来。"❷ 为了呈现中国百年少数民族教科书政策从酝酿到产生，再到发展的全过程，为了解释这个"事实"，我们必须按照一定的需要对其"进行系统地收割，然后分类、编组"❸。本研究依据什么呢？民族教科书政策是现代公共政策的一种，制定公共政策是政府行使公共权力的行

---

　　❶ ［法］安托万·普罗斯特. 王春华，译. 历史学十二讲［M］. 北京：北京大学出版社，2012：266.

　　❷ ［法］安托万·普罗斯特. 王春华，译. 历史学十二讲［M］. 北京：北京大学出版社，2012：268.

　　❸ ［法］安托万·普罗斯特. 王春华，译. 历史学十二讲［M］. 北京：北京大学出版社，2012：268.

为，不同政府会依据自身所处的宏观社会发展环境、中观政府的行政体系运作方式，到微观民族教育发展的状况来制定相应的民族教科书政策，因此在本研究中，以公共政策制定主体的视角及政策发生的外部社会环境，将百年来中国少数民族教科书发展的历史过程及事实划分为以下三个时期：第一，"清末民初少数民族教科书政策（1904—1926年）"。1904 年，晚清政府公布《奏定学堂章程》，少数民族教科书政策发生的外部社会环境开始有重大变化，由于本研究对象是教科书政策，而非教科书文本，并且在此时期尚未有明确的官方政策发布，因此以1904 为政策萌芽的开端。由于同属于中国现代民族国家建构的起步阶段，从政策的连续性角度，这个时期还包括了中华民国北京政府时期。第二，"南京国民政府少数民族教科书政策（1927—1949 年）"。1927年民族教科书政策的外部政治环境发生变化，南京国民政府建立，面对国内族群分裂势力带来的政治整合压力，国民党在三民主义思想的指导下，强化"国族"建构，围绕单一民族政策制定了边疆教育政策，其中包含对管理边疆民族地区使用的教科书政策。第三，"新中国少数民族教科书政策（1949 年至今）"。新中国时期，中国共产党站在了执政党的位置，开始有机会实践从国民革命时期就与国民党存在巨大差异的民族思想与民族观，制定了平等、互助的民族政策。这个时期的少数民族教科书政策无论从内容、结构、功能都朝向更加完善和成熟的方向发展。由此而来，我们也将中国百年少数民族教科书政策的发展事实梳理清晰。

　　无论是古代文教政策，或是现代少数民族教科书政策，它们在数千年中华民族发展舞台上，随着周遭社会环境的变化不断调整并试图完成它的"国家建构"和"文明承续"的双向功能。这两种功能成长于多元一体的民族环境中，交错于朝代更迭的分分合合，演绎着中华文明的起起落落。

第一节　民族文教政策背景

一、中华民族"多元一体"的民族格局形态

（一）古代"天下"观中的民族格局形态

　　中国是一个历史悠久的多民族国家，但"民族"一词在中国历代

古典文献中是是非常少见的。有学者曾将该词出现的时间最早推至公元8世纪左右，南朝宋齐时期道士顾欢在《夷夏论》中提出："今诸华士女，民族弗隔，而露首偏踞，滥用夷礼，云以剪落之徒，全是胡人，国有旧风，法不可变。"❶《中国大百科全书》（民族卷）对"民族"一词的汉语含义作如下释义："在中国古籍里，经常使用'族'这个字，也常使用民、人、种、部、类，以及民人、民种、民群、种人、部人、族类等字。"

显然，中国古典文籍的"族"与西方"民族"一词涵义差别较大。虽然两者都是描述不同文化、经济、社会组织形态等存在差异的人类群体，但在中国传统文化语境中"族"的界定及实体演进过程有其特别之处。近代伴随西方民族主义思潮而传入的"民族"一词，在英语中，对应的英文词汇"Nation"，也可翻译为"国家"。"Nation"出现"一词双译"的现象并不是偶然，这是西方"民族主义"思潮"一民族一国家"核心政治理念在语言学上的具体表现。巧合的是，在中国19世纪的最后两三年里，具有政治、领土含义的"民族"一词出现并成为常用词汇，同样是伴随着中国人国家观念的急剧转变而来。

不同种族、文化、经济状况的人群冲突是政治学视野中人类存在的基本矛盾之一，而对人类集体生活进行"整体性"治理是政治的根本功能追求。在这一功能目标的指引下，人类在不同的地理自然环境和社会经济发展水平条件下，陆续建立过各种形式的政治实体以达成自身统一的意义和归属感，如氏族部落、部落联盟、城邦国家、世袭领地、王朝、帝国、现代民族国家、联邦国家等。以19世纪末西方民族主义思潮引入中国为历史节点，在"民族"一词成为现代汉语常用词汇之前，古代中国是如何看待多元民族格局的形态，并对其进行"整体性"治理暨政治实体架构的呢？

首先，传统中国构建了一个"天下"和"国家"的双重政治体概念，两者不相重合，古代民族格局的形成与发展处于"天下"政治体的关照之下。"天下"不是政治实体，它是比"国家"更为宽泛、虚化的政治制度。"就理论可能性而言，帝国可以只是个文化政治制度，而

---

❶　（梁）萧子显. 南齐书 ［M］. 北京：中华书局，1972：934.

不一定是个强权国家实体"❶。孔子在《礼记·礼运篇》里提出：最好的政治体制是"天下为公"，形成的社会名曰"大同"❷。所以在经典儒家理论中，"天下"更多泛指政治体制。由于伦理道德的普世性，所以在人种、语言等方面具有重大差异性的族群不是成为共同体的主要依托。中国传统天下观是以"文化主义"看待和处理民族格局和族群关系。

其次，中国传统"天下"观以儒家道德伦理构建了"同心圆"、服制式的民族格局与政治治理关系。代表儒家伦理道德最高水平的中央王朝的郡县是此天下的中心，根据儒家伦理道德水平高低划分的"夷""蛮""胡""藩"就围绕在天朝帝国的周边，形成了古代中国"天下"观的民族格局。

这种以文化特征看待多元民族格局的方式，就是国内民族理论研究者和一些西方汉学研究者称之的"文化主义"族群观。"把'文化主义'（或天下主义）视为'中国文化主义'，就不是把它当作一种文化意识本身，而是把文化——帝国独特的文化和儒家正统——看作一种界定群体的标准。群体中的成员身份取决于是否接受象征着效忠于中国观念和价值的礼制。"❸ 这种族群观对古代中央政府制定民族文教政策具有决定性作用。首先，在"文化主义"的族群观影响下，古代中国的文教政策的目标是通过儒家道德伦理教化少数民族，形成统一的文化认同，达到政治整合的目的。美国印度籍学者杜赞奇在《从民族国家拯救历史：民族主义话语与中国现代史研究》一书中也认为："就文化主义而言，中国人的价值观念是优越的，但并不排他。通过教育和模仿，夷狄可以成为群体中的一部分，拥有共同的价值观念，并与其他缺少这些观念的夷狄区分开来。"❹ 其次，"文化主义"的族群观认为道德的教化作用方式应是消极的，"远人不服则修文德以来之"，于是我们看到中国

❶ 赵汀阳. "天下体系"：帝国与世界制度 [J]. 世界哲学，2003 (5)：2 - 33.

❷ （元）陈浩. 礼记集说·礼运篇 [M] //新刊四书五经. 北京：中国书店，1994：185.

❸ [美] 杜赞奇. 从民族国家拯救历史：民族主义话语与中国现代史研究 [M]. 南京：江苏人民出版社，2009：55 - 57.

❹ [美] 杜赞奇. 从民族国家拯救历史：民族主义话语与中国现代史研究 [M]. 南京：江苏人民出版社，2009：59.

古代多数中央政府制定的文教政策是内倾式的，很少有强制干预性的文教政策颁布。

（二）近现代"国家"观中的民族格局形态

清末时期基本奠定了近现代以来生活在中国大地上的民族成分与结构，汉族发展成为中华民族内部形态的核心主体，在中原地带汉族周边形成了语言不一、经济形态和社会制度各异的其他民族。经过几千年漫长的历史变迁，一方面，通过血缘、文化、经济、政治等自然与非自然的方式，中华民族不断分化形成多元的内部形态；另一方面，又因物质与精神的交融与汇集融合为一体，形成稳定、开放的外部形态。

如果没有近代西方民族主义思潮的传入，如果中国没有开启"受迫性现代化"的过程，或许传统天下观蕴含的"文化主义"族群观会一直持续，内倾式的民族文教政策也不会发生剧烈的变动。但历史不容假设，被卷入世界民族主义运动中的近代中国身不由己，古老的多族群帝国必须转型到现代民族国家，加入到新的世界体系中去，因为民族国家已成为惟一合法的政体形式。现代民族国家不同于中国传统的"天不变，道亦不变"的"天下"，它是现代意义的政治实体概念。现代民族国家精确地限定领土主权范围的线性疆界，以民族单元为政治单元，"人类自然地分成不同的民族，这些不同的民族是而且必须是政治组织的严格单位……除非每个民族都有自己的国家，享有独立存在的地位，否则人类不会获得任何美好的处境"❶。

这个时候国人也开始学习、认识西方民族主义思想中的"民族""国家"等核心概念。作为将"民族"一词介绍进入中国的第一人，梁启超在1905年所做文章《历史上中国民族之观察》❷中对"民族"进行了论述。

最初由若干有血缘关系之人，根据生理本能，互营共同生活，对于自然的环境，常为共同的反应；而个人与个人间，又为相互的刺激，相互的反映；心理上之沟通，日益反复，协力分业之机能的关系，日益致

---

❶ ［英］埃里·凯杜里. 张明明，译. 民族主义［M］. 北京：中央编译出版社，2002：7－8.

❷ 吴松，等. 饮冰室文集点校（第三集）［M］. 昆明：云南教育出版社，2001：1678.

密；乃发明公用之语言及其他工具，养成共有之信仰学艺及其他趣嗜；经无数年无数人协同努力所积之共业，厘然成一特异之"文明化枢系"；与夷族相接触，则对他而自觉为我。

1926年4月吴文藻撰写《民族与国家》❶，一个重要目的就是要给"民族"和"国家"施加比较的严谨的定义，找出两者的差异性所在。

民族跨越文化，不复为民族；国家脱离政治，不称其为国家。民族跨越文化，作政治上之表示，则进为国家；国家脱离政治，失政治上之地位，则退为民族。民族与国家应有之区别，即以有无政治上之统一为断。

不只是在学术领域，西方民族主义更是带来了现实政治领域的民族意识自觉，最明显的变化就是中国人推翻满清、建立现代民族国家的要求高涨，形成了近代国家观下的"民族主义"族群观。从主体上看，近代的"民族主义"族群观的主体不断扩大，不但汉族并且其他少数民族也开始表达"一民族一国家"的政治诉求，潜藏着多族群国家分崩离析的危险；从影响来看，近代形成的新"民族主义"族群观，它完全转向政治诉求，无论是激进的全盘西化者还是主张文化价值的守城主义者，其背后的立场均是对于民族的独立和自强的要求。相对于自古以来中国"多元一体"民族格局的事实，这种转向虽然是主观看待事实的方式，但带来了近代中国民族格局潜在的分裂危险：由传统天下观的"文化主义"族群观向"民族主义"政治型族群观的强势转向，令中国人再也回不到"合久必分、分久必合"的历史想象中，因为在西方民族主义牢牢占据世界政治话语权的情况下，分，就意味着永久的脱离。

作为一个人伦体系缔造的传统国家，当在极不情愿的情况下被夹裹进入这个民族国家体系时，那么要做的第一件事就是在当时的国际环境和流行的话语体系中为新的政治实体提供理论框架和意识形态的合法性支持。而"民族"共同体是民族国家建立的基础，西方民族主义所持的具有政治、领土含义的"民族"（Nation）在中国的时事情景中就必须被改造和重构，这也是"中华民族"被建构为"国族"，在近代逐步成为自觉的民族共同体，并在长达一百多年不间断被学者和政治家进行

❶　吴文藻. 人类学社会学研究文集［M］. 北京：民族出版社，1990：32.

"想象"的重要原因。除了对"中华民族"的"想象"，在新的民族国家，知识分子和国家都需要在当下的意识形态规制中重新塑造"人民"。"人民的塑造再塑造是时间问题在政治上的表达。"❶ 于是，从近代开始，一种重要的"民族想象"与"人民塑造"的工具——新式教科书开始出现。

因此，"民族"一词在汉语中的出现及附带产生的叙述结构改变了"天下中国"，开启了现代"民族国家中国"的建构之路。一方面，民族主义思潮打破了维系古代民族格局的儒家伦理道德链条，格局中的各民族自觉意识萌醒，民族离心力骤增；另一方面，建构独立、完整民族国家的政治诉求高涨，社会均质化目标明确，在两方面的矛盾互动中，中华民族格局开始由文化形态向政治形态转变，而这种转变深深地影响到少数民族教科书及其政策，甚至从一定意义上来看，正是近代民族格局的这种演变造就了民族教科书政策，这样一种积极干预、外控式的公共教育政策。

二、中华民族"多元一体"民族格局的内涵

民族格局的外在客观形态直接指向的是政治诉求，在近现代西方民族主义思潮的关照下，这种诉求的终极目标是建立民族国家。但仅仅对形态的考察可能会使我们忽略存在于形态下的内涵，特别是政治诉求在人类生活中愈加强势的情况下，往往会遮蔽了多元民族格局的灵魂，而这恰恰是问题的实质。

民族格局所表现的根本内涵应该是文化的特征，中华民族"多元一体"的外部形态，其实质应是"差异互通"的民族文化特征，即在时间的横向断面上，各民族文化异彩纷呈，丰富多元；在时间的纵向体系中，各民族文化又是互相融合，取长补短。

（一）差异：多元民族文化的共时性

民族虽是"想象的政治共同体"，但并非人为任意构建的产物，想

❶ ［美］杜赞奇. 从民族国家拯救历史：民族主义话语与中国现代史研究［M］. 南京：江苏人民出版社，2009：32.

象并不等于虚构。民族必须具备想象的基础，例如血缘、地缘、历史、文化、语言、习俗等可供想象的素材，不同的民族在这些素材中选择、组合。当我们从文化的角度解释中华民族格局的内涵时，就可以用文化素材来考察这个多元格局的差异化发展历程。中国自古是一个多民族的大国，多种民族生活在这篇广袤辽阔的土地上。这些民族创造具有高度标识性的文化。

中原汉族周边的少数民族群体在其独具特色的地理环境中创造了有别于中原农耕文明的游牧、狩猎、采集等文明。这些独具特色的标志性文化，有别于中原汉族地区的文化，但它们绝不仅仅是主流文化的"边缘叙事"，流行文化的"花边装饰"。它们是少数民族在过去各时代由劳动生活和相互交往所产生的延续性的积累结果。它们历史悠久、源远流长，形式多样，内容丰富、地域特色浓厚。

文化的多样性导致人群的种种排列组合，任何民族，包括那些有着悠久复杂历史的民族，在文化形态色彩斑斓的多样性中也会显现出其确定的主色调和主旋律。一个有着共同语言、共同地域、共同经济生活和历史渊源的民族，纵然内部存在个体或集团的差异性，但源于共同文化而产生的共同心理特征是显而易见的事实。并且，这种事实还有一个更为重要的任务和使命——代际传承，每个民族都希望将这种共同文化世世代代传递下去，从政治学的角度来看待这种多样性，它代表的是不同民族对自身文化的权利与利益的主张。少数民族教科书政策是一项公共政策，它是在教科书这种相对稀少的公共产品资源中对不同文化群体利益的分配与协调，民族文化的差异与多样性是制定教科书政策的基本背景。

（二）共通：多元民族文化的历时性

民族认同以文化认同为核心，一个民族的文化以其巨大的向心力吸引着该民族的成员。但文化并不是凝固、永远分立的，它是一个历时性的动态过程，或急或缓地体现出历史的流变性，并且在变动与稳定、革新与常态中表现出交错与趋同。文化的历时性特点带来文化共通的可能性和基础，中华大家庭中的各民族在历史的长河中不但在血缘上进行融合，更是在文化上交相推引，共通发展。

第一，文化的自然基础是地理环境，各民族生活地理环境不固定，迁徙运动带来民族文化共通的可能。按照俄罗斯民族学家史禄国创立的关于民族、族群性"历史地理学"原生论来看，地理环境的多样化为多民族文化的产生、共存创造了外在的物质条件。作为中华民族共同体中各民族团体，他们在各自的迁徙过程中促进了这个多民族大国的文化沟通和交流。人口较多的汉族以中原为据点向四方迁徙扩张，以文德教化传播中原汉族的儒家文明；人口较少的少数民族则通过更加灵活的游牧迁徙方式，成为异域远方文化的传播载体。

第二，文化的物质基础是其生产方式，农耕经济与游牧经济的互补与融汇带来民族文化的共通。地理环境是中华文化赖以生发的自然条件，依托于这种自然条件、地理背景生活在东亚大陆上的中华先民创造了两种物质生产方式——农耕经济与游牧经济。华夏汉人创造的农耕经济和游牧少数民族依赖的游牧经济之间通过和平交流和战争冲突的方式完成民族的融合、文化的互通，共同缔造了中华的共同文化。

第三，文化依托的制度基础是社会结构，以"天下"式社会结构提供给多元民族文化以共通的通道。"任何民族的文化，其创生与流变都是在某种特定的地理环境—经济条件—社会结构三维空间进行的。"❶中华文化是中国历史数千年各民族文化激荡、融汇的产物，它之所以能成为一个共同体文化，就在于它所依托的制度基础——社会结构，古代中国的"天下"是这种社会结构的形式表达。"天下"中无夷狄之分，无种族之别，夷夏的区别在于是否承认和接受天下的价值观和文明观。"天下"形式的社会结构客观上为多元民族文化的融汇提供了一个通道，通过礼教、文明的通道即可达到世界大同，天下一家。

教科书承载主流意识形态，少数民族教科书政策也必须利用公共权力建构国家核心价值观，由此构建中华民族的认同感，以替代在"天下"时代儒家伦理道德的黏合剂作用。那么以什么为基础来建构呢？有没有建构的原材料呢？有，自古以来多元民族文化的共通性为建构现代新的认同感提供了可能性和基本素材。

因此，民族教科书政策在百余年的发展中，无论任何政府都必须对多元文化诉求予以回应，民族多样化的客观事实背后是文化利益的竞

❶ 冯天瑜，何晓明，周积明. 中华文化史［M］. 上海：上海人民出版社，2005：152.

争；此外，民族教科书也可在民族文化的共通性基础上，建构各民族都
认同的主流文化与核心价值观。民族文化的差异与共通是民族教科书政
策制定的最重要的文化背景。

第二节　民族文教政策的形态

在少数民族教科书产生之前，作为对古代民族教育进行指导和管理
的政策——中央政府的民族文教政策就是其一脉相承的前身形态。这里
既有以汉族为执政主体的中央政权采取的文教政策，也有以少数民族为
执政主体的文教政策。但它们都反映了中华文明的杂糅状态。

一、政策目标：以"德化"促多元民族文化的沟通与融汇

政策是一种有目标的政治活动。中国古代的政治体制、政治理想等
具备中国特色的政治文明，尤其是汉族主政王朝所进行的政治活动的理
论基础和体制合法性的基础都是在先秦时代已经奠定，比如夏商周以
"要服""荒服"对异族实行以"德化"为目标的文教政策，对少数民
族"施之以德，海外宾服，四夷纳职"[1]。这样的政策目标一直持续数
千年，成为历朝历代的民族文教政策的目标。

例如，秦汉时期，中国统一的、多民族国家的形成，汉族主要居于
中原黄河流域，其四周生活着与其语言不一，经济形态、社会制度都不
相同的各民族。秦和两汉时期面对的民族情势较相似，依托不同的生态
环境和生产方式，中原地带的农耕文化与草原荒漠地带的游牧文化逐渐
形成，并在中古历史中持续对峙。秦和两汉的中央政府基于这种情况制
定了"文治武功"的民族政策。

隋唐也积极推行"教之礼义"政策。在中央，允许少数民族首领
弟子入"国子学"就读，史载贞观十四年，国子学"增筑学舍千二百
间，增学生二千二百六十员……于是四方学者云集京师，乃至高丽、百

---

[1]　《淮南子·原道训》。

济、新罗、高昌、吐蕃诸酋长亦遣子弟入国学，升讲筵者至八千余人"[1]。在地方，郡学招收少数民族子弟儒学，由官府给"禀给"[2]。这些文教政策的推行令少数民族"使习华风"，进一步沟通了多元民族文化。

明朝也注重对少数民族地区施以汉文化的影响，认为"教化大行"才是"安边之道"。它在中央设立"四夷馆"，主要职能是译书及培养翻译人才。更是在中央和地方采取有差别的文化政策，例如在内地禁止"胡服、胡语、胡姓"，对少数民族则允许其保持原有的风俗传统，"顺而抚之"。

二、政策过程：因俗而治、平等怀柔、互学兼收

中国历代统治者都会根据少数民族的传统风俗、历史习惯和特定的生产生活方式制定灵活的民族政策，包括文教政策的实施方式也是"因俗而治"。"修其教不易其俗，齐其政不易其宜"几乎是每个朝代实施民族政策的基本准则，它是古代中央王朝羁縻政策的核心思想。

"因俗而治"的原因是各民族风俗各异，生产生活方式和经济文化制度相差较大。例如在周朝时期，只要蛮夷戎狄等少数民族承认周天子的最高统治权，定期纳贡朝见，就可进行有限度的自治，其政治制度、文化风俗等都可照旧办理。到汉朝时，归附的少数民族不但可以保留原来的管制名号，还可对其原有部落进行治理，中央政府对少数民族的首领也授予官位，且可终身任职，世袭受封。

"平等怀柔"也是古代民族文教政策实施的重要特点。例如隋唐时期对少数民族的怀柔政策建立在民族平等的理念之上。秦汉以来的王朝虽也制定怀柔政策，但总的来说，都把周边少数民族视为"非我族类，其心必异"，认为蛮夷之地与中原礼制之邦相差甚远，存在深厚的民族偏见和歧视思想。经过魏晋南北朝时期民族同化融合大潮流的涤荡，隋唐时期，从统治阶层至平民百姓都已从血缘或心理、文化等层次完成民

---

[1] 《资治通鉴》卷一九五。

[2] 徐舜杰，等. 中国民族政策简史［M］. 银川：宁夏人民出版社，2011：145.

族的融合，两朝都表现出积极的民族平等观念。例如，隋朝"无隔华夷""混戎夷夏"的思想充分表达了隋朝二帝时期的民族政策和平、平等的理念。对于内附和归降的少数民族，隋帝国采取了和亲、尊俗、册封等怀柔政策。

"互学兼收"在春秋战国时期就开始了，少数民族不断吸收中原及周边民族的优秀文化以形成独具特色的本民族文化，例如秦、楚、吴、越特色文化的形成就是这样一个过程。这些原来文明程度稍弱的民族在吸收了先进的中华文化及其他文化之后，转变为华夏民族的核心和主体部分。另外，中原文明程度较高的地区也向周边少数民族学习，丰富和扩大华夏文化的内涵。

三、政策内容：和亲通婚、移民实边、和平结盟、设学开科

"和亲通婚"政策从血缘和文化的双层结构上促进了民族的融合。血缘融合是民族融合最直接的方式，中国历史上的和亲通婚政策早在民族部落时期就已经开始了，例如华夏民族的始祖黄帝部落和炎帝部落就是两个世代通婚的近亲部落。和亲通婚政策使地域差距较远的民族在血缘水平上进行或高或低水平的融合，春秋战国时期扩大了"和亲"联姻的范围，继续以血缘为纽带融合各民族。这种拟血缘关系，加强政治整合的同时达成了民族文化的沟通与融汇。

"移民实边"与"和平结盟"政策利于各族文化的传播和融合，这种具有极强的政治整合意图，但同时在客观上促进了多民族的融合和文化的发展。例如秦朝进行了四次大规模的徙民，分别移往五岭南越、北方河套、西北等地区。秦始皇三十五年"因徙三万家丽邑，五万家云阳"，秦始皇三十六年"徙民于涨河、榆中、耐徙三处。"到西汉时，前期主要是零落、小规模的迁徙，到武帝时期，由于与匈奴作战的胜利，徙民至"上郡、朔方、陇西、西河、河西开田官，斥塞卒六十万人戍田之"❶。除了移徙汉族实边，还强制少数民族迁入中原，尤其是南

---

❶　汉书·食货志［M］//徐舜杰，等. 中国民族政策简史. 银川：宁夏人民出版社，2011：65.

方少数民族迁入较多。"其方法或部分迁徙，或举族迁徙，但以部分迁徙为主；或自请迁徙，或强制迁徙，而以强制为主。"❶

"设学开科"，以儒家礼义思想引导少数民族的文化发展、文明进步。隋文帝时期，为了教化少数民族，命令狐熙在桂州"为建城邑，开设学校"❷。唐朝也积极推行"教之礼义"政策。在中央，允许少数民族首领弟子入"国子学"就读。在地方，郡学招收少数民族子弟儒学，由官府给"禀给"❸。这些文教政策的推行令少数民族"使习华风"。明朝中央政府在少数民族地区设立儒学，为少数民族开科取士，优先照顾少数民族子弟入国子监。

十六国北朝时期，北方少数民族入主中原后面临的迫切问题就是如何对待文明程度较高的汉文化。他们不约而同地选择了"胡汉分治"和汉化的政策，积极向华夏汉族文化靠拢。大一统的元朝、清朝，入主中原后，都努力成为中国的"正统"，制定崇儒兴学的文教政策，积极向文明程度较高的儒家伦理道德学习，这是少数民族主政王朝的共同特点。

第三节　民族文教政策的功能

虽然"中华民族"是近代以来才出现的词汇，古代中国也是一个从政治和文化角度复线发展的国家，中华大地多个政权并立，草原游牧文明和中原农耕文明交相辉映，但是从对历代中央政府少数民族文教政策的梳理来看，无论是在中央政府设立专管文教的机构，还是具有文教意义的和亲、怀柔、羁縻政策，或是直接兴办学校、尊孔崇儒的文教措施，都充分体现着中央政府对政治、文化整合的诉求，即便这种整合的形式稀疏有别、力度轻重不一。民族政权的建立，是民族实力的象征，入主中原建立中央政权，成为统治中国的"大一统"合法政府是主体

❶　徐舜杰，等. 中国民族政策简史［M］. 银川：宁夏人民出版社，2011：65.

❷　隋书·令狐熙传［M］//徐舜杰，等. 中国民族政策简史. 银川：宁夏人民出版社，2011：65.

❸　徐舜杰，等. 中国民族政策简史［M］. 银川：宁夏人民出版社，2011：145.

民族华夏汉族和各少数民族的共同追求。中国历史也在如此的你争我夺中向前发展，中华文明也因此一直延续至今，成为人类文明史中一条不曾断裂的链条。英国哲学家罗素曾分析中华文明之所以持久发展，而不像其他文明一样业已消逝，主要的原因在于两点：第一，人口众多；第二，众多人口尊崇同一种文化。人口众多的另一层涵义就是民族众多，中央政府就必须进行一种政治活动——族际整合，才能是稳固政权；一种文化，即中华民族的文化和它所延伸的中华文明，这里并非单指华夏汉族文化，因为中华文化除了华夏文化风华美丽外，其他少数民族文化也各有特色。中华文明作为中华民族的内核，是在数千年的发展中对各民族文化吸收、熔铸而成的。在这个过程中历代中央政府的文教政策是积极而有效的。因此，中国古代民族文教政策最终完成了两个使命：第一，以"大一统"的政治整合思想为手段，构建中国传统政体认同，奠定了现代民族国家认同的基础。第二，以"核心辐射"的文化整合为方式，构建传统中华民族共同文化的认同，奠定了现代中华民族认同的基础。

一、以"大一统"与"正统观"的思想建构政体认同

（一）古代民族文教政策蕴含的"大一统"精神及表达

"大一统"论的核心内容是政治、王权一统，除此还包括丰富的疆域观、民族观、文化观，在提出政治一统即建立一统天下的国家政权之外，还在地域一统、夷夏一统、思想一统上都有表达。作为先秦两汉以来的最高政治追求，它是中国古代国家理论的精华，是中国传统政治哲学的集大成。"在大一统论的指导和推动下，历朝历代，中国古人都以国家统一为常态，以国家分裂为变态。"❶ 无论是汉族或是少数民族建立的王朝，只有当其成为统一的中央王朝时才有可能获得广泛认同，大一统成为中国古代国家认同的重要标准之一，构成中国朝代史上的最高的政治目标和准则。

民族文教政策作为一种古代中国中央政权采取的政治措施，它的基

---

❶ 彭丰文. 两晋时期国家认同研究 [M]. 北京：民族出版社，2009：69.

本诉求十分明确，即完成王朝"大一统"的政治目标。虽然"大一统"论及其附带产生的"华夷一统"的民族思想产生、发展、完善于华夏汉族，但同时也被各少数民族尤其是北方的游牧民族所认同，因此，无论是以汉族为主体的中央政权，还是由少数民族建立的中央政权都制定了许多蕴含这种民族思想的文教政策。

例如历代中央王朝几乎都将富有文教意义的"羁縻政策""和亲政策""因俗而治"的政策作为管理少数民族地区事物的有效措施。而这三种文教政策的背后都隐藏着"大一统"论的线索。例如"羁縻政策"源于夏朝的"五服"制度，自汉代开始在治理边疆中得以体现，并在唐朝时得到充分发展。因为唐朝的羁縻州第一次不分华夷地将边疆民族地区纳入"天下一体"的范围，是羁縻思想的一次飞跃。[1] 实现大一统是历代统治者治边的终极目的，但面对疆域辽阔、民族情况复杂的现实状况，中原王朝只能达到理想状态"大一统"，通过允许边疆少数民族实行这种"有限自治"的政策，达到不同统治程度的中央集权。

"和亲政策"更是"大一统"观念的表达，它通过拟制"血缘"关系制造天下一家、四海臣服的政治理想画卷，也是中国社会"家国同构"结构在民族关系上的映射。它通过血缘的融合，在沟通和改善民族关系中，长时期起着重要作用，在中华民族形成和发展中有着深远影响。"因俗而治"则是羁縻政策的一种继承和发展，有利于多民族国家的统一和稳定。

（二）古代民族文教政策构建的国家认同："正统"观

在学术界关于中国古代有无国家实体的讨论见仁见智，但有一点是基本达成共识的，即中国古代虽然是一个"国家"，但与现代民族国家有区别，也与近现代汉语中的"国家"概念有区别，更像是王朝国家（王权国家）。我们这里所提出的正是对"中国"这个抽象国家共同体的认同。文明是这个共同体的灵魂，历史上那些分分合合、相继而起的王朝则是这个共同体的肉身。要达到对这个抽象"中国"的认同，就必须对具体王朝的正统性予以确认，因此无论华夏汉族的王朝或是少数民族王朝都在争夺能够代表"中国"的正统。

---

[1] 刘信君. 中国古代治理东北边疆思想研究 [M]. 长春：吉林人民出版社，2008：19.

这种认同的条件主要涉及两个方面：第一是地域性的，即王朝必须居于中原地带或戮力向中原地带发展，形成政治地域的"大一统"；第二是文化性的，即注重文化上与汉族保持一致性，认同儒家一整套文明体系。前者是王朝政治上正统性的要求，后者则是文化正统性的体现。但在中国历史发展中，对正统王朝的认同更倾向于文化的正统性。"正统"观是中国古代国家（王朝）认同方式与认同内容的高度提炼和升华，是以儒学国家理论为基础的一种国家认同理论，这种政治、历史观，对中国古人的国家认同具有特别重要的指导意义。

作为一个自古以来的多民族国家，如何看待和处理民族问题是维护政权的"正统"性和建立国家认同的重要政治事项，无论是华夏汉族或是少数民族建立的王朝，对治下各民族的政治整合的目标即是建立对其"中国"国家正统性的认同。特别是针对民族事物的治边政策，因为在儒家传统文化中自古存在"华夷之辨"，要令"四海"臣服、"九州"认同，几乎所有中央政权的统治者都选择以"文治"政策为主，以"武功"政策为辅。比如在以汉族为主体统治民族的"中国"，历来就有实行"德治"，"远人不服则修文德以来之"的怀柔性文教政策。特别是在西汉时期，中央王朝采取"罢黜百家、独尊儒术"的政策塑造、强化国家认同。儒学借助行政力量成为"中国"国家认同的理论基础，这是中国古代国家认同形成发展史上的里程碑。自此以后，就连少数民族为主体统治民族的"中国"也毫无例外地选择了以儒学国家理论作为其政权的文化认同核心。

因此，中国古代民族文教政策在这个政治整合和构建国家认同的过程中具有十分重要的意义，因为它蕴含的"大一统"政治整合思想、构建的"正统"国家认同方式和内容，为中国现代民族国家的认同奠定了坚实的基础，在20世纪中国进入现代民族国家的世界体系时依然发挥了它的作用和影响。

二、以"核心辐射"与"多元互动"的方式承续中华文明

（一）以"核心辐射"的方式构筑以儒学为中心的文化格局

从我们已经梳理的中国古代历朝历代最高权力机构——中央政府的

文教政策来看，它不仅产生了政治整合的功能，促进了古代中国国家认同的构建，更从深层角度对中华民族的文化进行了整合和构建，主要采取的方式是"核心辐射"。

所谓"核心辐射"是指中央政府将自己代表或认为的主流文化向周边民族扩散，❶而关于扩散的内容，不管是以汉族为主体的中央政府，还是以少数民族为主体的中央政府基本都认同华夏文化或汉文化。包括汉族和它周边所有少数民族都产生了对当时高度发达的东方文明的认同和内聚。众所周知，中华文化是一种多元起源、区系众多的文化。不同的文化各有特点，但又以中原为核心相互交流与融汇，形成了以华夏文化为主体，周边少数民族文化互为依存、相互交流的文化格局。在这一格局中，中原华夏文化向周边辐射、扩展，周边各族文化向中原内聚、融汇的互动。因此，从中央政府的角度来看，几乎全部以"崇儒兴学"作为民族文教政策的核心内容。在汉武帝朝执行"罢黜百家，独尊儒术"之后，儒家学说就成为中华民族文化的核心思想。

（二）以"多元互动"的方式构建中华民族的共同文化认同

我们并不否认中华民族文明的繁荣需要一个强大的政体为外壳，但文明才是一个民族的灵魂，国家、政体只是灵魂披覆的一件外衣。国家即使解体或瓦解为若干政体，只要灵魂不散，国家就可以重建，而民族也不会从地球上消失。没有文明的民族只能是"空心"的存在。

中华民族的历史是一部多元文明的融合史，融合的动力来自农耕文明和草原游牧文明的相互吸引。虽然中古时期并未形成中华民族的实体，或者直至今日也未曾形成，但中华民族的早期文化"自在"和近代文化"自觉"是源远流长、一脉相承的。在构成民族的诸要素中，最能反映一个民族特点的就是这个民族的文化。与世界其他民族相比，中华民族的最大特点就表现在她拥有独特、悠久、连绵不断的民族文化。

这里需要强调的是这个民族文化绝不单单是汉族创造的华夏汉族文化，而是在中央政权"核心辐射"的文教政策整合下的、融合了所有民族特有文化之后形成的全新的复合型民族文化。这种融合不排斥、抛

---

❶　吴明海. 中国少数民族教育史教程［M］. 北京：中央民族大学出版社，2006：39.

弃各民族原有的文化，而是在承认和接受共同的主体文化的同时继续保留本民族文化的特质和特色。

民族文教政策采用"多元互动"的方式在中华民族共同文化的形成过程中起到了十分重要的作用。历代中央政府通过"和亲""怀柔""羁縻""从宜从俗"等文教政策促进多元文化的交融，构建了中华民族共同文化的认同。从历史的纵向脉络来看，两汉时期，汉民族与西域各游牧民族之间的文化交流，隋唐时期，汉族与吐蕃、突厥、渤海、高丽之间的广泛文化交流；宋元时期，契丹、女真、蒙古与汉族之间的政治军事斗争和文化交流；少数民族入主中原的王朝更是全力吸收汉族文化，特别是儒家文化的精华，同时又将本民族文化的精华注入汉族文化中。比如清朝的很多创造性的政治治理方式并非像以前很多历史学家认为的那样，是被汉族政治治理方式同化的结果，它更多是满族人的独创。

由此看来，中国古代民族文教政策从政治和文化的角度促进了中华民族一体、多元格局的形成，很好地完成了其历史的使命，为近代中华民族进入现代世界体系打下了良好的基础。但同时，我们也应看到，中国古代文教政策在完成其功能的同时，也为现代民族教科书政策设定了一个"功能钟摆"，这个钟摆的一端是对"大一统"的追求，它的极端表现就是以政治与文化的专制为手段，导致中华共同文化来源的单向传输，产生严重片面性；钟摆的另一端是对文化的多元性追求，它的极端表现是中华民族共同文化的涣散、无中心。

少数民族教科书政策是现代政府的公共政策，是中国从古老"天下"帝国转型到"民族国家"的过程中产生的新事物，但它的产生并非是孤立、突发的事件。作为一个已有百年历史的旧事物，它也有自己的历史，这就是古代中国的民族文教政策。人类对自身群体治理的方式多种多样，从古代到现代，从专制到民主，从强制到协商，无非是依据社会环境变化而采取方式、方法的区别，因此，从本质来看，现代民族教科书政策与古代民族文教政策并无差别，它们之间存在某些必然的、内在的联系，这就是我们研究历史的原因，因为历史总会在某个时候，以某种方式映照现在与未来。

就政策产生的环境来看，中国古代民族文教政策处于"多元一体"

中华民族格局，这与现代民族教科书政策是完全相同的，这种静态的、"差异与共通"的民族格局在可预见的未来也不会发生剧烈的变化，这就是我们研究现代民族教科书政策的平台与"现场"。但另外，历史也是流动的，这种流动性往往来源于看待历史的主体，即人的历史观，包括民族观。以西方民族主义思潮传入中国为节点，中国人看待"多元一体"民族格局的视角发生了变化，也正是这种变化造就了现代民族教科书政策。

虽然中国古代民族文教政策属于前现代的政府管理行为，但如果我们从现代公共政策分析的角度来看，政策的价值观、目标、内容与结构、实施方式都是比较完整的。不同政权主体从自身的民族身份出发制定出了符合当时历史环境的民族文教政策，这些政策集中体现了古代中国"天下"观中的文化性族群观，它所产生的正向功能及积极意义值得现代政府借鉴与学习。

研究政策的功能及影响也是公共政策分析的三大任务之一。古代民族文教政策具有政治整合与文化整合双向功能，且相互促进。它所表达的"大一统"精神促进了构建古代中国"正统"观念，深刻影响了中华历史的进程；在各民族历史的变迁中，以儒家义礼整合了多元民族文化，为中国建构现代国家认同和文化认同提供了历史积累。

第三章　萌芽：清末民初少数民族教科书政策（1904—1926年）

政权来来去去，可是文明的边界会持续下去。

—— [法] 米兰·昆德拉

清末，西方民族主义思潮传入，在列强的环伺与挤压下，"天下秩序"崩塌，这个多民族的帝国不得不开始按照世界通行的"民族国家"形式进行"一民族一国家"的构建。新的"民族国家"的知识分子与中央政府面临的最重要的工程之一，是重新塑造"国民"。在"民族""民族自决""民族独立"等新的语境中，加之北京政府期间军阀混战、地方割据，中央政府面临构建民族国家的巨大压力，同时它的教育部门也要选择在其有效影响范围内以何种方式重塑国民精神、整合多民族价值认同体系。另外，值得注意的是这种重塑是双向度的，无论是少数民族精英还是普通民众，在行政建制和民族认同的过程中同样经历了中国从"部族国家"向"民族国家"的转型。这种自上而下、由下往上"双向度"的塑形需要一种工具，现代少数民族教科书及其政策就是在这样的政权和文化变革中，在传统教育的转型中酝酿、催生。

第一节　民族教科书政策的背景

清代的中国疆域辽阔，领土广大，历经康乾盛世的繁荣，成为少数民族主政的东方强大帝国。它承袭以儒家传统为核心的文化格局，同时积极扩张对边远地区的势力，将西南和西北的大部分边缘地带通过征伐和怀柔政策纳入帝国的统治范围。同时，在参照以往各朝代民族政策，考虑治下各民族地区不同的传统，并观照自身民族发展过程的情况下实行了"多元式天下"的治理模式。

鸦片战争改变了清王朝作为一个传统部族帝国承继几千年的以中原王朝为核心构建的"天下观"的政治格局，改变了以"华夏文明"对周边"蛮夷部落"施以"教化"的"文化中心主义"族群观的思维传统，在新兴欧洲帝国主义"坚船利炮"的冲击下，中国人从此被迫接受西方"民族国家"的概念和外交游戏规则。❶ 对于一个社会来说，政治和文化的理念是决定性的，理念决定着社会生活的走向。西方民族主义思潮的传入至少为中国带来了两个方面的变革：一个是现代国家的构建，建立"民族国家"的政权形式和社会结构；另一个是以当时接触到的西方知识体系和自身的理解与思考，进行现代意义的"民族构建"。

民族国家的构建受内外部环境的影响。在外部，"天朝"对外战争屡屡败北，被迫签订一系列不平等条约，割地赔款，权势影响江河日下；在内部，受西方"民族"概念、"民族自觉—民族独立"政治理论的影响，加上清帝国覆灭，一股分裂的离心力在汉族和非汉民族中暗潮涌动，辛亥革命更是加剧了这种分裂的危险。而在文化思潮的变革中，国人在传统文化背景下，将西方民族主义消化、整合、重构，形成了"种族民族主义""文化民族主义"和"政治民族主义"。三种类型的民族主义相互砥砺，政治民族主义最终因契合国人对"大一统"的迫切追求而逐渐占据上风。由此引发近代以来学术界对"中华民族"这一国族的建构，以民族共同文化的想象迎合政治上民族国家的建构。这些都对少数民族教育和教科书的政策产生了深刻影响。

另外，作为政治、文化变革的一种方式，教育也渗透其中，传统的民族教育也在近代发生转型。从清末教育新政开始，在新学堂中，西方现代文明逐渐取代儒家知识体系和传统民族文化成为新的教育内容，民族教育被挟裹在近代教育转型的浪潮中不自主地前行。

一、政治环境的变革："部族帝国"走向"民族国家"

（一）清末边疆对中央的疏离倾向

"清代施深谋，联合满、蒙以制汉族。"❷ 清朝自入关后，按照政治组织区划，分为本部和边区。本部即内地 18 省，边区即满洲、内

---

❶ 常宝. 漂泊的精英——社会史视角下的清末民国内蒙古社会与蒙古族精英 [M]. 北京：社会科学文献出版社，2012：5.

❷ 吕思勉. 中国民族史 [M]. 上海：东方出版中心，1987：168.

外蒙古❶、青海、西藏。这种"二元天下"的边治特点、结盟式的联合治理方式有意给汉族造成统治的心理压力，这也给清王朝统治时期的边疆安定，带来了最大的恶处，那就是为国家分裂埋下危险。关于这点，在鸦片战争后，清廷本身也有了较深的体认。

鸦片战争之后，由于少数民族居住的边疆大片广袤的土地和丰富物产对东、西方列强极具吸引力，他们在清朝领土的周边形成一个殖民地包围圈。❷ 同时伴随着西方侵略势力的渗入，边疆的少数民族精英成为外国侵略者挑拨、拉拢和收买的对象，垂涎中国领土和财富的帝国主义列强将"民族自治""民族独立"等政治文化理念别有用心地输入边疆地区，并把边疆地区的各部族也冠以"民族"的名称，鼓动其从中华帝国分裂出去，这些帝国边缘地区的"蛮夷"部落也在审慎思考今后的去向问题。

如此一来，清帝国对边疆控制力的下降和外部西方势力的牵引，造成了近代以来中华帝国最大的边疆危机，边疆民族地区对中央政权逐渐变得貌合神离。面对殖民者的挑战，身处中华帝国时代黄昏期的晚清试图调整"多元式天下"的边疆治理政策，由民族分化政策向族群统整的策略调整。尤其是新政期间，清帝国"从构筑一个近代民族国家的思路出发，推进边疆与内地'均质化'，以'固我主权'为目标，试图保持中央政府对边疆地方的强大控制力"❸。在边疆民族地区推行教育均质化，在教育内容中灌输新的意识形态，这都为民族教科书政策的产生埋下了伏笔。

（二）辛亥革命对中华民族格局的影响

清末，清政府从处理边疆危机出发，将传统的边疆治理模式进行近代化的调整，却在不同程度上挫伤了原本较稳固的民族治理基础。另

---

❶　清朝蒙古分为内属蒙古与外藩蒙古，1921 年外蒙古宣布脱离中华民国独立，1946 年中华民国政府根据国际条约承认其独立。教育是一个国家的主权，因此从清末至 1946 年南京国民政府承认其独立之前，政府所颁布的教育政策类文件都泛指内外蒙古，但实际中央政府的教育行政管辖权仅限于内蒙古地区。

❷　冯建勇. 辛亥革命与近代中国边疆政治变迁研究［M］. 哈尔滨：黑龙江教育出版社，2012：318.

❸　冯建勇. 辛亥革命与近代中国边疆政治变迁研究［M］. 哈尔滨：黑龙江教育出版社，2012：318.

外，清政府原本对边疆的治理和管辖就较为松散，清朝在很长一段时间推行民族隔离政策，国内各族群无法通过日常交往形成统一的集体认同。边疆民族地区对中央政府的认同全部系于皇帝一身，"清朝的同一性很大程度上是通过皇帝的有形的身体，而非制度的同一性建立的：他是汉人的皇帝，蒙古人的可汗，满人的族长，西藏喇嘛教的保护人"[1]。如此一来，一旦作为庞大王朝国家凝聚纽带的皇帝不复存在，这个多民族国家直面的第一个问题就是"国家认同"危机。

辛亥革命正是导火索，它引发了清王朝体系的迅速崩溃，民族分裂与独立的意图最为明显。首先是革命的主体——汉族，有建立以汉人为绝对中心的民族国家的想法。例如辛亥革命的"驱除鞑虏，恢复中华"的种族民族主义的革命口号，革命党人邹容、陈天华、章太炎、孙中山、汪精卫等人的言论和思想，都可看到辛亥革命最初的目标就是脱离满人控制，建立独立的汉人共和国。

其次是在远离革命的边疆地区，帝位悬空带来分裂的危险更为严重。1911 年辛亥革命爆发后，库伦就率先独立，流居印度的达赖喇嘛通过噶厦发布驱汉令，形成了汉藏分裂对峙的局面。革命带来的分裂趋向在帝国边疆区域蠢蠢欲动。其实早在辛亥革命之前，立宪派和改良派都曾表达过这种担忧，所以才有"君主立宪"和"虚君共和"的预设政体架构。梁启超提出"大民族"与"小民族"的说法，也是从一个侧面表达了对由帝制转向共和过程中造成多民族国家分裂危险的担心。不可否认，辛亥革命打破帝制确实给帝国的民族格局和大一统的国家格局造成了难以弥补的不良影响。外蒙古于 1911 年 12 月 1 日成立"大蒙古国"，西藏签订的《西姆拉条约》和"麦克马洪线"更是西藏所谓"独立"的恶劣后果。这也让国人深切地体会到，在民族国家组成的世界体系中，不再遵从"分久必合，合久必分"的"中国规则"，分，就意味着永久的脱离。

但历史事件的发展还展现了更为戏剧化的一面，中华民国基本完整继承了清王朝的版图和人口，这在剧烈动荡、分裂危机、列强入侵的大时代背景下不得不说是个奇迹。1912 年 1 月 1 日，南京临时政府成立，

---

[1]　章永乐. 旧邦新造：1911—1917 ［M］. 北京：北京大学出版社，2011：导言.

革命者的身份转变为国家的建设者。孙中山和其代表的革命党人适时改变了早期的民族观，他在《中华民国临时大总统宣言书》以及《中华民国临时约法》中提出"五族共和"的观念："国家之本，在于人民。合汉、满、蒙、回、藏诸地为一国，即合汉、满、蒙、回、藏诸族为一人，此为民族之统一。"❶ 从"五族"来看，新的政府承接了立宪派的中国观，"共和"作为政体的目标，成为新的共识。

尽管中国从传统"部落王朝"到"民族国家"的转型经历了阵痛，但正如著名汉学家孔飞力所言，在"中国作为一个统一国家而进入现代"这一"显而易见的事实"背后，有着"中国人对于统一压倒一切的向往"。❷ 北京政府采取多种措施加强边疆地区政治上的统合，对民族国家所确立的领土、主权、人民的理念进行统一架构和整合。

二、文化思潮的变革："民族"的建构与想象

从 19 世纪下半叶开始，中国开始逐渐接触西方文化。1895 年甲午战败、洋务运动宣告破产，这对清政府和知识分子的打击巨大，中国的知识分子逐渐接受和认同西方文化，以民族主义为代表的西方文化思潮开始渗入中华传统文化的核心。华夏中心主义开始被打破：中国是"中央之国"，是正统文化的承载者等一整套文化和价值体系顷刻崩塌。以儒家文化认同为标准进行人群划分的传统观念难以为继，民族的整合必须寻找新的认同符号。

不同认同符号的选择就构成了中国人对西方民族主义的消化和重构，并在这个过程中对中国的"民族"进行想象和建构。其结果是，种族民族主义、文化民族主义和政治民族主义一起成为清末民初中国思想界民族主义的三种主要类型。

每种类型的民族主义虽然都在清末民初出现，但其地位和重要性却随着时局情势发生变化。种族民族主义在推翻清王朝的过程中起到了重要的作用，但随着革命的成功失去了目标；文化民族主义维护中国传统

---

❶ 孙中山. 中华民国临时大总统宣言书［M］//孙中山全集（第 2 卷）. 北京：中华书局，1982：2.

❷ ［美］孔飞力. 中国现代国家的起源［M］. 北京：生活·读书·新知三联书店，2013：25.

文化中被认为最优秀的部分，以文化为认同符号，但在清末面对西方科学意义上更先进的文化时，自卑感和落后感产生的巨大落差使其无法担负建立现代民族国家的重任；政治民族主义以在中国建立现代民族国家为目标，以国家主权作为民族认同符号，以政治斗争和军事斗争为手段全力进行统一国家的进程。❶ 政治民族主义由于受中国"亡国灭种""救亡图存"的内外情势影响，并内在性地与中国传统政治思想"大一统"的理念相契合，所以在辛亥革命后迅速成为近代中国最具代表性和影响力的民族主义。而且，从之后历史发展的进程来看，无论是国民政府还是新中国，都在政治民族主义旗帜下施行政策，虽然两者在民族格局"多元"和"一体"先后次序上的认识并不一致。在政治民族主义的影响下，以建构"国族"为核心行动，"中华民族""少数民族""多元一体格局"等重要的概念开始出现在现代民族话语体系中，也作为新的意识形态与思想观念深入到学校教育中来。

（一）国族的建构——现代"中华民族"的诞生

1. "民族主权"之下的"国族"建构

辛亥革命后中国建立民族国家，亟待解决的问题就是塑造新的集体认同。人们在"人民主权""民主"等现代政治理念的框架下思考"我们是谁""我们和他者有何区别"。这种共同体认同在中国古代以儒家"夷夏之辨"来完成，在现代则需要一种新的集体认同形式。成功地建立起统一而紧密的集体认同——民族认同对于中国这个后发的民族国家而言，意味着对外可以抵御列强威胁，对内可以完成大一统的政治目标。

现代民族国家既然以"人民主权"为核心内容，"这样，'谁是人民'成为一个不可能回避的问题。民族主义以创造公共文化的历史共同体的形式给出了一个概括性的答案，并不断进行修正与完善"❷。因此，构建"国族"是近代中国迈入现代化的一项重要任务。从近代开始，中国现代民族国家的建构必然伴随着"国族"的建构。这个新的现代

❶ 姜义华. 论二十世纪中国的民族主义 [M] // 刘青峰. 民族主义与中国现代化. 香港：香港中文大学出版社，1994：148.

❷ [英] 安东尼·D. 史密斯. 全球化时代的民族与民族主义 [M]. 北京：中央编译出版社，2002：185.

意义上的"历史共同体"在中国进入现代国家建设的 100 多年历史中具体表现为从"排满"到"五族共和"直至"中华民族"形塑。所以尽管至今学界对"中华民族"是否是几千年历史形成的"自在"民族实体仍持有争议，但对费孝通先生关于"中华民族作为一个自觉的民族实体，是在近百年来中国和西方列强的对抗中形成的"观点则表达了一致认同。这个"动态"形成的过程是持续性的，但在民国初年北京政府执政时期已基本成形。

2."中华民族"的形塑过程

辛亥革命以"驱除鞑虏，恢复中华"为旗帜推翻了满族人建立的清帝国，这个明显具有种族民族主义性质的口号意味着革命者将中国未来国家的"人民"限定为汉族。辛亥革命有效地利用了种族民族主义，并使其成为主要的思想动力之一。它唤醒了民众热情，借助反满情绪推动革命，实现了近代中国政权从帝国向现代民族国家的转移。

但民族主义像一把双刃剑，它只提供动力，却并不明确方向，它可以"种族民族主义"的形式助力革命党人推翻满族人的统治，也可以因中华民国的建立而失去目标、加剧国家分裂的危险。1919 年后的孙中山有感于民国成立之后中国的分裂、无序状态，尤其是"五族共和"已无法涵盖国内所有民族的团结一致，妨碍了国家政体的统整，造成了民族的离心，所以逐步放弃，倡导"民族同化"：以汉族为中心，同化其他民族，最后融合为中华民族。1924 年，孙中山在《民族主义》第一讲中明确提出"民族就是国族"，"美国人的种族，比那一国都要复杂，各洲各国的移民都有，到了美国，就熔化起来，所谓合一炉而冶之，自成一种民族"，也就是美利坚民族，而中国也应只有一个民族，那就是中华民族。❶

在政治家进行现实层面的国族建构的同时，面对深重的国家整合危机，民初的知识分子则以学理的方式对"中华民族"进行"国族"的构建。他们用一种新的文体"民族史"来进行"中华民族"的构建，为民族国家的构建提供正当性和合法性的依据，用一致对外的内部统一认同的塑造，使得传统帝国原本模糊的"夷夏之辨"在民族国家外部

---

❶　孙中山. 民族主义［M］//孙中山选集（下）. 北京：人民出版社，1956：590，598.

实现清晰的民族区分。近代"民族史"研究的高潮和诸学人关于"民族主义"思潮的消化和重构，都可看作这种趋势的表现。

我们不能说中华民族作为国族是近代知识分子和政治家完全的"想象"和"假定"，因为相对于世界上消失和现存的文明体而言，中华民族在血缘和文化层面的连续性，确实至少具有几千年的历史渊源。但同时我们应看到，近代中国的"民族"作为"别人'强赠'的'礼品'"❶，是在国家（包括知识分子和政治家）掌握了大量的分类知识和控制权力的情况下，由民族国家创造和想象的。

将"中华民族"定义为国族，按照一个"历史共同体"来建构，基本贯穿了1949年之前的中央政府主流的民族观。而此时的中央政府（这里指北京政府）不仅继承了清帝国时期的统治区域作为其地缘主体，并将统治内的民族重新划分为汉民族（han）和非汉（non‐han），而统一的身份是"中华民族"（Chinese Nation）。

（二）新民族群体——"少数民族"的形成

传统中国历史中，称呼非汉民族为"夷""狄""蛮""戎"等。在清末世纪交替的大动荡时期，西欧民族主义思潮涌入，维新派和我国留学生将"民族"概念引入国内，并借用这些词汇划分、指称中国境内的各民族。之后，建立在多民族思想基础上，对国内非汉民族进行归类，逐步形成"少数民族"的概念，这是一个历史演化的过程。

任何民族分类都离不开近代民族国家建构过程中的权力技术。"少数民族"这种近代出现的新民族群体分类也是伴随着中国近代国家建构历程而生成的，它经历了以下两个阶段的步步演变，最终确定了其概念的现代内涵。

1. "排满"语境中的"少数民族"

清末民初的这段历史中，"少数民族"概念的出现和使用多数是在满、汉民族对比的语境中出现的。无论是革命派还是立宪派，为发扬民族主义、建立民族国家必须对原来中国传统的族类称谓和划分重新定义和分类，"夷夏之辨"到"民族之别"是少数民族概念出现的理论基础。

---

❶　纳日碧力戈. 现代背景下的族群建构［M］. 昆明：云南教育出版社，2000：188.

清末民初时期"少数民族"概念的出现是以"汉众满寡""汉优满劣"的观念为语境，随着提倡民族平等的"五族共和"口号的提出，民族关系的语境发生"融合"转变之后，"少数民族"的提法开始减少。

2. "建国"语境中的"少数民族"

国民革命期间，国民党的建国目标是单一制的统一国家，主张国内各民族一律平等，应扶助国内弱小民族自决自治。国民党使用了"少数民族"和"弱小民族"两个概念，表达了对国内非汉民族的客观称谓及扶助弱小民族的自治自决。

而此时的共产党，尤其是在20世纪30年代之前，由于受到共产国际的民族与殖民地理论的影响，将民族运动与社会主义建国运动及国际革命关联起来。加之对国内民族问题没有如长征时期的切身体会，所以对国内非汉民族称谓"弱小民族"要多于"少数民族"，策略的考虑还处在"革命""解放"的阶段，希望能通过阶级斗争的方式达成民族平等、共建民族联邦国家的目的。

总之，在1938年10月中共的《论新阶段》报告抛弃"民族自觉"口号、建立统一国家的决定之前，"少数民族"在国民党的建国语境中多以人口数量对比的角度来界定；而共产党因为以民族联邦为建国目标，所以更侧重于从阶级力量对比的角度将少数民族看作"被压迫""弱小"的，需要通过"革命"达成平等自治的民族。之后，由于日本侵华战争的全面爆发，中华民族陷入亡国灭种的深重危机，国共两党在建国目标上合流一致——建立统一的国家，在对国内非汉民族的称谓上也趋向一致，即仅仅从人口相对于汉族占少数这一角度，来界定"少数民族"了。❶

第二节 民族教科书政策的产生过程及内容

由于少数民族从文化到意识形态，从经济到社会组织都与内地汉族

---

❶ 中共中央统战部. 民族问题文献汇编 [M]. 北京：中共中央党校出版社，1991：807-808.

存在较大差异，接受现代意义的教育制度较内地缓慢，转型持续时间长。清末民初民族传统教育与现代教育多样性的交融、混杂的关系更加体现了其转型的"连续性"时间特征，少数民族教科书政策即是在这个连续性的时间段内萌芽的。

作为一个历史事件，少数民族教育近代转型和少数民族教科书的萌芽主要发生在两个"连续性"的时段：

第一个阶段，清末"新政"兴学，现代教育元素开始在边疆民族地区出现，与传统宗教教育并行发展。清政府寄希望于通过教育途径推进民族国家建制、打破民族畛域、整合族群的意图已经若隐若现。此阶段是民族教育现代化重要的起步时期，它为第二个时期的民族教育转型进行了多方面重要的铺垫和预设。

第二个阶段，在民国北京政府时期，随着帝制覆灭、国家兴起，现代教育制度凭借国家意志、行政力量层层推进，国家层面的现代教育整合开始初露端倪。虽然面对时局动荡、投入不足、中央权力陷落等诸因素影响，民族教育却从此正式步入现代图景，国家开始制定一些管理民族教育、课程、教科书的政策。

一、统整：清末民初少数民族教育的近代转型

清朝治下形成了四个边疆民族文化类型的区域："回文化区""蒙文化区""藏文化区"和"苗夷文化区"。"回文化区"主要位于清末西北边疆，主要居住一些使用突厥语的民族，包括维吾尔、回、哈萨克、唐古特、乌梁海、西喇古尔、萨拉尔等民族，主要信仰伊斯兰教。"蒙文化区"包括蒙古（主要是内蒙古地区）的六盟和东北部分地区，其中主要为蒙古族，以游牧为主，信仰喇嘛教，讲蒙古语。"藏文化区"位于西藏、青海、甘肃、四川、云南、贵州等地，居住着青藏高原及边缘的藏缅语族，如藏族、罗罗（彝族或夷族）、么些族（纳西族）等，以游牧为主，政教合一，信仰喇嘛教。"苗夷文化区"主要位于西南、南部地区，有壮侗语族和苗瑶语族，包括壮族、傣族、苗族和瑶族等，半农半畜牧，各民族有不同的信仰。

清末，在外部，这四个边疆民族文化区域都受到帝国主义侵略势力

的威胁和蛊惑，而被迫进入世界政治外交体系中的大清帝国又表现得软弱失败；在内部，由于清帝国的统治者长期执行"多元式天下"的治理模式，着意阻碍民族交往、融合，族群统一认同缺失。因此，清政府迫切希望通过"新政"在边疆推行"均质化"，补救其在边疆民族面前"江河日下"的权势影响，加强国家对边疆的控制力。教育在这次"新政"的行动中充当了前锋，以上四个边疆民族文化地区都被覆盖。由"不甚关心"到"积极介入"，清政府突出展现了借助兴办民族教育，形塑国民，构建民族国家的统一集体认同的意图。

民初，北京政府基本完整继承了清王朝的版图和人口，以上四个边疆民族文化区域也相应顺延。此时，一方面，由于辛亥革命打破了原有的社会结构，"帝位悬空"令清朝"多元式天下"治理结构失去联结纽带，造成边疆地区与中央政府的关系趋向不稳定，貌合神离；另一方面，民族主义思潮多年来在边疆地区传播，"民族自决"的意识在"种族民族主义"辛亥革命的催化下急剧膨胀，"分裂"的暗流潜伏、涌动。与清政府不同，中华民国作为一个自命为民族国家的政体，必须遵照国际通行的"一民族一国家"的游戏规则加入世界民族国家体系。作为一个历来政治结构与文化结构（意识形态结构）相互啮合的国家，政治的转型必然带来文化的重构，以上四个边疆地区近代的民族教育转型就是在新政权——中华民国建立的过程中被向前推动的，这样一个逐步统整的行动，其动力源于中华民国对自身"民族国家"身份的定位和建构。

因此，无论晚清或是民国在中国的政体选择上存有多大的分歧，由"帝制"走向"国家"却是两者必然的选择。"君宪"抑或"共和"都需确立民族国家的基本元素，如边界、领土和以国家主权为标志的集体认同，在近代内外交困时期，这些政治行动都与边疆的少数民族息息相关。除了在边疆地区推行地域的均质化，还需依赖民族教育的均质化，启迪民智，形塑国民才能有效达成。晚清和民国的中央政府正是基于以上社会环境的变革，改变了中国古代文教政策"修文德以徕远人"的消极态度，不约而同地采取主动干预措施将"夷夏"统合为"国民"。

由静态理论出发，一种新型的教育体系的确立需要三种基本要素结合成新的结构，三种基本要素即新的教育思想主导地位的确定，新的教育规章制度的确立，新的实体教育机构的建立。这三者在教育体系变革中各自执行不同的功能：设立实体教育机构提供了变革的"术"（策略、方法），确立教育规章制度则造就了变革的"势"（地位、权力），而教育思想则赋予变革最根本的"道"（理念、思潮），只有融这三者于一体，民族教育的转型才能良性循环，朝向理想的境界迈进。

由动态实践推行，教育体系作为一种组织系统，它的结构演化至少要经过三个阶段：首先，旧的教育结构还处于未崩解阶段；其次，新教育结构中的子系统之间相互协调；最后，新结构一举取代旧结构。少数民族传统的旧教育体系（宗教教育占主导地位）在 18 世纪中叶开始逐渐衰落，清末"新政"兴学期间，教育思想、教育规章制度、学校等体系要素已经形成一种潜在的潮流，三个要素之间虽不能完全"无摩擦"相互调节，但借助"新政"的推行，以"统整"为目标，基本已经可以做到"无困难"适应。最后，民国继续对新教育体系内三要素间进行调节，促使少数民族教育完成近代化转型。

（一）技术手段——少数民族新式学校的建立

传统少数民族教育由世俗教育与宗教教育两者构成，且两者并非并驾齐驱，后者是边疆民族地区民众社会化的主要途径。近代传统世俗教育主要包括官学和私学，以传播儒家教义、推行科举制度为主要任务，办学形式多样，府学、州学、县学、书院、义学、社学、私塾里都讲授儒家传统文化。民族地区的传统宗教教育主要包括寺院教育和经堂教育。

清末开始，清政府和北京政府陆续对边疆民族地区的以上教学机构进行改革，作为一种技术手段，体现由上至下的统整趋势，并分为两个阶段进行。

1. 清末"新政"废除民族地区的官学、私学，改为新式学堂，纳入近代学校教育规制

1）微弱且独立：民族教育的前现代状况

清朝前期，由于主观上秉持"修其教不易其俗，齐其政不易其宜"的民族治理主张，又要警惕在边疆地区传播儒家文化会带来汉人与少数族群结盟的危险，因而有意隔断两者之间的文化、经济交流，尤其在边

地承平时将其视为"不必治理的化外，完全以不治为治"❶。因此，民族地区的儒学科举教育在"新政"兴学前是十分微弱和不被重视的。例如位于回文化区的新疆，在建省（1884 年）前科举教育只是在北疆汉人较多的迪化州和镇西府比较规范，义学也多建于移民屯田聚集之地。直到建省之后，左宗棠、刘锦棠在新疆大兴义学，这种状况才稍有改观。在政教一体的"藏文化区"，传统科举教育的发展更是微弱，只有义学、社学、私塾这些低级的儒家科举教育机构，甚至到清朝末期藏族聚居区和散居区的义学、社学和私塾究竟有多少，都没有详细的史料记载。❷

客观地讲，在新政之前，这些少数民族地区的传统科举教育机构几乎都与当地的环境处于不相融合的状态。除去不被官方重视，教育内容空疏无用、教育形式呆板生硬的表面因素外，传统科举教育机构在民族地区发展微弱的最根本原因在于：儒家文化没能像在中原地区一样，与当地政治结构、经济结构一体化，无法牢固地支撑起整个社会的结构。一方面，中国自古以来多元的民族格局带来多样化的文化样貌，少数民族文化与以儒家文化为代表的汉文化在历史长河中并行发展，从文化的共时性来看表现出突出的"多元差异"特点，如果仅仅以强力推进异质文化的相容，势必是徒劳而无功的。另一方面，这些多样态的文化在历时性上又呈现出"共通"性，形成了一个稳定而封闭的中华文明大格局，这种既黏合又显张力的文化圈除非存在格局外部差异性较大的强势文化注入，打破僵局，否则很难实现清政府意欲在民族地区推行文化"均质化"的目标。相对近代备受打击和诟病的以儒学为核心的东方文明，西方科学文化是一个颇具吸引力的文化介质。推广以科学文化为基础建立的现代教育体系，是晚清政府统合边疆民族现状的行之有效的手段。这样的选择结果及产生的影响，是中央政府在中原汉族地区推行"新政"兴学所不能比拟的。

2）统整与"有限现代化"："新政"兴学中的民族学校

1901 年，晚清政府发布变法"上谕"，"兴学育才"是变法"新

---

❶　左松涛. 变动时代的知识、思想与制度 [M]. 武汉：武汉出版社，2011：15.
❷　朱解琳. 藏族近现代教育史略 [M]. 西宁：青海人民出版社，1990：48.

政"的主要内容。1904年，公布《奏定学堂章程》。1905年，宣布废止科举制度，兴学堂。1907年，全国各省设提学使、劝学所，兴办各式学堂，揭开了中国近代教育序幕，也开始了长达百年的民族国家统整少数民族教育的历程。

在"回文化区"内，光绪三十一年（1905年）十二月，署甘肃新疆巡抚吴引荪奏请："书院改设学堂，其高等办法，仿照山东章程，暂分备斋、正斋，督课外国语文。拟将旧设俄文学院并入，再聘精通英、德、法语言文字者，以补所未备。至府州县应设各等学堂，当通饬筹款，一律仿办。"❶ 之后，清政府在省城迪化设立高等学堂，在各府、厅、州、县设立高等小学堂。根据《新疆图志》统计，新政期间新疆共设学堂606所，教习764员，学生16 063名，每年经费共需银348 191两；其中回疆地区设立的学堂有467所，教习547员，学生13 071名，每年经费共需银187 388两。❷ 在甘宁一带的回文化区，根据《甘肃新通志》记载，清末新政时期，共建2所中学堂，7所高等小学堂，3所两等小学堂，4所初等小学堂，1所武备学堂。❸

"藏文化区"内，在张荫堂"查办藏事"和联豫推行"新政"期间，设置蒙养院9所（从1904年起陆续设置），初等小学堂4所（从1907年起陆续设置），汉文小学堂3所（1908—1910年）。西藏汉藏文半日学堂1所（1908年），西藏武备速成学堂1所（1908年），西藏藏文传习所和西藏汉文传习所各1所。❹

"苗夷文化区"主要分布在广西、贵州、云南边疆等地。云贵总督沈秉坤于宣统二年（1910年）上奏朝廷要求在云南建立"土民学堂"以"兴学为安边之计"。❺ 1910年起，陆续在永昌府、顺宁府、普洱府及镇边直隶厅辖地共创办128所"土民简易识字学塾"。❻ 这些学塾招

---

❶　清德宗实录·卷552，光绪三十一年十二月（1905年12月）戊申。

❷　王力. 清代治理回疆政策研究［M］. 北京：民族出版社，2011：201.

❸　王曙明. 宁夏近代教育研究［D］. 西北大学博士学位论文，2009：44.

❹　苏发祥. 清代治藏政策研究［M］. 北京：民族出版社，2001：134.

❺　中国少数民族教育史云南编委会. 中国少数民族教育史（第四卷）［M］. 昆明：云南教育出版社，2002：221.

❻　中国少数民族教育史云南编委会. 中国少数民族教育史（第四卷）［M］. 昆明：云南教育出版社，2002：221.

收吐司子女及少数民族子弟入学，成为西南地区内众多少数民族（哈尼族、傈僳族、佤族、拉祜族、景颇族等）近代教育的开端。另外，在广西，截至宣统元年（1909 年），据统计，全省建有小学、高初两等小学堂 1078 所。到 1911 年辛亥革命前，全省共建 16 所中学堂。❶

在蒙文化区内，喀喇沁右翼旗札萨克贡桑诺尔布于 1902 年 10 月 31日创办崇正学堂，开蒙古族近代教育之先河。❷ 1903 年又创立守正武备学堂和毓正女学堂。在昭乌达地区，从光绪三十年至三十四年（1904—1908 年）建立了许多学堂，例如赤峰街文庙、马王庙初等小学堂、女子学堂、克什克腾旗哈兆林回民小学堂、敖汉旗王府学堂、贝子府蒙文学堂、巴林右翼旗普励学堂等。❸ 在蒙古族比较集中的归绥地区，至宣统三年（1911 年），城区共建有学堂 11 所。另外，在原先实行"封禁"政策的东北满蒙地区，在东三省的奉天 1907 年设立蒙文学堂，1908 年扩充为蒙文高等学堂；在吉林创立吉林蒙文学堂和官立满蒙中学堂，黑龙江省政府于光绪三十年（1904 年）在省会所在地齐齐哈尔设置满蒙师范学堂。

除地方外，清政府以满、蒙古、藏族作为中央对民族教育关注的重点，在京师创办民族学校。1907 年学部奏请于京师设立满蒙文高等学堂。❹ 学堂设置满、蒙古、藏文三科，各科均设预科、正科、别科。1905 年，清政府又在京师创设了以招收满蒙贵族子弟为主的陆军贵胄学堂，1909 年设立贵胄法政学堂。1909 年应 9 位蒙古王公贵族的呈请，理藩部在京师设立殖边学堂，专门为蒙古、西藏地方培养人才。

由以上四个民族文化区域和京师设立学堂的情况来看，清政府在"新政"中开始明确关注民族地区的教育。此时的民族教育在晚清构建民族国家的大背景下，已不再是"化外"事物"不必治理"，将其统整纳入国民教育体系，是"新政"兴学针对边疆民族地区最重要的任务：

———————————

❶ 中国少数民族教育史云南编委会. 中国少数民族教育史（第四卷）［M］. 昆明：云南教育出版社，2002：115 – 116.

❷ 宝玉柱. 清代蒙古族学堂教育及其语言教育［J］. 中央民族大学学报，2002（5）：108 – 116.

❸ 宝玉柱. 清代蒙古族学堂教育及其语言教育［J］. 中央民族大学学报，2002（5）：108 – 116.

❹ 朱解琳. 藏族近现代教育史略［M］. 西宁：青海人民出版社，1990：73.

对外，以教育"封疆固土"，抵御帝国主义由边疆入侵腹地的野心，维护国家主权完整；对内，以教育"开启民智"，驯化治下蛮夷，压制其分裂动向。作为官僚阶层的一份子，处于帝国权力结构下层的云南学务行局总理李曰垓对此都有异常清醒的认识，他曾呈文说明，与内地学堂"养成国民，造就人才"的目的不同，兴办土民学塾的宗旨是"不必求有旦夕之明效，但求其影响所及，足以裨益于国计边防而已足"，"即教育毫无实际姑以土塾为界碑，亦保全土地之一法"。[1] 由此看来，比较内地而言，民族地区设置新式学堂承担了更为重要的任务：以学校为领土宣示的标志。同时，又要注意到，由于晚清"新政"的"有限现代化"性质，在仓促和力有不逮的情况下，对民族教育的改造也就呈现改良的特征，造成这个时期宗教教育、现代学校、私塾混杂的民族教育状况，甚至在现代学校中也残留旧时儒学教育的痕迹。

2. 民国初期革除学堂，建立新式学校，深入推进民族地区学校机构的统整

1）统整的现实基础

由"五族共和"与"民族平等"为原则搭建而成的中华民国初期的民族政策是南京临时政府和北京政府统整国内少数民族教育的基本指南，政府继续推进民族教育的"均质化"进程。1912年1月19日，中华民国教育部通电各省颁发《普通教育暂行办法》，规定："从前各项学堂，均改称为学校。"1912年9月3日，教育部公布《学校系统令》和各级各类学校规程，制定了完整的学校系统——"壬子·癸丑学制"；以"重视道德教育，以实利教育、军国民教育辅之，更加美感教育，完成其道德"为新的教育宗旨，以"民主共和"之精神与"忠君、尊孔、尚武、尚实"的旧宗旨彻底划清界限，由此而来，将传统少数民族教育在清末新政中的改良姿态相对稳妥、顺畅地扭转为现代教育的性状。

2）统整的具体行动

在中央，1913年，北京设立国立蒙藏学校，直属蒙藏事务局。1914年设预备班，招收蒙藏学生。蒙藏院改组为蒙藏委员会后，此校

---

[1] 中国少数民族教育史云南编委会. 中国少数民族教育史（第四卷）[M]. 昆明：云南教育出版社，2002：321.

更名为蒙藏委员会北平蒙藏学校。❶ 地方上，辛亥革命后，所有的少数民族地区的地方政府基本都按照教育部颁布的《普通教育暂行办法》《学校系统令》对本地区的学制、教科书、课程安排、教学进度等方面进行改革，改革的具体目标均向普通学校教育看齐。

在蒙文化区内，至少在"九一八事变"之前，北京政府"在对东北蒙旗及东北边疆民族施政时，始终将国民化教育视为头等大事"。❷ 根据 1918 年北京政府教育部公布的《全国初等教育概况》统计，热河的小学校总数 548 所，绥远 269 所，察哈尔 194 所。❸ 1919 年之后，察哈尔镶白、正黄两旗的小学改建为高等小学，1926 年，乌拉特三旗在包头创办三公旗公立两级小学。❹

在苗夷文化区的云南，辛亥革命后，原有的"土民识字学塾"先是改为"土民初等小学校"，在民国元年，全省土民初等小学共有 112校，3330 名学生（绝大部分为边地少数民族）。❺ 1915 年后，北京政府教育部把"土民学校"一律改称为"国民学校"。1916 年之后，由于云南、贵州地区军阀混战，教育经费停拨，大部分学校随即停办。

在回文化区，新疆和甘肃两地的回族教育呈现不同的发展态势。新疆于 1912—1928 年为军阀杨增新统治时期，一方面，杨增新扶持经堂教育，在笼络少数民族上层宗教人士的同时，用宗教意识形态排斥新式文化对少数民族子弟的影响。另一方面，他推广汉语学校、不设使用少数民族语言文字教学的学校，将儒学的传统思想和规范作为学校的教育内容传播。如此一推、一扶的举措，在达到巩固其在新疆治理目的的同时，也无可避免地阻碍了这个时期新疆的民族教育发展。而在西北回文化地区的民族教育发展情形则不同，回族教育在此时期的发展形成了一个高潮。这个时期主政甘青宁的地方军阀作为回族上层势力的代表，对发展本民族教育比较重视，将其作为稳固统治、与周边军阀势力达成均

❶　教育部蒙藏教育司. 边疆教育概况（续编）［M］. 1943：22.

❷　于逢春. 国民统合之路——近代中国民族国家构筑视野下的内蒙古东部蒙旗教育［M］. 哈尔滨：黑龙江教育出版社，2012：302.

❸　孙懿. 北洋政府的蒙古教育政策［J］. 中国边疆史地研究，2007（4）：58 – 67.

❹　常宝. 漂泊的精英——社会史视角下的清末民国内蒙古社会与蒙古族精英［M］. 北京：社会科学文献出版社，2012：158.

❺　马廷中. 云南民国时期民族教育研究［D］. 中央民族大学博士论文，2004：32.

衡甚至超越的筹码，因此政府角色与民间绅商、民族上层人士结合起来，形成发展民族教育的合力。在宁夏，民国初年，回族上层人士成立了"蒙回教育劝导所"，在回族聚居区创办小学，到 1918 年银川、石嘴山等地的清真小学发展到 30 余所。在甘肃，由马邻翼等人创办了"兰州回教劝学所"，马并担任甘肃教育厅长，有 200 多所各类学校在这个时期成立，其中大部分是回民小学校。❶ 在青海，1917 年由甘边宁海镇守使马麒设立了第一所回族新式学校——东关同仁完全小学。1922 年，"宁海回教教育促进会"成立后，在回族聚居比较集中的地区设立了 7 所清真小学，每校学生人数均在 50～100 名。❷

在藏文化区，北京政府时期的西藏学校教育已经脱离了中央的管控范围。教育部 1918 年颁布的《全国蒙回藏教育概况》中记录："历年以来，除西藏以地方多故尚无规划外，蒙回各族由各省区筹有局部办法。"❸ 另外，在甘南、西康、青海等藏族聚居区内，教育的发展也十分落后。解放前夕，偌大果洛藏族地区竟只有一所完全小学。❹ 在甘肃省内，成立了拉卜楞藏民文化促进会，该会在 1927 年（民国十六年）创办了拉卜楞藏民小学 1 所。❺ 甘南藏区 1922 年将原来的卓尼私塾改为私立高等小学校，这是卓尼藏区创办最早的现代新式学校。❻

相比之前清政府在民族地区设立的官学、社学、义学，这些传播现代文明的学校对少数民族更具有吸引力。这是因为，一方面，空疏无用的旧式儒学怎能与更具实用价值、紧密联系生产生活的科学知识与技能相抗衡；另一方面，儒家教义试图取代已被宗教占领的少数民族社会意识形态统治地位，这困难异常，但以实用科技文化的传播影响民族地区世俗生活却是可行的。当时的教育主管机构依靠这些新式学校的力量，逐渐于无形处挤压传统宗教教育生存的空间，改造以往相对"失败"的以儒学为中心的多民族文化整合方式，尝试引入新的文化介质来消解

❶ 马廷中. 云南民国时期民族教育研究 [D]. 中央民族大学博士论文，2004：62.

❷ 马廷中. 云南民国时期民族教育研究 [D]. 中央民族大学博士论文，2004：62.

❸ 中国第二历史档案馆. 中华民国史档案资料汇编（第三辑（教育））[M]. 南京：凤凰出版社，1994：520－521.

❹ 朱解琳. 藏族近现代教育史略 [M]. 西宁：青海人民出版社，1990：127.

❺ 朱解琳. 藏族近现代教育史略 [M]. 西宁：青海人民出版社，1990：149.

❻ 朱解琳. 藏族近现代教育史略 [M]. 西宁：青海人民出版社，1990：149.

横亘在主体民族与少数民族之间旧有的文化形态的对立，以新的方法和工具达成主流文化与少数文化的和解。

清末民初时期少数民族教育的转型是一个复杂的系统工程，它是这个时期中国社会转型在教育领域中的具体表现。教育作为一个既封闭又开放的社会系统，要完成由传统到现代的转变，在其内部首先要采取的行动定是作用于底层教学机构。建立现代学校，在民族地区开辟了个体社会化新的途径，并在客观上为地方和族群公共利益提供了发展空间。

（二）权力支撑——管理制度与政策

教育是一个开放的系统，少数民族教育的开放性更加体现在它对族群政治整合的高度敏感上。无论是继承古代的"大一统"国家格局构建的终极目标，还是建立统一、完整的现代民族国家构建的目标，在民族地区建立新式学校的教育行动都可以在族群整合的话语中上升为行使国家主权的政治行为。清末"新政"在边疆民族地区设立学堂和中华民国建立后进一步深化学校机构改革的举措，都是对内以教育均质化促族群整合，对外以国民教育抵御侵略的政治行为。民族地区的学校承担和发挥了内地学校所没有的使命和功能，它们的建立是中国以现代国家的身份对"领土""边界"的最有力宣示。虽然受国际、国内不安社会环境的影响，这些学校的数量从清末至北京政府时期呈现明显下降趋势，甚至是一厢情愿的表达（如此时期对西藏教育的整合意愿），中央政府对边疆地区民族教育的关注都是积极的。

相对内地汉族地区的近代教育转型，少数民族教育的转型面临的压力来自多方面，受更为复杂因素的影响。首先，从教育经验的积累来看，大多数民族地区的教育或被宗教把持，或处于极不发达状态，缺乏如几千年儒学教育所积累的系统教育理论、实践经验，除了满、蒙古、藏、回、维吾尔等几个人口较多的民族外，相当多的少数民族甚至从未有过正规教育，建立现代教育就是平地起高楼、跨越性的发展过程，难度可想而知；其次，从教育的投入来看，少数民族地区经济欠发达，投入严重不足，据《中国第一次教育年鉴》所记载的各省区对教育的投入情况来看，新疆、云南等少数民族集中的地区，每次统计数据结果都是排在末位；最后，从清末民初的政治环境来看，19世纪中叶清政府镇压太平天国运动后即肇始的中央权力的分散与失落状况，一直持续至民国，边疆民族地区各自为政的情况普遍，教育层面的统整虽未采取如政治整合（战争方式）的极端手段，但也困难重重。在文化因素上，少数民族文化从古至今，都在主流文化大行其道的过程中被"边缘化"。在文化心理上，普遍存在对"他文化"的抵触和对"我文化"的保护心理。现代科学文化取代"经史子集"成为教育的主流，但相对少数民族来讲，依然是"他文化"。这些制度与文化的阻碍因素使晚清和民国中央政府必须在具体的技术手段之上架构代表国家权力的民族教育管理机构与制度，颁布民族教育政策，同时以建立统一"民族国家"作为意识形态融于教育领域，才能对少数民族教育进行积极干预与统整，将现代教育铺陈到中央政府行政能力所及的塞外边疆。

1. 管理权制——"普通化"民族教育行政机构的设立与"交叉式"权力分配

1）普通化：中央与地方民族教育管理机构的特点

清末学部设立的五司（总务司、专门司、普通司、实业司、会计司）中，没有专管民族教育的机构，但从学部宣统元年（1909 年）开始拟定《蒙藏回各地方兴学章程》❶ 来看，学部是中央执行此章程的主要行政机构，负有管理蒙藏地区民族教育的责任。

民国初立，南京临时政府教育部的组织机构为一厅三司：承政厅、普通教育司、专门教育司、社会教育司。1912 年 4 月，教育总长蔡元培向媒体宣布将蒙古、藏、回教育纳入普通教育司管理。❷ 普通教育司下设第一至第五科，其中第五科负责管理蒙古、藏、回学校教育❸，此时也没有明确专设民族教育司科。

在地方上，无论清末还是民初，除了蒙古、藏、回教育外，都以民族聚居区的地方政府为主要行政机构推行"教育均质化"。在清末，这些少数民族聚居省份依照学部奏定《各省学务官制》（1906 年）、《劝

---

❶ 中国第一历史档案馆藏，理藩院全宗，蒙旗类，301 卷.

❷ 张建中，田正平. 教育界与近代边疆教育——以参与边疆教育事业的轨迹为中心[J]. 河北师范大学学报（教育科学版），2008（1）：38 - 45.

❸ 民国四年（1915 年），教育部要求边疆各省区对所辖区域的教育状态进行调查咨文，并附件下发了《蒙回藏各区筹备教育事项清单》（中华民国四年第 99 号），要求"兹将关于蒙、回、藏筹备教育办法各事项，列举清单一件，请送查照，实地考察，逐项筹议，酌按所辖区域情形，设法劝导，次第举办"。

学所章程》（1906 年）、《改订劝学所章程》（1910 年）在各省区内"设提学使司一员，统辖全省学务"，"各厅州县均设劝学所……设县视学一人，兼充学务总董"。❶ 在民国时期，大体沿袭清制，依照北京政府颁布的《劝学所规程》（1914 年）规定，设立教育公所或劝学公所作为县级教育行政机构，辅佐县知事管理教育行政事宜。民国十二年（1923 年）改劝学所为教育局，设局长、督学各 1 人；民国二十四年（1935 年）前后裁局为科，且与建设科合并为教建科；直到民国三十年（1941 年）前后开始设独立教育科。

由以上可知，清末民初，从中央至地方都未曾设置明确专管民族教育的行政机构，而共同采取将民族教育"普通化"的管理方法，将其归入普通教育管理机构中进行"均质化"管理，这是近代民族教育管理的一大特点。这种机构设置形式，部分受当时中国现代化教育管理制度不健全的影响，但更多是受中央政府发展民族教育目的影响。晚清和民初政府之所以将民族教育由传统推至现代，"启发民智"并不是终极目标，更多的是受到现代教育所具有的"均质化"和"优质化"特征的吸引：现代学校教育既具有和中国传统科举教育一样的实质性外衣（统一培养目标、教学机构、教学内容等），又具有符合时代潮流发展的优势文化内核（西方先进的科学文化）。延续几千年的儒家东方文明已然失落，人们寄希望于现代教育的统合功能，对已显貌合神离的"夷狄"重建族际整合的向心力，这与将"化外之地"纳入"郡县"管理的"地域均质化"行动有异曲同工之效。所以，民族教育行政机构的"普通化"特征是必然的表现。

2）交叉式：民族教育管理权力的分配特征

尽管晚清和民初并未专门设立管理民族教育的机构，但由于历史原因，对满、蒙古、藏、回等民族的教育又不得不予以特殊"专门化"管理。尤其是蒙古、藏民族，不但地缘政治地位突出，而且民族文化悠久且保存较完整。最重要的是这两个民族都有独立使用的语言文字，这与满族又存在差别。尤其是蒙古族的教育自清朝开始就与八旗教育亦步亦趋，其发达程度与其他少数民族不可同日而语。因此晚清和民初政府

---

❶　舒新城. 中国近代史教育资料（上）［M］. 北京：人民教育出版社，1961：282，286.

都将蒙、藏、回教育的管理权力以"交叉分权"的形式，分别授予普通教育行政机构和民族事务管理机构。这种权力分配制度在国民政府时期也曾一直持续，甚至影响到新中国。

清末理藩院与学部同为中央11个行政部门的其中两部，两者都有管理民族教育事务的权力。《蒙藏回各地方兴学章程》（1909年）保存于理藩院，为贯彻该章程，清朝还责令理藩院派专员前往各地对教育发展状况进行调查和建议。民初由原来的蒙藏事务局改组而成的蒙藏院（1913年）作为总理各少数民族事务的机构，积极主张在少数民族地区创设新式学校。另外，1913年2月教育部公布的《蒙藏学校章程》第七条规定："本学校直隶于蒙藏事务局，由教育部考核"。由以上史料可知，蒙藏事务局都曾介入少数民族教育的管理工作。

在地方上，那些被纳入聚居地普通教育行政管理的少数民族教育，却呈现出"交叉集权"的情形，即少数民族教育与汉族教育的管理权力都被集中于地方行政长官及其下属（主管教育的行政官员）。在那些人口较少、没有书面或口头语言文字的少数民族生活的边疆地带，鉴于中央行政权力塌陷的客观事实，地方行政长官作为负责本地区民族教育的主要人员，他们对教育的重视程度、兴学的热忱，深刻影响着当地民族教育的近代转型的过程与结果。

考虑到地处外国侵略势力影响的最前沿，又是内部民族分裂势力散布的主要地区，各边疆民族聚居地的地方官员都比较积极地承担兴学责任，例如黑龙江省巡按使朱庆澜、督军鲍贵卿、孙烈臣等都十分关注辖区内少数民族的教育事业。清末云贵总督沈秉坤以"兴学为安边计"为发展边疆民族教育的宗旨，上书朝廷在云南设立"土民学堂"，建立管理少数民族学校教育机构——"永顺普镇沿边学务局"，在学务局总理李曰垓的配合下在云南少数民族地区开办学校，成为云贵地区众多少数民族，如傈僳族、拉祜族、景颇族、布朗族、阿昌族、怒族、独龙族等制度化学校教育的嚆矢。在甘青宁回文化区内，回族军阀马福祥、马麒、马步芳等都曾积极捐资助学，使甘青宁地区的民族教育比同处回文化区的新疆发展成果更显著。在两广地区，从1902年清廷颁布《钦定学堂章程》开始，两广总督岑春煊（1903年）、广西历任巡抚丁振铎（1902年）、柯逢时（1903年）、李经羲（1905年）等都积极筹办学务，使当地壮族等少数民族教育得到长足进步。

由此看来，从清末"新政"兴学开始，在少数民族教育的近代转型过程中逐渐搭建成中央和地方两级"普通化"教育管理机构，并针对不同少数民族的具体情况形成"交叉"分权和集权两种教育管理权力分配模式。这种权制管理模式，规约了近百年来少数民族教育朝向"均质化"与"特色化"并行的方向发展。

2. "化约"式民族教育督导的肇始

清政府在实行新学制后开始建立视学制度。1909 年 10 月学部向朝廷上呈《学部奏拟定视学官章程》，将全国划分为 12 个视学区，每区有 1~3 个省，按年派遣部视学巡回视察，三年内每省必视察一次。❶ 各少数民族教育督导工作分配至各省区内进行，例如将藏族教育纳入有关五省区内，分别划入第四、九、十、十二视学区。❷ 除了教育行政部门，地方的民族事务管理机构也可对当地的民族教育情况进行督导视察。例如在东三省成立的蒙务局曾在宣统元年（1909 年）在对哲里木盟十旗进行调查的过程中，对当地各旗的学校教育情况摸底，对学校数量、课程设置、经费筹措、师资力量等情况都有详细的记载。❸

进入民国，与清末相同，教育部将少数民族教育的视学督导工作分配在了民族聚居区所在的省份。1913 年教育部颁布了《视学规程令》、《视学办事细则》，将全国划分为 8 个视学区域，"蒙古、西藏暂作为特别视学区域，其规程别定之"。从目前文献资料来看，还未有专门针对少数民族教育的视学督导政策颁布，包括蒙藏地区。由此推测，清朝和民国的中央行政部门是将少数民族教育的督导与普通教育督导等量齐观的。

这种以行政省份为单位化约民族教育视学范围的制度，虽然受清末民初中央政治权力分散的影响，且掺杂有管理效率、成本等因素的考量，但主要还是受清末、民国时期的族际整合目标影响，力图通过推行均质化国民教育，构建统一的现代民族国家。

---

❶ 宏亮. 我国教育督导制度的历史沿革和现状 [J]. 北京师范学院学报（社会科学版），1991（4）：6 - 10.

❷ 孟作亭，孟福来. 中国藏族文化教育发展史略 [M]. 北京：民族出版社，2011：157.

❸ 于逢春. 国民统合之路——近代中国民族国家构筑视野下的内蒙古东部蒙旗教育 [M]. 哈尔滨：黑龙江教育出版社，2012：91.

3. 差异化与统合性民族教育政策的缘起

清末民初，中央政府已经觉察到边疆地区民族教育整合的紧迫性，意识到必须转变传统文教政策的消极倾向，采取现代教育一体化政策对少数民族教育实施更加主动、积极的干预。主要制定了以下涉及民族教育的规章制度：《满蒙文高等学堂章程》（学部，1908 年）、《蒙藏回地方兴学章程》（学部，1909 年）、《蒙藏学校章程》及附件《补习专科章程》《预备科章程》（教育部，1913 年）等。

以上规章制度作为现代民族教育政策的雏形具有以下两个值得关注的突出特征：

第一，政策涉及的对象主要为满、蒙古、回、藏几个人口较多的民族。晚清和民初都主要将政策制定的目标锁定在几个人口数量较多、聚居地集中、自身文化特色较为完整的族群。

这里既有历史遗留因素，也有现实问题的考虑。帝制在中国存在的最后几个世纪里，满清统治者"二元天下"的边治特点，"结盟"式的联合治理方式在开疆辟土、巩固统治的同时也带来帝国分崩离析的隐患，这种潜在的危险在社会的转型期尤其突出。19 世纪末 20 世纪初，中华民族几千年来形成的以"正统观"为标准的国家认同和以儒学为中心的文化认同遭遇空前的反动，这股风潮同样波及了境内的非汉民族。满、蒙古、藏、回几个相对较大的族群具有重要的国防战略地位，并保持相对独立的文化意识形态，他们对建设统一民族国家的态度、倾向将直接影响到中国现代化的进程。

虚弱的中央政府经过权衡利弊，认为在当时社会条件下，采取差异化的民族教育政策是最为稳妥的决策。一方面对蒙古、藏、回等民族制定针对性强的教育政策，另一方面又将那些人口较少、聚居地分散，自身文化传统与主流文化融合程度高的民族教育纳入普通教育的范畴。

第二，政策目的是以推行国民教育的方式，促进族际整合，构建现代民族国家。现代性的重要特征就是追求"同质化"，而"一个国家是一个法律上的政治性组织，拥有要求公民对其顺从和忠诚的权力"，[1]

---

❶ ［英］休·希顿-沃森. 吴洪英，黄群，译. 民族与国家——对民族起源与民族主义政治的探讨［M］. 北京：中央民族大学出版社，2009：1.

因此，有着现代性追求的民族国家，必将推行具有法律效力的教育"政策"作为"同质"其公民的手段。经过中央政府的教育政策的规整后，原来民族传统教育中存在的各种类型的教育形式，如寺庙教育、经堂教育都逐渐弱化或消失，而变成具有基本相同样貌的现代教育。《蒙藏学校章程》的附件《预备科章程》第 1 条即申明："本科以完足普通教育，造成健全国民为宗旨。"由此，受教育者的族群身份被过滤，作为民族国家的公民身份被形塑。

（三）意识形态——国族民族主义教育观

1. 产生：政治民族主义在民族教育转型中的映射

清末民初，在受外来民族压迫欺凌，内部族群疏离分裂的双重危机下，民族主义思想传入我国，出于保卫国家主权和维护民族文化的内在需要，经过与传统种族和文化观念消化、重构以后，在中国逐渐形成种族民族主义、文化民族主义和政治民族主义三种主要类型的现代民族主义思潮。这三者都是"中央之国"在建设民族国家、寻找民族整合新的认同符号过程中渐次产生的。在具体的历史情境中，前两者或因完成历史使命而出局，或因与西方科学文明对峙而败于下风。最终，以建立现代民族国家为目标、以国家主权为民族认同符号、以政治斗争和军事斗争为手段进行统一国家进程的政治民族主义，在辛亥革命后迅速成为中国最具代表性和影响力的民族主义。

在选择了政治民族主义，确定了由传统"部族国家"走向现代"民族国家"的目标后，中国人从 19 世纪中叶开始陆续学习"西艺""西政""科学民主"，并发现在西方民族复兴的过程中，原先积弱贫瘠的国家无不依靠积极振兴教育达成强国目的。德国的统一、法国的复兴、丹麦的独立都是推行民族主义教育的成果。这些西方民族国家的崛起给了中国人重要的启示：必须以"国族中心"为理念，改造中国传统旧式教育的目标、功能、制度、内容、方法。以新式教育统合国民意识，一方面可以摆脱传统"华夏中心"的世界主义观，另一方面可以克服中国内部族群对立的种族主义。由此，政治民族主义开始投射于教育领域，并逐渐形成国族的民族主义教育思潮。

中国台湾地区学者瞿立鹤曾对清末民初的民族主义教育思潮进行过专门的研究，他认为民族主义思想"影响教育者，则产生了'自卫的民族主义''文化的民族主义''国族的民族主义'三大主流"❶。自卫的民族主义教育观目的是借由教育手段，培养护国人才，巩固国防，保卫国土，维护国权，以求国家主权的独立。表现在清政府创办海军、陆军学校，派遣海、陆军学生出国进修，在新式学校提倡全民皆兵式军国国民教育思想。但是，这些出于自卫的民族主义教育观在清末民初中央政府秉持"攘外必先安内"的治理观念下，对于民族教育近代教育过程的影响并不大。因为在此时的中央政府看来，首要的任务是打击国内民族分裂势力，安定边疆社会秩序，自卫的民族主义显然不是支撑中央政府以"教育为安边计"，改造民族教育的首选教育理念。

文化的民族主义教育观是在抵制清末洋务派"师夷长技以制夷"的西学传播过程中出现的。它主张维护主流儒家传统文明与国粹的教育思潮，这不但与现代学校教育发展方向相悖，更是会因"参照"效应落下民族压迫的口实，触发国内少数民族独立自治的隐患。而现实状况也确实如此，从清朝早期在民族地区推行儒家教育遭遇抵触、收效甚微就可以看得出来。

而国族的民族主义教育思潮却可以成为影响清末民初民族教育转型的教育理念。国族的民族主义教育思想以"一民族一国家"的民族思想为基础，借助教育的力量统合境内各民族要素，培养具有团结精神、共同意识的国家公民，以求对内民族统一，对外国际地位之平等。

2. 确立：契合民族教育转型的目标和内容

国族民族主义教育观能最终被确立为清末民初的主流教育意识形态，在于以下两个原因。

第一，在目标上，与政治民族主义思潮相呼应的同时，契合民族教育转型的目标。如上所述，建立统一的民族国家，以国家主权作为民族认同的新符号是晚清及民国政府追求的政治目标。清末"新政"兴学和民国的教育改革举措无不是围绕此目标而进行。19 世纪中叶，西方的坚船利炮不仅打开了清帝国的国门，也破坏了中国古代民族文教政策所维持的政治整合与文化整合的功能。长久生活在中原文明治下的各非汉民族，突然发现华夏文明并非世界唯一的精神高地，以儒学为中心、

❶　瞿立鹤. 清末民初民族主义教育思潮 [M]. 台北：中央文物供应社，1984：232.

"核心辐射"式的中华文明格局被打破，传统中华民族共同文化的向心力减弱。中央政府推进民族教育均质化，消解地域、血缘、文化等传统民族认同元素的影响，统合国内各族群，重建族际整合的向心力，以配合中国建立大一统的现代民族国家的目标和行动，这正是国族民族主义教育观所表达的核心思想。

第二，在内容上，以国族民族主义教育观念为指导，一方面，引入外来更具竞争力和实用价值的西方科学文化知识，既可以摆脱传统儒学教育在民族教育中的尴尬地位，又可将更具吸引力的西方文明消化重构后作为华夏文明的替代品，以主流文化的面目再次居于多民族文化圈的优势地位。在清末民初各民族文化同时面对西方文化冲击的过程中，主体民族汉族依靠深厚的历史经验积累，再次于内部族群文化的竞争中稳固了其主流地位，而各少数民族的文化重复了历史景象，再次被边缘化。国族民族主义教育思想在这个内部族群文化百舸争流的过程中直接参与并发挥了重要的作用。

另一方面，在国族民族主义教育观念的指导下，中央政府在边疆民族学校内积极推行国语教育（切音简字教育、注音字母教育、拼音文字教育、国语文学教育）。大范围依仗行政力量推广统一语言的政策是由清末"新政"开始的：1902 年，在"钦定学制"中，政府将汉语正式作为国语；1909 年，学部尚书荣庆认为应"于各项学堂预设国语一科"；❶ 1910 年 10 月，学部命令各省的小、中学堂在国语教科之外，增设官话教科。❷ 从清末开始，在现代民族学校教育中，除了蒙古、藏等民族学校母语与国语课程混合讲授外，大多数民族学校都遵照清政府颁布的《初等小学堂章程》和《高等小学堂章程》的规定，只讲授国文科。继承了晚清民族教育遗产的民国初年更是将灌输现代民族国家价值观念、国民道德准则和行为规范视为民族教育的第一要义，以汉语（国语）及汉文（国文）作为民国学校的主要科目。国语教育在形塑"国族"的过程中，功不可没。因此，通过教育内容的变革确立了国族民族

---

❶ "教育普及自划一语言始"，载《盛京时报》，1909.10.3. 转引自于逢春. 国民统合之路——近代中国民族国家构筑视野下的内蒙古东部蒙旗教育 [M]. 哈尔滨：黑龙江教育出版社，2012：119.

❷ 学部改订筹备教育之纲要 [J]. 申报，1911 - 02 - 13，第 1 张第 4 版.

主义教育观念在近代民族教育转型中的主导意识形态地位。

少数民族教育的近代转型是中国在19、20世纪之交由"帝制国家"向"民族国家"变革的政治背景下，民族主义思潮与教育相互涤荡、双向驱动的结果。在这幅"静水深流"的历史图景中，既有中央政府对迈向统一民族国家的孜孜追求，又能看到少数民族精英分子在民族主义思潮影响下的自醒自觉。清末民初的民族教育为民族教科书的产生提供了土壤。

二、分化：清末民初少数民族教科书的产生

清末"新政"兴学之前，各边疆少数民族地区并没有近代的普通学校。在聚居集中、人口较多、文化传统保存完整的地区如满、蒙古、藏、回，除了宗教教育之外，世俗教育影响微弱，只有少量的社学、义学等儒学启蒙教育机构及准备科考的书院；在居住分散、人口较少、交通闭塞的苗夷文化区内，很多少数民族甚至没有书面语言文字，更遑论制度化教育机构，所以现代少数民族教科书是伴随着新式民族教育而出现的。与普通现代汉文教科书的发展有区别，现代民族教科书几乎没有经过复杂的积累与传播过程，它的产生和发展过程是简单而迟滞的，是以统合为目的的近代少数民族教育转型过程的一个成果，是从现代教科书群体中分化出的一类以"少数民族"为阅读主体的教科书类型。它的产生过程具有"复线"特征，并在发展过程中完成了一个重要任务，即定义了现代少数民族教科书的概念。

（一）基本过程："复线发展"的特点

清光绪三十一年（1905年），清廷废除科举制度，在民族地区推行教育均质化，促进传统民族教育的现代转型，形成了民族教育"普通化"和"专门化"的双向发展模式。所谓"普通化"，即将居住分散、人口较少、无独立语言文字（书面或口头）的边疆民族教育纳入所在省区的普通教育发展轨道，遵照中央政府制定的普通教育法规制度设立学校、进行教育行政管理，组织课程教学活动。"专门化"即将部分居住集中、人口较多、传统文化保存完整且原有独立语言文字（主要有书面语言）的民族，如蒙古族、藏族的教育单列出来，在遵循中央政府基

本教育方针政策的情况下，从政策的制定、行政管理权制到课程设置、教科书使用都与普通教育区别开来，施行专门管理。

民国在继承清王朝的大部分领土和人口时，也将晚清对民族教育"双向"发展的策略延续了下来。清末民初的民族教育就是在"普通化"与"专门化"两种发展路径中逐步完成由传统到现代转型的。同理，现代民族教科书伴随民族教育发展而来，也就形成了"普通化"与"专门化"复线发展的过程，这就是近代民族教科书产生的基本特点。

1. 普通化路径：以《简易识字课本》和《国民必读课本》为例

民族教科书的普通化历程起始于清末"新政"兴学，主要发生在云贵、两广等地的南方"苗夷"文化区、西北"回文化区"的民族教育转型过程中。这些文化区要么集中位于清朝的西南、东南边疆地带，要么分散于新疆、甘肃、宁夏、青海地带，或毗邻英、法殖民地缅甸、越南、印度，或接壤俄国势力范围，主要生活着苗、瑶、壮、布依、白、侗、傈僳、傣、景颇等信仰佛教的少数民族和维吾尔、回、东乡、保安、羌等信仰伊斯兰教的少数民族。

"新政"兴学期间，清政府将这些边疆少数民族的教育化约在了相关省区内的普通教育当中。除了依据《奏定学堂章程》在这些地区设立普通教育机构如初等小学堂、高等小学堂、初级师范、两等小学堂和中学外，还在少数民族聚集的边疆地区设立简易识字学塾——"土民学塾"。在普通教育机构中都遵照《奏定学堂章程》规定进行课程设置，与内地汉族地区并无差别，统一实施国民教育，教科书以商务出版为多。在云贵、两广地区以"兴学为安边计"为目的设立的"土民学塾"内，由于其"以招收当地土著为主，尤以招收逼近边界之土著为主中之主"❶。学生中大部分是当地少数民族一般民众子弟，少数是汉族儿童及土司宗族子弟。这些少数民族多数没有使用广泛、成熟的书面语言，学生学力水平也较低，所以根据清学部规定《简易识字学塾章程》，教学科目以国文为主科；又据《清实录·宣统政纪》强调，土民学塾要

---

❶ 中国少数民族教育史编委会. 中国少数民族教育史（第二卷）[M]. 南宁：广西教育出版社，1998：960.

以习礼、谈话、算术、体操、唱歌、农业六科为辅。❶ 但在实际教学过程中，并没有开设辅助科目。这些学塾中普遍使用的教材为学部官编、图书局统一教科书：《简易识字课本》和《国民必读课本》，学习汉语的书面和口头语言，间或教授珠算或笔算❷。除了云贵边疆地区的"土民学塾"，在新疆省内，主要为维吾尔、蒙古、哈萨克等少数民族设立的简易识字学塾、汉语学堂、官话学堂也都使用1909年、1910年颁布的《简易识字课本》及《国民必读课本》。只是因为新疆路途遥远，课本未能按时颁发，后购《绘图字方》数千部散发各地识字学塾使用。❸

　　辛亥革命以后，这部分边疆民族地区的传统教育转型为现代学校教育系统，在办学宗旨、课程设置、办学主体、办学模式等方面逐渐形成了以"国民教育"为特征的现代学校体系。这些学校依据民初教育部颁布的《普通教育暂行办法》规定，"各科教科书务必合于共和国宗旨"，初等小学教授国文、算数、修身、体操、图画，高等小学加设历史、地理、格致等科目，教科书则一般选用商务印书馆所编"❹。另外，"土民学塾"改为土民初等小学校，在教育宗旨、教学内容、课程安排、教学方式、学籍管理上均与当时的初等小学等同，并且逐渐与当地其他公立学校融合。这两本教科书逐渐退出了民族学校的课堂，但却在"苗夷文化区"和部分回文化区内形成了民族教科书"普通化"的一条路径。在这条路径中，民族教科书无论语言和内容都与内地汉族地区没有差别，唯一的区别就是阅读主体的民族身份和品种单一、数量稀少的使用状况。

　　《简易识字课本》的内容安排由浅至深，由单字到断句、短文，内容多为"伦常日用易知易行之事物"。识字课本又分别编纂三种，从一至三，难度逐增。❺ 但由于土民学塾常开办于民族杂居的地区，这些地

　　❶ 中国少数民族教育史编委会. 中国少数民族教育史（第二卷）［M］. 南宁：广西教育出版社，1998：960.

　　❷ 中国少数民族教育史编委会. 中国少数民族教育史（第二卷）［M］. 南宁：广西教育出版社，1998：321.

　　❸ 中国少数民族教育史编委会. 中国少数民族教育史（第一卷）［M］. 南宁：广西教育出版社，1998：232.

　　❹ 中国少数民族教育史编委会. 中国少数民族教育史（第二卷）［M］. 南宁：广西教育出版社，1998：973.

　　❺ 舒新城. 中国近代教育史资料（上册）［M］. 北京：人民教育出版社，1961：1979.

区教育起点低，有些甚至过去几乎没有专门的教育机构，所以大多选用内容稍简的识字课本。

图 3 - 1　　《国民必读课本》

图 3 - 2　　《简易识字课本》

从目前可见的文献资料来看，至少截至北京政府执政时期，无论是中央政府还是各少数民族所属省区的教育行政部门，都未曾以官方的角度注意到，除蒙古、藏少数民族外，"苗夷文化区"和部分回文化区的学校内少数民族学生由于语言、生活习惯、文化传统的差异并不适应以内地汉族学生为阅读主体编纂的教科书，从未提出过为这些少数民族专门开设课程，编辑适合的教科书。尤其是在当地普遍使用的商务印书馆或中华书局出版的"修身"和"国文"两科的教材，无论从语言还是内容看，都并非贴切符合民族地区的实际情况。

不过，也有特殊情况，例如 1913 年云南省视学杨润兰曾提出编一套白话文课本，"加以浅近的各类单词以作为修身、国文的课本"，其内容"专演学堂规则，处事礼仪，读书利益，滇边形势大要，人类进化，阶级，亡国，人种譬喻以及古人之嘉言懿行，种植制造各种之显易方法"❶。但此提法在当时时政动荡、教育孱弱的情况下少有人附和，也没有付诸行动。

2. "专门化"路径：以《满蒙汉三文合璧教科书》为例

在少数民族教育近代转型中，还出现了另一条以蒙、藏为代表的民族教科书"专门化"路径。它同样起始于晚清"新政"兴学。晚清中央政府将蒙藏教育行政管理权力交叉分配给学部和理藩院，颁布专门针对蒙藏的教育政策《满蒙文高等学堂章程》（1908 年）和《蒙藏回地方兴学章程》。从此开始，一直持续至新中国成立，蒙藏教育都是少数民族教育中一条"专门化"发展路径。

由于政治因素影响，晚清和民初的中央政府虽有心而力不足，在客观上失去了对藏族教育统整的可能。因而，在中央政府层面，因蒙藏结盟而拥有更多政治话语权的蒙古族，大力发展其教育就成为可能；而在地方层面，由于历史原因，蒙古族教育一直与满族八旗教育亦步亦趋，一直备受重视，相对其他少数民族，蒙古族的教育是比较发达的，且由于清政府长期执行"封禁"政策，蒙古族的传统文化发展相对封闭，在清末解禁之后，受到西方民族主义思潮影响的蒙古族上层人士、民族精英对提高本民族民众智识、发展本民族教育怀有强烈诉求。加之晚清政府在"新政"中推行"有限现代化"，构建现代民族国家，需以国民教育统合民众，所以无论地方行政长官，还是蒙古（主要指内蒙古地区，外蒙此时基本已不受控）王公贵族都积极发展教育。作为蒙古族现代学校教育的奠基者，贡桑诺尔布亲王在其王府举办的崇正学堂开学仪式上如此训话："我身为王爵，位极人臣，可以说没有什么不如意的事，可是我从来没有像现在这样高兴。因为亲眼看到我的旗民子弟入了学

❶　舒新城. 中国近代教育史资料（上册）[M]. 北京：人民教育出版社，1961：999.

堂，受到教育，将来每一个人都会担起恢复成吉思汗伟业的责任。"蒙古族教育作为中国少数民族教育的先进代表，历来受到不同中央政府的"专门化"关注是有其深刻的历史背景和传统沿革的。

旧式满蒙官学、义学、书院等主要采用启蒙教材和儒学经典文集，少数民族语言文字课程也多选用糅合儒学与宗教教义内容的教材，如旧式满蒙课本《清文启蒙》《初学必读》《蒙文析义》《圣谕广训》等。"新政"教育改革开始，中央与地方两级少数民族新式学堂的教材选用非常混乱，有些地方延续使用传统教材，有些地方照搬学部审定的汉文教科书。针对这种情况，1908年12月蒙古王侯贵族在提交给理藩部的《筹办蒙古教育建议案》中催促学部尽快编纂适合蒙古族学生的教科书。但学部却一直没有采取编纂的行动。

但在东三省，旗人新式学堂集中之地，却开始由东三省总督锡良、奉天巡抚程德全命令，奉天提学张鹤龄出面聘请蒙务局蒙文编译前协领荣德编纂教科书。荣德本人精通满、蒙两种文字，并对汉语及汉文化熟稔，面对新学堂、新教科书的局面，他从学部审定的众多汉语新式教科书中选取当时发行面广、受欢迎程度高的《最新国文教科书》（初等小学用）（蒋维乔、庄愈等编，上海商务印书馆刊行）并节选翻译成满、蒙两种文字，并与李懋春研究、审定名词术语，宣统元年（1909年）10月完成《满蒙汉三文合璧教科书》（前四册）。宣统二年（1910年）2月《满蒙汉三文合璧教科书》（前四册）石印2万套配送东三省各满、蒙中小学堂。至当年9月，《满蒙汉三文合璧教科书》共十册全部完成。

图3-3　满蒙汉三文合璧教科书（1909年）

《满蒙汉三文合璧教科书》共十册全部完成，除第一册外，其余册前均附有目录。前六册每册 60 课，后四册每册 30 课，共 480 课，每册一学期课程。书本内容涉及现代知识的方方面面：天文、地理、历史、军事、道德、教育、衣食住行、医疗卫生、生理化学、动植物、矿产、工业、农业、商业、经济、书信、账簿、契约、钱币、游戏、歌曲等；从名词、数词、词组到单句、短语、短文由易至难编排；这套书除了具备汉文版教材的优点——内容丰富、观点新颖、编排科学之外，更是将满、蒙语与汉语现代名词的对照翻译予以确定。该书最初分发于东三省及内外蒙中、小学堂，之后因备受欢迎，又在京师等地转印，目前存有清宣统元年蒙务局石印本、李纯如书店印本、民国元年（1912 年）铅印本和奉天都督府抄本。

《满蒙汉三文合璧教科书》代表了少数民族教科书"专门化"的一条路径，从此民族教科书除了原封不动地使用汉语教科书外，开辟了少数民族现代双语教科书之先河。《满蒙汉三文合璧教科书》从内容到语言都与所处时代的政治文化变革有莫大的关系。第一，在语言上，《满蒙汉三文合璧教科书》选择三种民族语言文字进行编写，显现了晚清民族政策的转向：从民族"封禁"到"平满汉畛域"，确立了汉语的国语地位，使汉语获得族际语言的官方承认；"三文合璧"的形式极大地提高了该教科书的"可阅读""可教学"性，为现代少数民族教科书的双语编写提供了可资参考的样板。第二，在内容上，该教科书舍弃孔孟儒学与少数民族传统教育内容，反映西方近代文明成果；第二十三课的课文中定义"中国"，并以满文与蒙文进行注解，在文末呼吁"吾即为中国人，安可不爱中国也？"试图用"爱国主义"观念确立"政治认同"，忽略"血缘认同"，加深"文化认同"，重塑以国家主权为目标的族际整合的向心力。

（二）重要影响：定义现代民族教科书

现代少数民族教科书产生于清末民初的民族教育转型过程中，它在晚清边疆少数民族新式学堂的土壤中，从现代教科书的母体分化出来，并以异于普通教科书的"复线"发展路径一直持续至今。现代民族教科书从产生之初，通过启发民智，为少数民族普通民众打开一扇通往现代世界的大门；在灌输国家观念、形塑国民的过程中意图整合族群、安定边疆；除了以上这些功能的诉求外，更重要的价值是，从教科书的本体发展来看，它定义了现代民族教科书的概念及其特征。

马克思·韦伯说过，"对概念的入门性讨论尽管难免会显得抽象，并因而给人以远离现实之感，但却几乎是不能省却的"❶。尽管我们可以在"共识"的范围进行研究，但是为了达到进行学术沟通交流的目的，就必须找到少数民族教科书中含义基本相同、具有共性的特征，才能作为后续研究的前提条件和逻辑基础。

什么是现代少数民族教科书？如果它是以少数民族语言文字编写的教科书，那没有本民族书面语言的少数民族该读什么教科书？如果它是以少数民族文化为内容的教科书，是否意味着其中不应包含中华文明共融交汇的那部分内容？如果它是以传播少数民族文化为功能的教科书，那么在现代多元文化共存、激烈竞争的环境中，它将如何自处？等等，当我们对这个已经存在了上百年的事物，持续争论，莫衷一是，无法进行确切定义时，历史研究的价值就显现了。回溯历史情景，拨开由于时空发展的客观因素和人为干预的主观因素影响，找出决定少数民族教科书性质、面貌和发展的根本属性，识别它区别于其他普通教科书的根本特征所在就显得更有意义了。

回顾清末民初少数民族教科书的产生过程，我们至少可以从以下两个方面界定少数民族教科书：

1. 从概念范畴的角度，阅读主体的民族身份是少数民族教科书的基本标识

定义事物，首先必须要对事物进行归类；定义教科书，首先要从不同的角度划分教科书的类型。例如，从教科书的计划和制作过程分类，可分为国定教科书和自编教科书；从教科书的使用范围和层次可分为小学教科书、中学教科书和高等学校教科书等；按照课程类型可划分为学科教科书、专题教科书和活动教科书；按学科性质可划分为德育教科书、智育教科书、体育教科书、美育教科书、劳动技术教科书，而且可进一步根据具体科目划分为语文教科书、数学教科书等。那么，民族教

---

❶［德］马克思·韦伯. 杨富斌，译. 社会科学方法论［M］. 北京：华夏出版社，1999：34.

科书应属于哪一类呢？显然，教科书阅读主体的民族身份并没有作为常规教科书分类的角度。而客观的现实是，自从"民族"作为现代历史的新主体，成为人类群体识别的基本角度，就隐现于现代人类社会生活的方方面面，多元教育是现代教育的基本面貌，以阅读主体的民族身份划分教科书的类型是十分必要的角度。也就是说，判断一本教科书是不是民族教科书，最基本的标准是该教科书的读者是否具有少数民族身份，是否在民族学校的课堂中被使用。而一旦此标准建立后，在讨论到底应以语言还是内容辨别民族教科书时，就会简单得多。

回顾历史，也会发现，无论是"土民学塾"中的《简易识字课本》和《国民必读课本》，还是在东三省各蒙旗学校中使用的《满蒙汉三文合璧教科书》，在民族教科书的产生之初，都是结合了使用场合与读者的民族身份确认其类型的。民族教科书"普通化"路径的原因一方面是因为"民族"和"少数民族"两个"新生"概念，已经超出晚清和民初中央政府的经验范畴，教育行政部门仓促间也就难以处理与其对应的教育事务；另一方面，也是相较更重要的原因在于中央政府有意对民族教育进行统整，借助在民族地区推行教育均质化，统合国民。所以有理由认为，虽然需要站在"国民"教育和"少数民族"文化传统教育的角度补充教科书的内容，但这些使用在少数民族新式学校中的"普通化"教科书是应该被认定为民族教科书的。而对于"专门化"的民族教科书，就相对容易确认。所以，从民族教科书产生的历史和影响来看，其重要价值在于，清末民初的时候，通过实践的方式，客观上已经对民族教科书的概念进行了范畴界定，确定了以读者的民族身份作为民族教科书的基本标识。

2. 从概念属性的角度，确立少数民族教科书以内容特征为根本属性，以语言特征为必要属性

概念是"人们通过实践，从对象的许多属性中，抽出特有的属性概括而成"。教科书作为一种文本，从阅读主体的角度来看主要包括两方面结构，"语言"和"内容"。

文本阅读从语言开始。少数民族教科书是否必须以民族语言文字来编写？或者必须以语言合璧的形式来编写？换句话说，民族语言是不是民族教科书的根本属性？我们可以从两个角度来看这个问题：第一，从

历史考察，清末在西南边疆和回文化区内，除了宗教教育外，由于世俗教育的微弱，普通民众没有途径学习本民族的书面语言或者根本就没有成熟、使用广泛的民族语言，所以从晚清"新政"兴学开始，在这部分人口较少、居住分散、战略地位极其重要的少数民族的新式学校中，主要使用《简易识字课本》和《国民必读课本》作为教科书。这就是"普通化"民族教科书产生的客观历史，我们不得不承认这部类教科书的民族特性。第二，从语言的功能角度，在阅读主体没有成熟的、使用广泛的书面语的情况下，少数民族教科书中使用汉语编写是符合语言变迁和使用规律的。语言对使用者来讲具有文化表达和思想交流两种功能，但主要还是帮助人们记录和传递信息。满族虽然主政清朝，但无法使满语成为地区性共同语，更别说其他少数民族了。所以是社会流动、经济发展和文化地位共同造就了汉语的"族际语言"的工具属性。学生使用汉语编写的这类民族教科书，通过学习具有实际应用价值的族际语言——汉语，扩展了这些少数族群未来发展的机会。虽然在使用这类"普通化"少数民族教科书的初期会出现与民族口语无法完全对接的情况，但可以通过聘请掌握双语的教师在课堂教学环节等途径进行弥补。而对于那些原有广泛使用的语言文字的民族，采用"专门化"民族教科书，合璧的语言形式编写可以提高教科书的"可读性"与"可教性"，节约教学成本。总之，对于民族教科书中语言使用的问题，清末民初的少数民族教科书为我们提供了可资借鉴的"普通化"和"专门化"的模式，进一步证明少数民族语言是民族教科书的必要而非根本属性。第三，少数民族教科书的根本属性是什么呢？毫无疑问，是教科书的内容。那是什么内容让少数民族教科书明显区别于普通教科书呢？有学者认为"文化是判定少数民族教科书的重要依据"，"不同的教科书具有传承不同文化的功能，同理，少数民族教科书传承少数民族文化"，❶ 意即以少数民族文化为内容表征的教科书才是少数民族教科书。这种判断是正确的，但只正确了一半。从少数民族教科书所承担的功能来看，它绝不能仅以民族文化为内容特色和认定标准，民族教科书必须

---

❶ 金志远. 论少数民族教科书的文化品格［C］. 2013 首都教育论坛·教科书研究研讨会论文集：168.

承担"族际整合"和"形塑国民"的重要功能，所以为实现这一功能添加的内容就是民族教科书内容建构的另一个特色。并且由于存在民族身份的差异，教科书的读者理解"族际整合"的视角和扮演"国民"的心态也会存在区别，例如汉族学生与维吾尔族学生就会存在巨大差异。所以同样承担实现"族际整合"和"形塑国民"的功能，但在教科书内容选择过程中，少数民族教科书与汉族学生使用的教科书是不同的，应有自己的特色。

清末民初少数民族教科书发端的"普通化"和"专门化"路径恰恰佐证我们的判断，"普通化"路径指出语言只是少数民族教科书的必要属性，而不是必需；"专门化"路径则不但肯定了内容是少数民族教科书的根本属性，并确认复合了"民族文化"与"族际整合"的内容才是民族教科书的特色。由此民族教科书的定义才是准确和丰满的。

三、导向：清末民初少数民族教科书政策的萌芽

以统整民族教育为目的，根据当时国内民族格局的实际状况，晚清和民国的中央教育管理部门确立了管理民族教科书的两个基本倾向。

（一）"普通化"的政策导向

由于晚清和民国时期的中央教育行政没有设置专门管理民族教育的机构，将管理权力分配给普通教育管理机构和民族事务管理机构，形成了"交叉式"的权力分配格局。因此，以培养现代民族国家的公民为目标，在晚清学部、民初教育部看来，民族教育都可纳入普通教育的管理范畴，所有民族地区的课程设置、教材使用都与全国应为统一步骤。这也是现代民族国家教育"均质化"的理想追求。但中国严格意义上并不是西方民族主义"一民族一国家"的理想模型，多元化民族格局是历史也是现状，清朝"结盟式"的联合治理方式和民初"五族共和"的政治主张都让一些少数民族的管理必须被"专门"对待，包括教育管理。所以晚清的理藩院、民初的蒙藏院都涉入管理民族教育的发展。

由于"普通化"的民族教科书政策导向，中央政府主张对人口较少、居住分散、与汉族融合程度较高的少数民族实行与内地汉族地区基本相同的教科书政策。如在西南边疆"苗夷"文化区的现代学校中，

在 1930 年前使用教材的情况较为复杂，"教材的选用一要看政府，二要看有无，三还要看教员"❶。但无论是"看谁"，这些教材要么原封不动，要么比照内地汉族地区的教材使用。教学秩序较好的学校，使用学部或教育部审定出版的普通教科书；专门招收少数民族学生的"土民学塾"使用学部编纂的《简易识字课本》《国民必读课本》。因此，这种教科书就是清末民初少数民族教科书的一种形态，教科书政策就是"均质化"国民统合教育的具体体现，它背后的深层含义在于中央政府"试图将中央一元化的权力自上而下渗透到社会末端"的政治行为。❷

（二）"专门化"的政策导向

由于晚清理藩院和民初蒙藏院也取得了管理民族教育的权力，因此，以这两个民族事务管理机构为代表，积极主张发展蒙、藏教育。它们除了在国家的行政中心设置民族学校外，还与学部和教育部协调制定专门针对蒙藏的教育政策。比较有代表性的如《满蒙文高等学堂章程》（晚清学部，1908 年）、《蒙藏回地方兴学章程》（晚清学部，1910 年）、《蒙藏学校章程》及附件《补习专科章程》《预备科章程》（民国教育部，1913 年）。这些教育政策中包含的课程和教科书政策具有以下特点：

1. 以民族语文为主课，设置民族特色课程

《满蒙文高等学堂章程》（以下简称《满蒙章程》）中规定"分别以满蒙语文或藏文为主课，辅以普通及法政测绘各科学，以养成明体达用之人"。❸ 所以藏语、藏文、蒙语、蒙文、满语、满文都是预科、正科及别科的主体课程，课时分配是中文的三倍，占总课时量的 1/3。另外，《满蒙章程》中还设置了如藏卫地理、藏卫近史、蒙古地理、蒙古历史等具有民族特色的课程。这些课程所占课时量与中文课时一样多。

经过在中央设置的民族学校内进行民族课程设置的实践，1910 年

❶ 中国少数民族教育史编委会. 中国少数民族教育史（第四卷）[M]. 昆明：云南教育出版社，2001：988.

❷ [日] 茂木敏夫. 孙江，译. 清末近代中国的形成与日本 [M] //复旦大学历史系. 近代中国的国家形象与国家认同. 上海：上海古籍出版社，2003：257.

❸ 舒新城. 中国近代教育史资料（下册）[M]. 北京：人民教育出版社，1961：830－835.

学部在《蒙藏回地方兴学章程》第 22、23、24 条分别列出教授科目。其中《蒙藏回语文》平均周课时为 16，占周总课时的 50% 左右。其他"学堂教科应遵照学部订课程表教授"。但在地方兴学的范围内，课程内容中已不再出现具有民族特色的课程，取而代之的是依照全国统一课程规定进行课程设置。

进入民国时代，在时局动荡的情况下，本来就倾向于统一教育行政的中央政府只正式颁布了一部关于民族教育的规章制度，即《蒙藏学校章程》。在北京设置的国立蒙藏学校分为补习专科和预备科两科。补习专科中的课程设置没有专门针对民族的特色内容。在预备科中规定了"蒙文""藏文"两门民族语文，但没有明确给出课时分配状况，只是说明"第一学年须多学汉语汉文，以备后来听讲之用"。这些民族语文课程和特色课程开辟了近代少数民族"专门化"课程的一条路径。

2. 形成国家与地方两个教科书编辑主体，自编与翻译结合的教科书编写模式

虽然在《蒙藏回地方兴学章程》第 4 条中规定："蒙藏回小学教科书，由学部另行编纂，随时颁发各地方应用。"但直至晚清结局，学部也没能编写出这些"专门化"的民族教科书，但却以其名义审定和出版了《满蒙汉三文合璧教科书》。这部由黑龙江东三省总督锡良、奉天巡抚程德全命令，奉天提学张鹤龄出面聘请蒙务局蒙文编译前协领荣德编纂的教科书，在东三省满蒙新式学堂中使用非常广泛。这本教科书是翻译自学部审定的受欢迎程度高、发行面广的《最新国文教科书》（初等小学用）（蒋维乔、庄愈等编，上海商务印书馆刊行）。另外，在地方学堂也有自编自用的教材，如《满蒙文高等学堂蒙古语文讲义》❶。由此看来，国家和地方都涉入"专门化"民族教科书的编写，主要采取了自编和翻译的形式。

第三节　民族教科书政策的特点与影响

现代少数民族教科书政策是在清末民初少数民族教育转型的过程

---

❶　中国少数民族教育史编委会. 中国少数民族教育史（第二卷）[M]. 南宁：广西教育出版社，2001：62.

中，伴随着民族教科书的产生而出现的。在这个时期，"民族""少数民族""现代教育""教科书"都是新近传入的概念和事物，处于学习和适应之初的政策制定者毫无经验，只能用对这些新生事物的有限理解来规范和引导民族教科书的发展。因此，清末至北京政府的教育管理者都没有进行审慎和长远的构思，只是迫于外侵略的威胁和内分裂的压力，借鉴掺杂了部分古代文教政策的经验，将管理民族教科书的想法模糊、分散地表达于一些教育的管理政策中，因此，还不能准确地称之为"政策"。但是，这并不妨碍中央政府利用古代传统民族文教政策积累的经验，并结合当下民族格局变化产生的新问题，在所制定的民族教育政策中表达其管理民族教科书的倾向和功能诉求。因此，此时期的民族教科书政策具有以下两个看似矛盾，却又一体的特征。

一、清末民初少数民族教科书政策的特点

（一）模糊的政策内容与结构

以现代教科书政策的标准衡量，这个时期的民族教科书政策在编纂、审定、出版、供给几个必要环节中，从内容到结构都缺乏明确的描述。

第一，在针对"普通化"的民族教科书管理方面，虽然确定了学部和教育部的编纂、审定权力，却没有明确这部分教科书具体的编审管理办法。"普通化"的民族教科书并不是照搬汉族教科书，它是国家在人口较少的边疆民族地区实施普通教育，以培养公民基本素养为目的的教科书。民族教科书的编纂要考虑到因民族身份差异带来的公民基本素养培育之间的差异，换句话说，"普通化"并非"汉化"，同样是培养公民的基本素养，内地汉族地区与边疆少数民族地区应是不同的，而这种差异要落实在教科书的编纂和审核过程中。出版和供给也是教科书管理政策中的内容，而这些在民族教科书的酝酿时期都没有涉及，也因此造成这个时期民族地区教科书使用混乱的状况。"有没有"某类教科书成为民族地区教科书选择的掣肘，例如民国之后的新疆，学校教科书十分缺乏，最初由博达书馆翻印一些《三字经》《百家姓》《千字文》、"四书"之类做教材。1919 年之后才开始采用商务印书馆出版的

"共和国教科书"❶。

　　第二，针对"专门化"的民族教科书的管理，中央政府虽然以成文的法章确立了民族语文的课程地位，也曾经设置蒙、藏地理、历史一类的特色民族课程，但始终没有明确指出这些课程教材的编纂和审定的主体和程序是怎样的。对这部分"专门化"的民族教科书，管理上欠缺很多关键性的环节。不过，这也是整个近代教育发展的常见情况，汉文教科书的编审政策至少在清末民初就经历了很长一段时间的实验和摸索阶段。

（二）清晰的政策功能与倾向

　　教科书编辑政策涉及利益的分配和权力的博弈。少数民族课程设置和教科书的使用就是中央政府和人口较多、居住集中、文化传统保留较完整的少数民族，还有人口较少、居住分散、与汉族融合程度高的少数民族，这三者之间进行教育利益分配、教育权力的博弈。清末民初的少数民族教科书政策虽然处于萌芽时期，但是从仅有的一些零散的民族教育政策和教育实践中就能清晰地看出这种争夺。

　　1. 民族教科书政策的"整合"功能是中央政府的基本诉求

　　既然民族教科书政策在清末民初处于萌芽时期，并没有从民族教育政策和课程政策中脱胎出来，我们只能从以上两者中窥探其基本功能诉求。首先，民族教育的政策和实践清晰地表明了中央政府意欲通过在少数民族学校中使用"普通化"教科书，培养现代民族国家公民的基本素养，树立以国家主权为认同标的的新集体认同；通过教科书传播科学文化知识，重塑主体文化向心力，以期完成对国内族群的政治整合。因此，学部和教育部都明确要求无论是中央还是地方的少数民族新式学校，应按照《奏定学堂章程》和《国民学校令》中学制的要求开设全国统一课程，实施"国民教育"，"学堂教科应遵照学部订课程表教授"。教材则必须选用学部和教育部审定的教科书。东三省颁布的《鄂伦春国民教育简章》第15条规定："各路国民学校教科宜注重修身、国文、算术、体操四科，并应添设汉语一科"，"各路国民学校所用教

---

❶ 中国少数民族教育史编委会. 中国少数民族教育史（第一卷）［M］. 南宁：广西教育出版社，2001：242.

科书，须选购审定者用之"。● 在具体的操作中，可能某些地区和学校不具备完备开设这些课程的条件，但这并不影响中央贯彻"国民教育"的态度。

其次，从中央到地方，从晚清到民国，中央政府对民族学校中课程和教科书"普通化"控制呈现逐步加强的趋势。如在晚清的中央满蒙高等学堂中除了民族语课程外，还设置具有民族特色的专门课程，如蒙藏史、地等课程，但在《蒙藏地方兴学章程》中设置课程时，已经完全将这类课程排除，在地方民族学校中加大了"普通化"课程设置的比例。虽然影响课程取消的因素复杂，但这却意味着，从晚清开始，中央政府与民族地方已经展开了关于教科书的角力。

2. 民族教科书政策的"专门化"倾向是地方少数族群利益的基本诉求

所有的教育从一定角度来看，都是民族教育。现代教育这种"公共产品"一旦与族群利益挂钩，并处于民族主义话语中，现代国家就必然面临两种教育资源分配的问题：第一，如何针对中央政府与边疆民族地区的教育功能诉求差异进行资源分配；第二，如何针对国内不同族群的利益诉求进行教育资源分配。简单地说，就是国家与民族地方的教育利益之争，各民族之间的教育利益之争。

从晚清开始，"民族"与"教科书"两个新生事物出现并逐步产生交集，在代表国家利益的中央政府竭力构建现代民族国家的视野下，以上两种利益之争持续发酵：以蒙藏为代表的"专门化"民族教科书，是中央政府与蒙藏民族和地方进行教育权力博弈的产物，蒙藏（尤其是蒙古）以其地缘、文化、政治优势，在清末民初社会变革的背景中争取到了"专门化"的教育资源配给。更重要的是，由蒙藏"专门化"教科书政策所起到的"先例"作用，影响到其他民族，使民族教科书"专门化"成为少数族群利益表达的一个基本诉求。这种范例作用在之后百余年间影响很大，在"教育民主"和"民族平等"的框架下，几乎所有少数民族（有时政府也参与其中）都积极主张为本民族设置"专门化"的教科书，而不论这种诉求是否盲目。

● 谢岚，李作恒. 黑龙江省教育史资料选编（上编）[M]. 哈尔滨：黑龙江教育出版社，1998：1079－1080.

二、清末民初少数民族教科书政策的影响

虽然从当下看来，晚清和民初的中央政府在教育宗旨和教育政策方面，晚清认识不足，行动迟缓，民国之后更是多次更改，大部分未能得以贯彻，民族教科书政策甚至没有确切的内容和结构，但尚处于胚胎阶段的民族教科书政策却向我们展示了它潜在的巨大影响。

（一）接续古代文教政策的功能

无论是古代还是现代，帝制还是共和，中央政府都需要面对一些基本的问题：不同族群通过什么聚集在一起？国家通过什么方式来保持各族群之间的和谐与稳定，并同时能够达成共同的目标？古代中国的文教政策与现代民族教科书政策都是中央政府对以上问题的应对与回答。

从历史上看，在处理四周少数族群的传统方法上，无论是汉族还是少数民族王朝都表现出惊人的一致性："文化教化为本，政治整合为辅。"[1] 中国古代的文教政策通过其蕴含的"大一统"的精神和"正统"观念实现它的政治整合功能，并通过"核心辐射"的文化整合方式构建了"多元互动"的中华民族文化格局。历史进入近代，在这样一个多民族大国内，"政治整合"与"文化整合"依然是中央政府的主要任务。M. H. 亨特说，中国民族国家认同的一个重要的、也许是支配性的特征，一向是对于创造与维持一个强大的中央集权国家的全神贯注的关注。在19世纪晚期和20世纪初的危机中，这一关注所达到的强大程度很可能被一个外部的观察者视为痴迷。清末民初的民族教科书政策正是这种"痴迷"的表现，它至少从以下两方面完成了接续古代文教政策的功能：

1. 通过"专门化"教科书政策分配知识权力，在教科书的知识选择中确认少数民族文化的合法性，对其实行怀柔羁縻治理，以达政治整合目标

首先，对于清末民初的中国来讲，其面临的不仅是"部族帝国"到"民族国家"的政体转型，同样是文化格局的大变革。古代中国虽

---

❶　马戎. 理解民族关系的新思路——少数族群问题的"去政治化"［J］. 北京大学学报，2004：11.

是多元民族格局，但官方主体文化是由儒家教义支撑起的华夏文明，儒家文化所具有的优势力量及向心力是无法否认的客观事实。如前所述，古代中国的统治者，无论是汉族主体抑或少数民族主体的政权都以承继儒家的一整套伦理体系为文化正统，文化的正统性是每个政权合法性的外衣。虽然当代许多学者都认为草原文明与农耕文明共同铸就了中华文明的基本面貌，少数民族的历史是中国历史不可分割的另一半，但无论从历史记述的角度，还是文明辐射的范围，儒家文明无可争议地代表了延续几千年的东方文明。这样的状况一直持续至清末民初，最后被西方文明的强势注入所打破。儒家文化不再是精神的高地，从古至今稳定的文化格局被打破，不同族群代表的文化开始处于同一竞争水平线。西方民族主义引发的民族自觉，一个重要的表现即是对文化权利的主张。

其次，学校是文化利益的竞争场所，课程是知识的权力分配。从族群角度来看"谁的知识最有价值"的问题，我们看到的是"哪个族群的文化最有价值"的疑问，换句话说，就是在学校的课程内容选择中，哪个族群的知识及所代表的文化有权利进入到课程中来。就如福柯所言："任何知识都同时预设和构成了权利关系。"❶ 清末民初，儒家文化"天然"的优越性被打压，各族群在"民族自觉"旗帜下分离趋向明显，在这样的文化和政治压力下，晚清与北京政府清晰地认识到必须使用统治权进行学校知识权利的再分配，对"天下"时期处于边缘地位的少数民族文化予以肯定。于是，晚清和北京政府以"专门化"的教科书政策回应蒙藏民族文化权利的诉求，学校里出现了具有民族文化特色的课程，专门针对少数民族编写的教科书产生了。通过割让部分课程与教科书的管理权力，以求得对这部分民族的"一体化"政治整合，这种以文化权利换取政治稳定的软性统治方式完全体现了古代文教政策"怀柔""羁縻"的核心理念，也是"因俗而治"的一种方式。

2. 通过"普通化"教科书政策统一国民意识形态，铺陈主流价值观以接续儒家伦理的文化整合作用

晚清政府与民初北京政府除了在蒙、藏等地区实施"专门化"导

---

❶ [英] 阿兰·谢里登. 求真意志——米歇尔·福柯的心路历程 [M]. 上海：上海人民出版社，1997：181.

向的民族教科书政策外，还在其他少数民族地区，如苗夷文化区等采取"普通化"导向的教科书政策，将其教科书管理权力全部收归中央。在全国范围内不遗余力地推行具有均质化性质的国民教育。

近代之前，"天下"中国以儒家伦理道德将代表不同民族的多样文化统合起来，无论模仿得相像与否，少数民族文化都朝向具有更高文明程度的华夏文化学习。儒家文化也以兼容并蓄的开放态度成为中国古代文化格局的核心，并以"有教无类"的方式对周边的非汉民族文化辐射影响。这种格局在清末民初解体，儒家价值体系构建的文化认同被打破，近代"乱象"中国涌入各种五花八门的思潮，一时间主流意识形态空缺，形成集体认同危机。如果说政治整合可能因政权的结构性缺陷而失败（清末民初中央政府即是），使国家可能处于动荡不安的状态，那么，主流意识形态的缺位则会引发国家政权的彻底崩溃，四分五裂。从这个角度看，晚清与民国国家主权的连续性、北京政府名义上的统一政权，从一定程度上都赖于从清末"新政"即着手展开的均质化"国民教育"。

清末民初，在少数民族地区设立学校，确立"汉语"的"国语地位"，推行以国语教育为核心的国民教育政策，设置与内地完全或大体一致的课程，提供给少数民族平等的教育内容与受教机会等，这些都是晚清民初政府在对少数民族开化启蒙的同时，构建新的集体认同的方式。作为推行国民教育的手段，采取"普通化"的民族教科书政策，为少数民族学生提供负载主流文化的教科书，将"国民意识""国家观念""中华民族共同史""五族共和"等新的意识形态整合、修饰后变成教科书中的"官方知识"。由于"普通化"的民族教科书政策导向，在民族学校中使用与内地完全相同的教科书，在族群间统一架构整合了民族国家所确立的领土、主权等重要观念，这在很大程度上缓解了儒家文化沉沦之后带来的集体认同缺失的压力，一定程度上平复了族群间的紧张关系。取代传统儒家文化认同标准，教科书所承载的主流价值观成为新的族群认同符号，充当起文化整合的工具。

（二）开辟现代少数民族教科书管理政策的先河

在中国民族教科书政策历史上，清末民初的政策起到了承上启下的关键作用。它不但如上所述，在功能目标上与古代民族文教政策保持一致，并且在中国"三千年未遇之大变革"的社会转型时期，随着周遭政治、文化环境的变化，革故鼎新，至少从两个方面开启了民族教科书管理的新时代：

1. 政府行使公共权力，制定外控型政策，主动干预民族教科书的发展

古代中央政府的文教政策秉承"修其教，不易其俗""修文德以徕远人"的儒家文化精神，对少数民族的文教影响多采用消极辐射的方式，即使是在少数民族主政时期也很少采取强硬的措施干预民族文化的发展。这种内倾式的文教政策源于中国儒家文化以内省、自反为特点的道德修养方法。在古代中国"天下"所持的文化主义族群观中，承继正统的中央政府占据文明高地，儒家伦理道德支撑起的意识形态与价值观体系与周边少数民族创造的文明是存在等级差序的，这种差序会形成自然而然的"势"，对周边其他文明具有强大的吸引力。

这种情形在近代发生了变化，中国经历了从静止的"万国"到流动的"世界"❶的转变，中国传统国家观念向现代民族国家转变。国家需要将境内的成员作为国家公民有效组织起来，在私人领域中这些公民可以分属不同族群，但在公共领域中，需要"把所有公民纳入到同质民族"❷之中。这个过程主要通过国家立法和行政系统将一套意识形态灌输到社会生活中去，就是这样一个同质化的过程令国家可以稳定奠基在同一认同体系上。面临原有认同体系崩溃，民族离心力高涨，清末民初的中央政府必须改变传统的"天下"式的国家观念，以积极主动的方式构建统一认同。作为公共行政系统的组成部分之一，晚清和民国北京政府教育管理部门制定了民族教育及教科书的管理政策，利用教育的工具作用实现对新的集体认同的建构。

2. 政府基于族群视角，分配、协调教科书利益，编写、出版民族教科书

清末民初教育现代化的浪潮伴随着民族主义在中国散播，与之相应

❶ 金观涛，刘青峰. 观念史研究：中国现代重要政治术语的形成［M］. 北京：法律出版社，2010：226.

❷［以］耶尔·塔米尔. 陶东风，译. 自由主义的民族主义［M］. 上海：上海译文出版社，2005：10.

的教育话语席卷中国的内地至边疆地区。处于中国境内的所有民族都面对看似比其传统教育更优越、更强势的现代教育的冲击，无论是汉族还是少数民族都不得不面对它、解读它，最后在一定程度上接纳它。现代教育的目的是通过对全体社会成员施以不同层次的教育，发挥每个人的潜能，社会成员同时要达成民族身份与国民身份的双重认同，现代教育要培养其社会主体意识和国民精神，这些目的都需要通过教科书来实现。现代少数民族教科书就是在这样的大环境下孕育，是民族教育现代化土壤中必然结出的果实。

教科书从诞生起就是一种特殊"合法"文本，它从形式到内容都体现了这种"合法"性，作为意识形态合法化的主要表现，统治阶级借助公共权力将主流价值观渗透教科书的内容。那么，主流价值观是什么，有主就有次，就存在主、次之间的矛盾与冲突。在漫长的中国古代史里，从汉代儒家文化附着政治力量登上价值观的高台后，尽管王朝更替，却再也没有其他文化思潮能够撼动其主流意识形态的地位。在儒家伦理价值观体系确立的"正统"观念下，代表统治阶级的中央政权不需要评断围绕价值观主次进行的意识形态争夺。而近代情况则发生了改变，意识形态像被打开的潘多拉魔盒，各种权力、利益、价值的冲突不可避免，国家与民族利益集团、中央与民族地方存在权力与利益的冲突，汉族与少数民族，人口较多的少数民族与人口较少的少数民族之间存在主流文化与亚文化的价值冲突，等等。政府出于国家安全性、政权稳定性的考虑，在建构统一国民认同的大框架下，必须作为超脱各对立阶级之外的"第三种力量"，协调各方利益诉求。对围绕在教科书周围的利益主体及其身后的价值体系进行评判，这就是清末民初少数民族教科书出现的政治学解读。

清末民初中央政府在如何进行民族地区的教科书管理上颇费心思，依据情势，平衡各方利益关系，创造出"普通化"与"专门化"相结合的民族教科书管理模式。若干年后，中国面临的历史文化大背景并无多少实质的变化，无论国民政府还是新中国政府时期的民族教科书政策都没有超出这种模式，徘徊在"普通化"与"专门化"两个端点之间。这些见证了现代中华民族文化传承和变迁的教科书及其政策，正是从这里起步的。

第四章　成型：南京国民政府少数民族教科书政策（1927—1949 年）

子贡问:"师与商也孰贤?"

子曰:"师过也,商也不及。"

曰:"然则师愈与?"

子曰:"过犹不及。"

——《论语·先进》

　　1927 年,结束了长期军阀混战的局面,国民政府定都南京,国民党开始了 22 年的大陆统治时期。在中国历史上第一个党治政治体制下,少数民族教科书政策是根据国民党的民族政策和民族教育方针的演进而制定的。一方面,这个时期的民族教科书政策逐步成型,具备现代教科书管理政策的基本结构与特征,并在抗战开始后由于国民政府积极推行"边疆教育"而得到重视和发展;另一方面,由于受到南京国民政府的国家主义政治考虑和"一元"民族政策的影响,民族教科书政策虽然在内部结构上逐步搭建完整,却渐渐内隐于"边疆教育"政策中,无法取得外在的正当性,这也造成了国民政府时期的少数民族教科书政策功能不完整,即强调政治整合的功能而罔顾中国多族群多元文化的现实,缺失建立多元一体的社会文化秩序的功能。

第一节　民族教科书政策的背景

　　在南京国民政府时期,少数民族教科书政策由清末民初的孕育、萌芽逐步成长起来。在多民族格局发展的大框架下,它深受周遭政治与文化环境的影响:追求统一国家建制的国民党主政中央政府,在内部需要统合分散于边疆的民族地方割据势力,重塑新的民族国家的中央政治权威,在越来越恶化的边疆社会政治形势逼迫下不得不重整边务,在外部需要应对西方列强侵略势力的围攻。在外御强敌、内求统一的政治目标影响下,边疆教育"尤为一般人所重视",边疆少数民族教科书的使用和管理成为边疆教育讨论的重点内容。

　　但另一方面,关于中华民族格局的现实实践和学理论争严重左右着民族教科书发展的方向,国民政府秉持三民主义原则下的"一元"民族政策、执政党及其领袖"准儒家式"的民族格局表述、学术界"中华民族融合观"理论的一边倒势态，都令中央政府对民族教科书的管理严重趋向"普通化"的一端，大部分少数族群对本族群教育及教科书发展的诉求得不到中央政府的有效回应，湮没在边疆教育的洪流中。

一、政治环境的变化：从分裂到统一

教科书政策包含于国家公共政策之中，也是政治学研究的范畴。而依据政治环境的变化"描述和解释政府行为的原因及结果"❶ 是公共政策分析的基本立场。这个时期的政策是南京国民政府在较为稳定和完整的统治时期为了管理民族教科书而制定的，此时的中央政府面临的社会政治形势较晚清、民初已有很大不同。

1927 年 4 月，南京国民政府成立，经过二次"北伐"，于 1928 年底结束了北京政府时代纷繁的政权更迭局面，实现了中国形式上的统一，初步建立"党治政体模式"，加快了民族国家构筑进程。但现实情况不容乐观，自太平天国运动始，中央政府权威就逐渐衰败，至民国北京政府时期最为严重，各地在名义上统一于中央政权之下，实际则各自为政、社会动荡不安。南京国民政府成立之后最紧迫的任务就是重建中央政府的权威。国民党政府经过消除宁汉分立、宁粤分立、中原大战等一系列艰难历程后基本稳定了内陆汉族地区，但对蒙古、藏等西北边疆少数民族地区的统合力度仍然有限。中央政府强化对边疆民族地区的控制，抗战前主要集中在蒙藏，这是民族与地理相结合的统合目标；抗战爆发后，受"战局（指抗日战争——引者）影响，西南边疆，骤形重要"，❷ 生活在边疆地带的非五族少数族群开始引起中央政府的重视。因此，从民族教科书所受的外部政治影响来看，1937 年爆发的抗日战争，及由它引起的国民政府内政外交政策的转向，对这个时期的民族教科书政策产生了深刻的影响。

---

❶ ［美］托马斯·R·戴伊. 谢明，译. 理解公共政策（第十二版）［M］. 北京：中国人民大学出版社，2011：3.

❷ 《云南日报》社论. 云南的边疆问题［M］//段金生. 南京国民政府对西南边疆的治理研究. 北京：社会科学文献出版社，2013：2.

（一）三民主义原则下，以蒙藏为重点构建中央对少数民族的政治权威

国民党作为国民政府的执政党，从中华民国成立之初就以"五族共和"为建国纲领，"国家之本，在于人民。合汉、满、蒙、回、藏诸地为一国，即合汉、满、蒙、回、藏诸族为一人"❶。此时期的南京国民政府基本继承了孙中山"民族团结""民族平等"的民族主义思想，在三民主义框架下承认五族的民族身份，制定针对以蒙藏为重点的政治、经济、文化、教育、宗教的民族政策。

首先，在中央设置管理蒙藏民族事务的行政机构——蒙藏委员会。1928 年 2 月国民党召开二届四中全会，会上决议案之"改组国民政府案"第 7 条规定："国民政府设内政、外交……工商等部，并设最高法院……蒙藏委员会。"❷ 1928 年 8 月国民党二届五中全会通过"政治问题案"第一项决定，"依据国民政府建国大纲"，"设立司法、立法、行政、考试、检查五院，逐渐实施。行政院下，设内政……蒙藏委员会"❸。1929 年 2 月，正式成立蒙藏委员会。南京国民政府同时在边疆民族地区也派驻专门机构，代表中央政府对地区民族事务就近管理。

其次，除了在管理机构上表明中央统合蒙藏的意图外，国民政府还颁布了一系列关于蒙藏民族的法令政策以宣明构建统一完整民族国家之决心。1929 年 3 月国民党三大上通过"对于政治报告之决议案"，其中在"蒙藏与新疆"的决议案中指出："今后必力矫满清、军阀两代愚弄蒙古、西藏及漠视新疆人民利益之恶政，扶植各民族，造成自由统一的中华民国。"❹ 此次决议提出在蒙古、西藏及新疆实行三民主义，确立三民主义的民族政策。这也是国民政府民族政策的转折点，由此开始，南京国民政府以《五权宪法》和《地方自治实行法》代替《中国国民

---

❶ 中国第二历史档案馆. 中华民国史档案资料汇编（第二辑）[M]. 南京：江苏人民出版社，1981.

❷ 中国第二历史档案馆. 中华民国史档案资料汇编（第五辑第一编政治（二））[M]. 南京：江苏人民出版社，1981：24.

❸ 中国第二历史档案馆. 中华民国史档案资料汇编（第五辑第一编政治（二））[M]. 南京：江苏人民出版社，1981：56.

❹ 中国第二历史档案馆. 中华民国史档案资料汇编（第五辑第一编政治（二））[M]. 南京：江苏人民出版社，1981：85.

党第一次全国代表大会宣言》，不再承认蒙古、藏、回等民族之自决权，而转向民族自治的主张，这是中央政府对边疆民族地区控制的进一步强化。

这种重构政治权威的意图在之后的政策和法规中愈加明显。国民党三届二中全会在 1929 年 6 月 17 日通过"关于蒙藏之决议案"。在 1931 年 6 月公布的《中华民国训政时期约法》中规定："中华民国领土为各省及蒙古、西藏。"❶ 全面展示了中央政府统整蒙藏之决心。1932 年 3 月国民党四届二中全会通过《关于蒙藏政治教育等问题十则请予决议案》，并在 1936 年 5 月南京政府公布的《中华民国宪法草案》中重申："中华民国之领土，依其固有之疆域，非经国民大会之决议，不得变更之。"并对蒙古、西藏和其他民族地区出席国民大会的代表、参加立法院的委员作了规定。

在抗日战争爆发前，国民政府一直奉行三民主义下的"五族共和"，在中央政府的视野中，蒙古、藏、回（新疆）由于其特殊的地缘政治地位和历史原因，对其权威的构建存在较大威胁，这些民族的态度会严重影响到国民政府构筑民族国家的历程。因此，南京国民政府与北京政府一样，在构建中央权威的过程中把"民族平等""民族团结"的统合重点放在蒙古、藏、回（新疆）上。这也就造成了抗战之前，南京国民政府制定的民族教育政策主要针对蒙古、藏、回（新疆），中央教育部编写、审查出版的民族教科书也主要提供给这些民族地区使用。

（二）以边疆治理为契机，扩展族群统合范围，淡化民族问题

由"九一八事变"起始，到 1937 年抗战正式爆发，引发了近代以来中国最严重的边疆危机，这时国民政府的政治权威面临的挑战已经从纯粹民族问题发展到整个边疆危机，这是一种质的变化，中华民国作为民族国家的主权基础与领土边界遭遇双重的挑战。

这个时期的中央政府为了巩固政权的合法性、强化统治力量，对原来的民族政策进行了调整和充实：一边将民族政策的视野扩大至边疆政策范围，将原来主要针对蒙藏的民族政策扩展为治边政策，一边推行单

---

❶　中国第二历史档案馆. 中华民国史档案资料汇编（第五辑第一编政治（一））[M]. 南京：江苏人民出版社，1981：269.

一民族的政策导向，强化中华民族的国族构建。

1938 年 3 月，国民党在武汉召开临时全国代表大会。此次大会的重点目的是对三民主义进行修正，提出用新的民族主义的精神和力量争取抗战的胜利。认为"民族独立""民族平等"的基础在于"争回生存独立，然后此民族所建立之国家，始有自由平等之可望"❶。并承诺"于反对帝国主义及军阀之革命获得胜利以后，当组织自由统一的（各民族自由联合的）中华民国"❷。之后，国民政府在 1938 年的五届四中全会、1939 年年初五届五中全会、1939 年年底五届六中全会中通过"对于政治报告之决议案"，对蒙藏和边疆事务都进行了讨论。

1942 年 4 月，国民党五届八中全会通过了《关于加强国内各民族及宗教间之融合团结，以达成抗战建国成功目的之施政纲领案》。国民党在这次会议中提出了三民主义边疆民族政策，并在之后的五届九中全会、五届十中全会中对其进行了扩展和补充。

在抗战的大环境下，"蒙藏民族政策"转向"边疆民族政策"是国民政府对内追求统一，对外抵御强敌的必然之选。在接近抗战胜利的后期及内战期间，国民政府以"中华民族一元理论"为基础，在承认民族平等的基础上，将政策的重点放在经济、文化、教育上，这在客观上促进了边疆各地民族教育的发展。

并且，国民政府还有意在政治范围内淡化"民族"问题和"少数民族"概念。例如从 1938 年 8 月开始，国民政府对少数民族的称谓进行改革，规定："将含有侮辱之名词，一律予以改正，而普通文告及著作品、宣传品等对于边疆同胞之称谓似应以地域为区分，如内地人所称某某省县人等，如此则原籍蒙古地方者可称为蒙古人，原籍西藏者，可称为西藏人，其他杂居于各省边僻地方文化差异之同胞，似亦不妨……称为某某省边地或边县人民，以尽量减少分化民族之称谓。"❸ 多数研究者把这个举措认定为体现国民政府的民族平等原则，却忽略政府淡化

❶ 中国第二历史档案馆. 中华民国史档案资料汇编（第五辑第二编政治（一））［M］. 南京：江苏人民出版社，1981：408.

❷ 中国第二历史档案馆. 中华民国史档案资料汇编（第五辑第二编政治（一））［M］. 南京：江苏人民出版社，1981：409.

❸ 国民政府渝字第 470 号训令［M］//马玉华. 国民政府对西南少数民族调查之研究（1929—1948）. 昆明：云南人民出版社，2006：125.

"民族"称谓背后隐藏的中央政治权威重建的意图：化民族称谓为地方称谓，即政治权威一体化的过程。

在这种内重整、外危机的政治大环境中，作为国民政府对少数民族教育、教科书管理的决策，不能不考量这些政治因素的影响。在公共政策的范围内，教育掺杂的团体力量的竞争是最为剧烈的。南京国民政府统治的时代，在中央政府重整权威的追求与日本侵华"亡国灭种"危机的双重压力下，国家与民族地方在教育领域的利益诉求发生激烈的冲突，也造成国民政府采取极端的、没有调适余地的教科书政策。

二、民族观念的演化：从"五族"到"国族"

民族是个独特的人类共同体，它不但诉求政治，更是代表文化。如果政治是民族的主体性刻意的追求，那文化则是民族相对自然的核心特征。当然，这种文化也存在"想象"的成分。但不能否认的是，"民族者首属于文化及心理者也，次属于政治者也"❶。因此，一个国家民族格局的变化往往意味着文化秩序的变革，两者相互影响，彼此驱动。教育政策是政府进行文化秩序构建的重要途径，而后者也影响着前者的目标、内容和功能。

国民政府时期对国内民族格局的构建具有动态发展的特征，经历了三民主义下的"民族平等""民族团结""五族共和"，之后由于内政外交的影响，国民党又将孙中山的国族理论进一步推演为中华民族一元论，直至蒋介石在《中国之命运》中提出宗族理论。

这种新的民族观对少数民族教科书政策的影响是显而易见的：少数民族作为一个新的民族群体在国民政府"抗战""建国"的语境中逐渐消隐，化约为"边疆同胞""边疆民族"，中央政府在民族教育政策决策中的团体利益被最大化。因此，只有对国民政府时期民族观的变化及形成做全面的分析，才能看到其介入少数民族教科书政策的过程及影响。在一元导向的民族格局观念演化过程中有两方主体介入：一是中央

---

❶ 吴文藻. 民族与国家［M］//吴文藻. 人类学社会学研究文集. 北京：民族出版社，1990：77.

政府及其执政党代表；二是学术理论界。

（一）国民政府"一元"国族理论的构建

"国族"的概念是以国家为基础创建一个有国际竞争力的民族认同。早在西方民族主义思潮传入中国时，孙中山就认为："民族主义就是国族主义"，他批评"中国只有家族主义和宗族主义，没有国族主义"，因而一盘散沙。因此从中华民国立国之初将以"五族共和"为核心的民族融合构建成"国族"，并将其作为民国国家政权之基础。1924年孙中山在广州高师做民族主义演讲，提出在中国这样一个国家中，由于民族、国家没有重合，在中国讲民族主义就必须分别国家民族二途。在中国只能讲"国族主义"❶。

孙中山之所以着力构建"国族"，在于他希望以此摆脱西方现代政治在传统中国造成的最大困境。在西方，18 世纪以来兴起的民族主义思潮，其主旨就是以民族单位来确立政治主权的边界，民族成为政治合法性的来源。孙中山提出的"国族主义"就是为应对西方民族、国家这套政治设计提出的。他认为建构"国族"就可以把中国这种传统政治文明体系纳入现代民族国家的框架中。并且，他认为"国族"构建的思路是以汉族同化其他民族："我们讲民族主义，不能笼统地讲五族，应该讲汉族底民族主义。仿美利坚民族底规模，将汉族改为中华民族，组成一个完整的民族国家。"❷

南京国民政府继承了孙中山三民主义原则下的"国族"观，认为中国各族本出一源，中华民族作为国族是在数千年的历史发展中相互融合、相互陶熔形成的。"五族国民，固同一血统，同一支派，同是父子兄弟。"❸ 同时，初期的国民政府也承认除国族之外，包括汉族、其他少数族群具有合法的民族身份，认为"本党之三民主义，于民族之上，乃汉、满、蒙、回、藏人民密切的团结，成一强固有力的国族"❹。

❶　广州民国日报［N］. 1924 年 1 月 15～16 日.

❷　孙中山全集（第五卷）［M］. 北京：中华书局，1985：473.

❸　孙中山. 五族国民合进会启［M］//［日］松本真澄. 中国民族政策之研究——以清末至 1945 年的"民族论"为中心. 北京：民族出版社，2003：80.

❹　孙中山. 五族国民合进会启［M］//［日］松本真澄. 中国民族政策之研究——以清末至 1945 年的"民族论"为中心. 北京：民族出版社，2003：80.

1937 年抗日战争全面爆发，国家外部侵略压力骤增至顶点，中国的民族主义也正式进入"反帝民族主义"的新阶段，南京国民政府开始调整"国族"的构建策略。和近代中国任何政府一样，南京国民政府的目标是建立一个现代民族国家，而在中国近代史中，这个国家的核心内容是"民族主权"，这里就牵涉一个复杂而敏感的问题，即"民族自决"。如果国内各族群都获得合法的"民族"身份，根据《威斯特伐利亚和约》的精神，这些民族都可以通过自决的途径成立主权独立的民族国家。这是作为新统一的国民政府无法接受和容忍的，更是如日本等别有用心之国家所期盼的。因此国民政府一边构建中华民族的"国族"身份，一边将"五族"的"民族身份"模糊化，认为五族不再是各自的民族，而是原本有着共同血缘的宗族的集合体的单一的中华民族。中国各地民族无种族、血统的区别，差别仅仅是"由于宗教及地理环境的差异"，"实为同一个民族，并且为一个体系之种族"。

这个民族格局一元化的过程是与蒋介石民族主义思想的形成同步发生的。作为国民政府执政党的党魁，他本人笃信中国儒家传统文化，一面继承和阐释了孙中山三民主义思想体系，一面根据政治需要进行了修改和演绎，形成他的"准儒家"式的民族文化中心主义。1943 年 3 月 30 日，蒋介石发表《中国之命运》一书，主张在"国内各民族一律平等"的原则下，实行少数民族自治下的"五族联邦"；只承认一个中华民族的"国族"身份，"我们中华民族乃是联合我们汉、满、蒙、回、藏五个宗族组成一个整体的总名词。我说我们是五个宗族而不说五个民族……我们集许多家族而成宗族，更由宗族合成为整个中华民族……所以我们只有一个中华民族，而其中各单位最确当的名称，实在应称为宗族" ❶。由此，国民政府推出宗族观，强化了"国族"建构中的国民、民族一体化。

国民政府时期的"中华民族"一元论是当时中国的"主流思想"，它是"反帝民族主义"的必然表现。"一元论"民族观对此时期民族教科书政策的最大影响就是其存在的合法性问题，少数民族主体的合法性被取消，其文化权利的诉求必然被忽略。政府行使公共权力将少数民族

---

❶ 林恩显. 国父民族主义与民国以来的民族政策［M］. 台北：国立编译馆，1994：200.

文化边缘化，国家与主体民族的文化权利被放大，民族地方在教育与教科书中的权力和利益被"合法化"剥夺、侵占。"中华民族"是唯一合法的民族称谓，国家政权已不再肯定少数民族的客观存在，那么其附带的语言使用权利、文化传播权利等都会受到随心所欲的裁剪。这就是为什么在南京国民政府时期仅仅以政府名义编写出版了两套少数民族教科书。

（二）学术理论界关于中华民族一元论的争论和影响

在国民政府和国民党以政治的手段构建"国族"一元论的同时，在知识理论界也发生了一场关于中华民族问题的学术论辩，这场争论是"学术"与"政治"相互勾连的最佳明证，争论双方所代表的立场分别影响了国民政府和新中国时期的民族政策走向，也必然影响了两个时期民族教科书的管理政策。

论辩的一方是以顾颉刚、傅斯年、李济、张廷休为代表的文史阵营。他们主张"我们对内没有什么民族之分，对外只有一个中华民族"❶。这些历史学家站在中国内部民族融合的角度，通过民族史学、考古学、神话学的研究，为民族与文化的同化提供历史与民族志的参照。尽管在这一派的内部也存在差别，但都认为中华民族具有"整体性"与"统一性"，应避免使用"民族"一词和讨论"民族问题"，以免予敌人以分化之口实。他们先后发表了《中华民族是整个的》（傅斯年，1935）、《"中国本部"一名亟应废弃》（顾颉刚，1939）、《中华民族是一个》（顾颉刚，1939）、两篇同名文章《续论"中华民族是一个"——答费孝通先生》（顾颉刚，1939）、《苗夷汉同源论》（张廷休，1939）、白寿彝的来函（后附顾颉刚的按语，1939）、《坚持"中华民族是一个"的信念》（马毅，1939）、鲁格夫尔的来函（后附顾颉刚的按语，1937）等文章。他们还通过中央研究院史语所、大学的民族学等机构来表达"文化同化"的观点。

论辩的另一方是以吴文藻、费孝通为代表的社会科学阵营。他们站在社会人类学的角度质疑"中华民族是一个"的观点，认为虽然各民族要团结，但中国人在文化、语言、体制上是存有差别的，要注重民族

---

❶　顾颉刚. 中华民族是一个［N］. 益世报·边疆周刊，1939 – 02 – 13.

多样化的"现场性"，不必否认中国境内有不同的文化、语言、体制的团体，即提出中华民族是多元的民族思想。这部分学者发表了《关于民族问题的讨论》（费孝通，1939）、《论中华民族与民族主义——读顾颉刚〈续论"中华民族是一个"〉以后》（翦伯赞，1940）、《中华民族发展的规律性》（何轩举，1940）、《中华民族起源问题质疑》（席世鍠，1941）。

双方的观点虽然截然不同，但也有相通之处，前者强调的民族一体观并未否认融合的前提是差异，后者虽注重民族多元化但也同样承认融合与互动的价值。但是，对于深陷抗战困境的中国来说，学术研究必须与国家、民族利益相一致，因此在国民政府时期，多数学者是赞同文史阵营"中华民族是一个"的观点，并且深受社会达尔文主义的影响，认为民族同化是能够接受的。另外，这一派的观点与国民政府、国民党所建构的中华民族的一元"国族"的努力是相互契合的，傅斯年所讲"我们中华民族，说一种话，写一种字，据同一文化，行同一伦理，俨然是一个家族"❶。这种论述与蒋介石"宗族论"如出一辙。所以，吴文藻、费孝通所代表的燕京学派社会学家的多元民族思想湮没在国民政府时期是不足为怪的。

社会学家佛莱德森（Eliot Freidson）在《职业权力》一书中指出："职业群体，包括科学家和学者，通常代表着专业知识的创造者和支持者，他们在社会政策和日常生活体制的建构过程中扮演着重要的角色。他们和他们的知识代表着权力，而职业则是知识转化为权力过程中的人文枢纽。"❷ 历史的发展往往是戏剧性的，在与国民党完全持相反民族观点的共产党执政的新中国，这些主张民族多元的社会学家却得到了政治实践的机会，他们渴盼建立一个以多元民族共存为基础的自由民主的国家，也积极参与其中。因此，如今看来，发生在 20 世纪 30 年代的这场争辩不但造成了民族研究中重要的学术分野，更是影响到国共两党的民族观，进而在某种程度上决定了民族教科书政策的发展方向：避谈"民族""民族问题"的国民政府一方面以"边疆教育"替代"民族教

---

❶ 傅斯年. 傅斯年全集（四）[M]. 长沙：湖南教育出版社，2003：125.

❷ Eliot Freidson. Professional Powers：A Study of the Institutionalization of Formal Knowledge [M]. Chicago：the University of Chicago Press，1986：p. ix.

育"，不再制定专门针对少数民族的教科书政策；另一方面又站在"文化"的角度认识、改造边疆，在重视边疆教育的同时客观上发展了民族教育，提升和扩大了民族教科书发展的平台与空间。

三、教育背景的转化：从"民族教育"到"边疆教育"

1929 年 4 月 26 日国民政府公布实施了国民党三大通过的中华民国教育宗旨："中华民国之教育，根据三民主义，以充实人民生活，扶植社会生存，发展国民生计，延续民族生命为目的，务期民族独立，民权普遍，民生发展，以促进世界大同。"❶ 以此为宗旨，在追求政治统一、边疆稳定、民族关系和谐的目的下，南京国民政府设置专门机构，颁布教育法令、办法以及计划推进边疆民族教育的发展。

从南京国民政府成立到抗日战争全面爆发前，中央政府是以"蒙藏教育"为中心发展民族教育；全面抗战开始后，随着边疆危机的日益加深和国民政府对边疆认识的不断深化，民族教育开始扩展至边疆教育的范围。由民族教育到边疆教育，绝不仅仅是名称的改变，这样的变化是与国民政府致力于实现全国统一的政治追求和一元"国族"的民族观构建相伴而行的，是根据国民政府的边疆政策而逐步演进和实践的。

（一）南京国民政府民族教育政策及其管理机构

1. 三民主义原则下的民族教育政策——以蒙藏教育为中心

关于发展国内教育，南京国民政府与北京政府的最大区别就是将教育正式纳入法制的轨道，先后颁布各种具有法律效力的教育方针、政策。1928 年 3 月 15 日，国民党中央宣传部在国民党三大提出《确定教育宗旨及其实施方针案》，指出："教育为立国之大本。国民精神生活与实际生活，能否臻于健全与畅途，全视教育方针能否适应民族与时代之需要。"❷ 这个提案折射出国民政府对发展教育相当重视，而"蒙藏教育"关乎民族沟通与交流，利于边疆稳定与统一，自然是政府"尤

---

❶ 宋恩荣，章咸选. 中华民国教育法规选编（修订版）［M］. 南京：江苏教育出版社，2005：35.

❷ 荣孟源，孙彩霞. 中国国民党历次代表大会及中央全会资料（上）［M］. 北京：光明日报出版社，1985：681.

为注意之中心"。而且，1931 年 9 月 3 日《三民主义教育实施原则》获得通过，第六章专列"蒙藏教育"，以法令形式纳入三民主义的国民教育框架中。

成立初期的国民政府沿用了清代以来以蒙、藏、回为主体实施的民族教育，明确指出"必力矫满清、军阀两时代愚弄蒙古、西藏及漠视新疆人民利益之恶政，诚心扶植各民族经济、政治、教育之发达"❶。从此开始，一系列的针对蒙藏（回）的民族教育政策相继出台。

1927 年 6 月 17 日国民党三届二次中央全会上通过《关于蒙藏之决议案》，其中涉及蒙藏教育的条款，提出设置蒙藏学校，培养蒙藏训政人员及建设人才，认为发展教育是振兴蒙藏经济与文化的办法，敦促各级政府机关办学校、编书籍，普及国民教育，并提出设立专门民族教育管理机构和经费问题。❷ 之后，1929 年 7 月 23 日教育部公布了为促进蒙藏教育发展，包含 12 条优惠政策的《待遇蒙藏学生章程》。至此，国民政府的民族教育政策基本就是围绕这两个文件展开的。

为了进一步实施上述教育方针，国民党制定了全面、详细的行动方案，1930 年 4 月，第二次全国教育会议通过决议案《实施蒙藏教育计划》，1931 年 3 月，教育部正式颁布《蒙藏教育实施计划》，共 45 条，涉及实施蒙藏教育的行政管理、普通教育、高等教育、社会教育、教科书编印、经费预算等操作性较强的内容。这个"计划"是教育部会同蒙藏委员会共同编订，作为南京国民政府发展民族边疆教育事业的总规划，它成为之后中央政府制定此类政策、法规的总原则。

另外还有一份成型于 1930 年的《教育部民族教育实施方案要目》❸，其中内容与教育部 1931 年颁布的《蒙藏教育实施计划》内容相仿。这份文件的价值在于，由于内容相近、文件名称不同，我们可以看出国民政府至少在 1935 年前，认为全国的民族教育就是蒙藏教育，再一次印证了国民政府时期的民族观，即以"五族"为基础构建的单一

---

❶　荣孟源，孙彩霞. 中国国民党历次代表大会及中央全会资料（上）［M］. 北京：光明日报出版社，1985：647.

❷　中国第二历史档案馆. 中华民国史档案资料汇编（第五辑第一编教育（一））［M］. 南京：江苏人民出版社，1981：815.

❸　中国第二历史档案馆. 中华民国史档案资料汇编（第五辑第一编教育（二））［M］. 南京：江苏人民出版社，1981：834 - 836.

民族导向。

以上的文件表明了国民政府兴办"蒙藏教育"的态度及实施规划，而对"蒙藏教育"目的进行详细阐述的是 1931 年 9 月 3 日国民党中常委会第十七次会议通过的《三民主义教育实施原则》。该原则的第六章"蒙藏教育"是南京国民政府关于民族教育方针、目的的最全面阐释。该文件从"蒙藏教育"的"目标"到"实施"，从宏观"课程"的订立到教科书的编纂、教学设备的使用都进行了详细的规定。

这些政策的出台，对于抗战前的民族教育（蒙古、藏、回）发展起到了促进作用，但无论从政策层面，还是从实践层面，这个时期的国民政府由于其民族观念的影响，都将民族教育的政策对象指向蒙古、藏、回三个民族。如《中央政治学校附设蒙藏班组织规则》（1930 年 12 月 4 日）、《中央政治学校附设西康学生训练班组织规则》（1930 年 10 月 9 日）、《教育部要求蒙藏各旗宗选派学生攻读师范令》（1932 年）、《国立中央大学收录蒙藏学生暂定办法》（1931 年）等，都是主要以蒙古、藏、回三个民族学生为主要招生对象的。这也说明，至少在政策层面，"边疆教育"还不是这个时期的常用词汇。

2. 抗战建国背景下的民族教育政策——以边疆教育为中心

"九一八事变"后，"我国边疆，除海岸线外，由东三省经蒙古，新疆，西藏，滇，桂，无一处不与强邻相毗"[1]，加之 1937 年 11 月南京国民政府迁都至重庆，西南边疆问题、"西北开发"大潮都使国内民族问题不仅仅局限于蒙古、藏、回，国民政府开始以"边疆教育"取代"蒙藏教育"。

在 1934 年《中央政治学校设置边疆分校初步计划纲要》的文件中，民族教育开始由"蒙藏"扩展至"边疆"。该文件的第一条"主旨"提出，"为推广边疆教育，培养健全国民，以增进边疆福利，并为边疆青年研究高深学术及从事各种职业之预备"[2]，这是国民政府第一次在教育政策文件中使用"边疆教育"的概念。

---

[1] 蒙藏委员会委员长石青阳在中央纪念周报告词（1933 年 7 月）[M] //张羽新，张双志. 民国藏事史料汇编. 北京：学苑出版社，2010：196.

[2] 中国第二历史档案馆. 中华民国史档案资料汇编（第五辑第一编教育（二））[M]. 南京：江苏人民出版社，1981：819–820.

1935 年，国民政府开始制定年度推广边疆教育实施法案，公布了《推进蒙藏回苗教育计划》，其中已将民族从蒙古、藏、回等扩大到蒙古、回、藏、苗，其计划设立的边疆小学已将云南苗族小学包括在内。❶ 在 1936 年、1937 年的教育部年度推行边疆教育计划中，依然是按照边疆教育的概念推进民族教育的发展。

1935 年，国民政府教育部、蒙藏委员会联合制定了《推广边疆教育实施办法》，呈行政院批准。❷ 1935 年左右❸，教育部颁布《边疆教育实施原则》，政策实施对象的扩展是与国民政府抗战期间的"一体民族观"导向相吻合的。

> 边疆教育须以边民全体为施教对象……故年来中央对此诸族教育设施亦特别积极推进，因而有"蒙藏教育"、"回民教育"、"苗人教育"等名词。这儿所谓"边疆教育"也系以此诸族同胞为主要对象，在其知能思想行为上谋为合理的改进，所以与蒙藏回苗等教育本质上并无不同。不过不将特定同胞的称号标明，一方面可免少数人对于整个国家民族养成"自外人群"的怪僻思想，一方面把范围扩大，特定同胞界限以外的边疆人民，亦在教育领域之内。❹

1939 年 4 月，南京国民政府第三次全国教育会议通过《推进边疆教育方案》，此方案是国民政府战时边疆教育的总方针。该方案确定了边疆教育方针，规定了各级教育中心目标。❺ 另外，边疆教育的经费问题、教育师资培养、教科书编译、边疆社会教育问题也在此方案的讨论范围。

《推进边疆教育方案》是战时及之后国民政府指导民族教育发展的

---

❶　民国二十四年度推广边疆教育实施法案（1935 年 1 月 31 日）［M］//张羽新，张双志. 民国藏事史料汇编（第二册）. 北京：学苑出版社，2010：47 - 48.

❷　中国第二历史档案馆. 中华民国史档案资料汇编（第五辑第一编教育（二））［M］. 南京：江苏人民出版社，1981：868 - 870.

❸　关于此文件的形成时间存有争议，本书采信孙懿在其专著《民国时期蒙古教育政策研究》中的时间分析。

❹　中国第二历史档案馆. 中华民国史档案资料汇编（第五辑第一编教育（二））［M］. 南京：江苏人民出版社，1981：830 - 833.

❺　第三次全国教育会议关于推进边疆教育方案的决议案（1939 年 4 月）［M］//张羽新，张双志. 民国藏事史料汇编（第二册）. 北京：学苑出版社，2010：84.

集大成者，它总结国民政府以往发布的关于蒙藏教育、边疆教育政策的主要内容，并进行了更具操作性的阐释和进一步拓展。在这个方案中，国民政府彻底将民族教育纳入地域"边疆范畴"，将其逐步并入普通教育。这套看起来"特殊"的民族教育政策，不仅消除了"民族教育"（以蒙藏教育为中心）作为国民教育组成部分的资格，更是表明，随着中日战争的胶着持续，国民政府正有意将民族问题转向边疆问题，寄希望于"边地教育应打破种族界限之观念""养成国族统一之情绪，团结一致之精神"❶，促进边疆、内地一体化进程。

之后，由于蒙古身陷日本文化侵略的最前沿，随着抗日战争的日益白热化，南京国民政府在 1939 年 5 月颁布《蒙旗教育暂行实施办法》，并全面收拢边疆学校的管理权于国民政府教育部。1940 年教育部制定了《边远区域劝学暂行办法》、1941 年行政院颁布《边地青年教育及人事行政纲要》，这些政策的颁布组成了国民政府时期民族教育的基本架构，具有以下三个特征。

第一，政策的内容逐渐完善、细化。这些政策确定了管理民族教育的行政机构，并根据时政变化不断健全，逐步制定了发展边疆民族教育的计划与实施步骤，将三民主义在边疆民族地区广泛进行宣传与动员，通过政策明确保障了边疆民族教育发展的经费，创设边疆师范学校，推进民族师范教育发展。尝试根据学生的民族身份和生源地执行入学就读优惠政策，由教育部补助经费，以官方名义参与、鼓励个人和组织积极开展边疆民族地区调查，如"西南边疆教育考察团"（1939 年 7 月）、"大学生暑假边疆服务团"（1941 年 7 月）、"新疆青海考察团"（1946 年 11 月）等。

第二，政策的对象、范围逐步扩展。国民政府时期的民族教育政策对象起初只是针对"五族"当中的蒙古、藏、回（新疆），并不涉及西南边疆地带的苗夷地区，这是与国民政府初期的民族政策与民族观亦步亦趋的。后期随着中日战争爆发，边疆危机日深一日，为团结最广泛的抗日力量，泯除民族异见，国民政府加快了构建统一国族的步伐，于是只谈边疆，不谈民族，民族教育在名义上与"民族"这个词汇一样消

---

❶ 抗战以来之教育［A］. 中国第二历史档案馆馆藏档案，卷宗号：五，12414.

失在中央政府制定的政策之中，取而代之的是更具地理色彩的新词汇"边疆"。但在客观上，民族教育并未消失，反而随着国民政府推进边疆教育扩大了政策的对象范围，实质上令以往不受重视的云南、两广等地的少数民族教育借由边疆教育得到中央政府的特别关注，进而得到前所未有的发展。

第三，政策的目标日益清晰。从《三民主义教育实施原则》中的"蒙藏教育"开始，到《推进边疆教育方案》中的"边疆教育"方针为止，虽然名称发生了变化，但国民政府时期的民族教育政策目标是一以贯之的，首先的目标是在国民教育系统中发展民族教育，肯定民族教育对开启边疆民智、巩固国防的积极作用；其次的目标是明确民族教育发展的特殊性，从理论到实践层面都加强民族教育体系"专门化"的构建；最后的目标也是最重要的，国民政府期望通过民族教育消除民族差异，融合各民族于一炉，令各民族能够达成共建民族国家的一致政治认同与文化认同。

3. 国民政府时期民族教育的管理机构

民族教育政策的实施必须依托教育管理部门，出于行政管理的历史惯性，国民政府在参考北洋政府的民族教育管理组织机构的基础上，结合当时的具体情形，组织形成了现代民族教育历史上第一套在结构形式上比较完整、分工明晰的政策执行机构。这套民族教育多重管理机构主要包括以下两个部分。

第一，专职教育管理部门——教育部蒙藏教育司。北洋政府时期教育部内并未设立专职管理民族教育的机构，由普通教育司统管蒙藏教育。1930年2月，南京国民政府正式成立蒙藏教育司，这是中央政府首次设置主管民族教育的行政机构。早在1929年10月1日，南京国民政府颁布的《修正教育部组织法》中规定了蒙藏教育司的主要职能范围：

（1）关于蒙藏地方教育之调查事项；

（2）关于蒙藏地方各种教育事业之兴办事项；

（3）关于蒙藏教育师资之培养事项；

（4）关于蒙藏子弟入学之奖励事项；

（5）关于蒙藏教育经费之计划事项；

（6）关于其他蒙藏教育事项。❶

蒙藏教育司作为教育部直辖的中央一级教育行政管理机构，其内部的组织结构也几经变更：1930 年成立之初，蒙藏教育司下设两科：第一科主要负责蒙古地方教育，第二科主要负责西藏地方教育；1934 年调整加强了组织，划拨专款，逐步开展工作；1941 年设立专任司长，调整科室与职能，第一科负责"蒙藏"及其他边疆各种教育事业、地方教育行政及经费和师资事项，第二科负责"蒙藏"及其他边疆教育法案、图书、教材等的编译、研究和出版事项。❷ 1947 年教育部"蒙藏教育司"更名为"边疆教育司"，民族教育的管理范围从蒙藏扩大至边疆地区。在地方上，各边省的教育厅增设专管边疆教育机构。到 1945 年为止，甘肃省教育厅设边疆教育科；四川、云南、贵州等省教育厅内设立了专门负责的股；青海、察哈尔、绥远、宁夏、西康（中国旧省名，设于 1939 年，简称康）等省未设机构，仅设专人主管其事；广西、新疆等省及各边省县局之组织，未见报告，应未成立；而绥境蒙政处设有教育处，专管境内蒙旗教育事宜。❸ 由此，国民政府的民族教育政策的实施体系渐趋完整。

为了更好地对边疆教育进行咨询、审议，并能够协调民族教育多头管理问题，1939 年 2 月于重庆召开了第一届边疆教育委员会会议，同年 5 月教育部颁行《边疆教育委员会章程》，正式创设了边疆教育委员会。边疆教育委员会从 1939—1946 年，共组建 6 届，召开 7 次会议，审议了有关部门代表及专家代表提交的议案 200 多件。❹ 这个咨询审议机构集中央各部委代表（教育部、"蒙藏委员会"、中央组织部、军事委员会、中央政治学校等）、知名专家学者代表和部分热心民族教育事业的少数民族代表为一堂，共同为抗战时期边疆民族教育的发展出谋献策，推动了民族教育的实质性发展。

第二，其他非教育行政管理部门。与北洋政府对民族教育的管理权

---

❶ 刘英杰. 中国教育大事典（1840—1949）（第七卷）[M]. 杭州：浙江教育出版社，2001：851 – 852.

❷ 曹树勋. 边疆教育新论 [M]. 上海：正中书局，1945：19.

❸ 曹树勋. 边疆教育新论 [M]. 上海：正中书局，1945：21.

❹ 张建中. 国民政府时期边疆教育委员会述论 [J]. 南都学坛，2013（3）：34 – 38.

制相似，在抗战爆发前，在中央一级对民族教育具有管理权力的还包括："蒙藏委员会"［第二科（1929 年）、"蒙藏委员会"下属"蒙藏教育委员会"（1932 年）］、国民党党务部门（中央组织部边疆党务处）和中央政治学校、国民政府军事委员会（边政研究委员会）、西北教育设计委员会（"管理中央庚款董事会"设立）。

　　中日战争爆发后，战局逐步展开与恶化打断了国民政府国内建设的步伐，由于边疆民族问题的紧迫性，并出于边疆教育功能的现实利益，政府开始集中力量在地理边疆地带推行民族教育，于是战时的集权就成为必须。在地方上，1939 年国民政府实行"管教养卫合一""政教合一"和"三位一体"的"新县制"，规定县长为负责教育行政的最高长官，教育科取代原来的县教育局。在中央，从 1941 年年底国民政府行政院颁布《边地青年教育实施纲领》后，教育部"蒙藏教育司"开始统管边疆教育。中央政治学校及中央组织部在边疆地区所办的各种学校均先后划归教育部，边疆教育行政机构开始统一。1947 年"蒙藏教育司"改名"边疆教育司"，以研究边疆教育的办理原则、筹拟方案、调整边教经费等为主要工作任务。❶

（二）南京国民政府民族教育发展概况

　　相比北京政府时期，南京国民政府在相对稳定的社会环境下对包括蒙、藏、回、苗夷文化区内的民族教育进行了较为全面的规划与实践，各地区的民族教育都在这个时期有了近代以来最长足的进步。初期政府对民族教育的认识偏重"蒙藏"，后期又逐步将民族教育管理纳入边疆省区管理的范畴，关于这个时期民族教育的具体发展情况如下。

　　1. 藏文化区

　　北京政府时期的西藏教育基本脱离中央政府管辖，西北其他地区的藏族教育发展也十分落后。而在国民政府时期，这种情况有了较大变化，藏族的主要分布地区西藏、西康、甘肃、青海等地教育的发展主要受"义务教育"实施和"国民教育制度"推行的影响，并在教育部直属学校的带动下进步明显。

　　1928 年 2 月，国民党第二届中央执行委员会第四次会议通令全国

---

❶　教育部蒙藏教育司. 边疆教育法令汇编（第一辑）［M］. 1944：8.

推行义务教育，同年各省市成立义务教育委员会，规定"已达学龄之儿童，应一律受义务教育"。1930 年 4 月，国民政府召开第二次全国教育会议，制定《实施义务教育方案》。1932 年、1935 年分别颁布《短期义务教育实施办法》和《实施义务教育暂行办法大纲》，推行第一、二期义务教育。在这些政令的推动下，截至 1939 年，西康短期小学达到110 所，青海全省短期小学达到 100 所以上。1940 年 3 月，教育部制定《国民教育实施纲要》，推行国民教育制度，开设国民学校，招收 6～12 岁儿童接受义务教育。甘肃卓尼、夏河等藏族聚居地筹办省立中心学校。❶

除了以上这些和国内其他地区同步的教育规划之外，1939 年教育部开始直接在边疆地区创办直属"国立小学"。这些学校主要分为三类：实验中心学校、普通小学和师范附属小学。教育部在藏族地区设立的实验中心学校有青海三角城实验中心学校、西康越西实验中心学校。截至 1940 年，在藏族地区创办或改办的普通小学有西藏拉萨小学、西康德格小学、西康木里小学和果洛小学。国立师范附属小学有：国立西宁师范的 4 所小学，国立康定师范、国立巴安师范、国立西北师范、国立肃州师范、国立丽江师范等各有附属小学 1 所。❷

在地方上，西藏地区的教育一直十分落后，除了少量的私塾和私立学校外，只有寺院教育和地方政府官办学校。1937 年国民政府在拉萨设立国立拉萨小学，西藏驻南京办事处设有西藏补习学校一所。隶属教育部蒙藏教育司的拉萨小学是西藏第一所现代化学校，按照教育部统一规定课程教授，学生主要为回、汉、藏族。另外在蒙藏委员会驻藏办事处设有拉萨古扎、扎什伦 2 所小学和拉萨仲科子弟学校（俗官学校）。昌都和达江也有 2 所学校是蒙藏委员会设立，并且得到教育部补助。总之，国民政府时期对蒙藏教育制定了较为全面的规划，教育部和蒙藏委员会等机构都参与其中，重视、推动了藏族的现代教育发展。

国民政府时期的藏族中等教育异常欠缺，除了中央直属建在北京和南京的蒙藏学校外，几乎没有中学性质的专门藏族民族中学。1928 年，

---

❶ 朱解琳. 藏族近现代教育史略 [M]. 西宁：青海人民出版社，1990：159.
❷ 朱解琳. 藏族近现代教育史略 [M]. 西宁：青海人民出版社，1990：161.

甘肃省筹建临潭县立初级中学，青海省在乐都县成立省立乐都中学，西宁成立了青海蒙藏初级中学等；西康省立康定中学于 1939 年成立，还有 1938 年中英庚款董事会在青海西宁和甘肃酒泉设立乐湟川中学和河西中学，1943 年后改办为教育部蒙藏教育司主管的民族中学。中学的课程与内地并无差别，有些加授藏语文课程。❶

2. 蒙文化区

受 1931 年"九一八事变"的影响，蒙古族的教育呈现分化的状态，在东北的伪满洲国地区和内蒙古西部地区蒙古族教育已经不受国民政府中央部门的管控，因此这里所论述的"蒙文化区"的蒙古族教育发展主要指在国民政府管辖范围内的内蒙古东部地区，和西北边疆地区的蒙古族教育。

1936 年刘曼卿在实地考察了蒙旗教育后，在其著作《边疆教育》中描述了当时的蒙古族教育情景："蒙旗教育兴学未久，学校设施实属简陋，不但行政事宜，令人无从讲起，即号的教师亦百不得一。于学校外观看来，颇似新式学校，如考其内容乃无异于私塾。惟有高级小学采用现代学科，按照教部的规定办理，至于初级小学，其所教的课程，还是五经四书，无有学级的区别，无有毕业的年限，仅校门外挂一官立小学牌子以示有别于私塾而已。"❷ 刘曼卿的描述应该基本符合当时蒙古族教育的实际情况，根据统计，1935 年时卓索图盟有高级小学 4 所，初级小学 54 所，女子学校 1 所；昭乌达盟有高级小学 4 所，初级小学47 所；察哈尔各部有高级小学 2 所，初级小学 10 所；哲里木盟有高级小学 4 所，初级小学 7 所；呼伦贝尔各旗公立高级小学 1 所，初级小学6 所；锡林郭勒盟各旗公立只有初级小学 12 所；伊克昭盟有高级小学 1所，初级小学 2 所。❸ 抗战前的蒙古族教育经由国民政府教育部的积极推进，加之 30 年代开始的"开发西北"政策的推动，虽比较内地汉族地区的学校教育仍有差距，但相比北京政府时期无论从学校数量、规模上都有积极变化。

抗战爆发，蒙旗各部，除伊克昭盟外，相继沦陷，教育部令绥远省

❶ 朱解琳. 藏族近现代教育史略［M］. 西宁：青海人民出版社，1990：203.

❷ 刘曼卿. 边疆教育［M］. 上海：商务印书馆，1937：120.

❸ 孙懿. 民国时期蒙古教育政策研究［M］. 哈尔滨：黑龙江教育出版社，2013：125.

教育厅颁布《蒙旗教育暂行实施办法》以备"战时应作平时看"。

抗战胜利后，由于外蒙已经独立，热河、察哈尔、绥远、宁夏等地边防地位陡升，边教的国防机制日益突出，教育部于 1946 年 3 月制定《蒙旗教育复原计划》，并为了更好地实施蒙旗教育复原，1947 年 2 月教育部公布《蒙旗教育复原委员会组织规程》，1947 年 5 月制定《教育部辅助蒙旗教育复原》计划，划拨复原经费。但由于客观社会环境的影响，蒙旗地方的教育恢复并不顺利。到 1947 年全省蒙旗共有各级学校60 所，在校学生 2000 人。❶ 再之后，由于教育部面临全国教育复原的任务，边疆教育附带民族教育的复原工作都遭受冲击，无法如战时一样受到高度重视，因此在经费有限和时局不稳的情况下，收效甚微。

3. 回文化区

回文化区的民族教育主要包括新疆维吾尔族教育及甘、青、宁地区的回族教育。国民政府时期，这两部分的民族教育由于受到中央政府20 世纪三四十年代"开发西北"和"边疆教育"政策的支持，比北京政府时期有了明显的进步。

1）新疆省内民族教育发展概况

1928 年之后的新疆，虽然名义上仍归属国民政府管理，但是取代杨增新统治新疆的金树仁、盛世才，凭借新疆远在塞外边疆的地理之利，拥兵割据，与中央关系若即若离。南京国民政府真正对新疆进行直接统治是在 1944 年 9 月至 1949 年 9 月的五年之中。金树仁统治时期对新疆民族教育的发展基本无推动和重大影响，1933 年，盛世才主政新疆，历经亲苏时期、抗日民族统一战线时期和反共投靠国民党时期三个阶段，在 12 年时间中对新疆民族教育的发展起到了积极的促进作用。

1934 年盛世才在全疆各族各界第一次代表大会上提出的"八项宣言"中提出第 6 条"扩充教育"的施政方略；1936 年提出"六大政策"，其中的"民平"政策（各民族一律平等）为发展新疆的民族教育提供了政策支持。1934 年陆续成立的各民族文化促进会对民族教育的发展起到了巨大的推动作用。民族文化促进会的宗旨就是在"六大政

❶ 内蒙古教育志编委会. 内蒙古教育史志资料（第二辑）[M]. 呼和浩特：内蒙古大学出版社，1995：226.

策"的指导下，发展本民族的文化教育事业，提高本民族的文化水平。1936 年春公布的《维吾尔文化促进会章程》中规定发展教育事业。新疆各民族文化促进会不但提出了发展本民族教育的具体措施，并且在资金上给予极大的支持，为本民族创办了大量的小学和民众学校，并培训师资。维吾尔族教育的发展同时得到本族上层人士的关注与支持，其中1936 年省政府第 167 次委员会上通过了新疆省副主席和加尼牙孜提出的"建议书"，该建议书对发展维吾尔族教育提出了初步方案。

新疆省政府也积极制定发展民族教育的措施，健全省教育厅和区县的教育机构，以便对民族教育进行规范管理；1935 年 2 月成立小学教科书编译委员会，1936 年年初成立省编译委员会，由省政府提供专款供教科书的编写出版；在教育经费上逐渐递增，1937 年达到政府年财政支出的 7.2%，1938 年、1939 年均维持或增长此高比例，并通过其他途径扩充教育经费的来源；加强师范教育，提高教师待遇。这些措施都使这个时期的新疆民族教育发展迅速，据新疆教育厅统计，截至 1937年，共有 1 515 所公立、会立小学，在校生人数达 112 986 人；中等学校共 11 所，学生共 2 916 人，据统计维吾尔族学生大概 1 100 人。❶

抗战中，在抗日民族统一战线的旗帜下，中共开始在新疆联合盛世才政府发展民族教育，在"六大政策"的基础上完善教育政策，规划民族教育的发展前景，实施省政府和教育厅制定的教育计划。并且，共产党员参与了教育厅众多教育规章制度的制定。

1944 年 9 月至 1949 年 9 月，国民政府直接统治了新疆五年时间。1946 年 7 月 18 日，新疆省政府（张治中任省主席）通过了《施政纲领》，推行各民族政治、经济、法律、教育一律平等政策，其中"教育部分"共 12 条。1946 年 11 月，联合政府成立专门小组，起草《教科书编审办法》及《各族教科书共同标准》。1947 年 1 月，新疆省政府通过《新疆省中小学课程标准审查报告》，教育厅根据此标准颁布了维吾尔、哈萨克族小学、中学、师范学校教学计划，直至 1949 年 9 月新疆和平解放，省内教育没有多大的变动。

---

❶　中国少数民族教育史编委会. 中国少数民族教育史（第一卷）［M］. 广州：广东教育出版社，1998：257.

2）西北回族教育发展概况

回族教育在 1919 年后逐渐以新式回民教育为主体，它相对于伊斯兰宗教的经堂教育，以科学文化知识为主要教育内容，但并不完全抛弃宗教知识，教育形式在向以国民教育为主、兼备宗教教育的多元化方向发展。这些由回民个人或集体自办的新式回民学校主张经汉贯通，课程内容侧重于现代科学知识，宗教课与文化课并行设置。抗战爆发之后，全国新式回民教育中心逐渐转移到西北回民聚居区。

甘肃的回族教育发展最为突出。无论官方还是回民教育促进会等民族团体都积极兴办学校，一时间公立、私立、宗教团体办学如雨后春笋般涌现，回族教育逐步走向成熟。"抗战后期，据统计临夏、宁定（今广河）、永清、康乐、和政诸县的回族聚居区共有公立学校 108 所，其中高级小学 30 多所。"[1]

与蒙古族教育较多得到官方支持不同，回族新式教育的发展特别得益于民间机构和个人的支持。回族的上层人士如马步青、马步芳、马鸿逵等军政要员，马明仁等宗教人士，马全钦、张大禹等乡绅开明人士都曾出资捐助设立各式学校。例如驻防武威地区的马步青在 1931 年以后，先后在河西的民勤、永昌、古浪、山丹、永登等地创办私立青云小学 40 余所。[2]一些宗教团体也积极兴学，创办了甘肃临潭西道堂的启西女校、临夏穆扶提教堂的廷扬学校、临夏孝易会的拱北小学、张家川哲赫忍耶教派的阿阳小学等。[3]另外回民教育促进会也创办了许多学校。

1935 年后，教育部开始划拨边疆教育专款，甘青宁的教育行政部门利用专款在回族聚居区开办学校。1942 年甘肃省政府制定了 10 年边疆民族教育实施计划，拨专款设立省立中心学校 12 所，这些学校基本都位于回藏聚居区。1941 年甘肃省政府创办甘肃少数民族地区第一所中学——临夏中学。在宁夏，截至 1939 年，短期小学达到 128 所，1929 年宁夏省政府创办省立第一中学；在青海省，到 1947 年，"青海

---

❶　山东民族事务委员会. 中国回族教育史论集 [M]. 济南：山东大学出版社，1991：207.

❷　张学强. 西北回族教育史 [M]. 兰州：甘肃教育出版社，2002：204.

❸　中国少数民族教育史编委会. 中国少数民族教育史（第一卷）[M]. 广州：广东教育出版社，1998：82.

省回教促进会"创办的高小达 220 多所，初小 350 所。❶

4. 苗夷文化区

苗夷文化区的民族教育在国民政府推动"边疆教育"的过程中受到前所未有的重视，分布在西南边疆的苗、瑶、彝、壮、布依、土家、傈僳等少数民族的教育都不同程度取得了明显的进步。但由于国民政府推行一元民族政策，这些少数民族无法取得民族身份，所以民族教育的发展都是在聚居省区内普通教育下以"边疆教育"的名义开展的。

首先是中央政府在西南边疆设置了各级学校，主要以师资培训和初等教育为主，并辅以鼓励边疆青年到内地学习的措施。南京国民政府通过在边疆地区设立实验中心学校、普通小学、边疆师范学校附属小学来"倡导示范"初等教育，到 1940 年，先后创立了实验中心学校 5 所，分布在青海、宁夏、贵州、西康、云南 5 省区。据 1945 年统计，西南师范学校有附属小学 2 所，大理师范学校及丽江师范学校各有附属小学 1 所。❷在地方上，各边疆政府也兴办初等教育，到 1945 年，云南省省立小学 31 所；广西省设有中心学校 42 所，国民学校 617 所，各校共计学生 27 000 人。❸另外中央政府还在边疆设立包括边疆师范学校、职业学校及普通中学等中等教育机构。到 1945 年，分布在西南、西北的师范学校共 10 所，云南省 3 所，西康省 2 所，贵州省 1 所，西北（新疆和宁夏）4 所。❹

其次，具体到各少数民族教育的发展就与地方教育关系密切。据 1925 年教育情况资料，云南省教育厅对"苗民"作了定义，即为"尚未通用或未完全通用国语国文之人民"。❺1935 云南省政府教育厅公布施行《云南省政府教育厅实行苗民教育计划》《边地简易师范及小学设学概要》《云南省设置省立小学纲要》，规定对藏、傣、彝、苗、佤、傈僳、怒、独龙、拉祜族的儿童施行"苗民教育"。❻在开办的 33 所省

---

❶　刘景华. 青海回族教育述略 [J]. 青海社会科学, 1998 (1)：80–85.

❷　曹树勋. 边疆教育新论 [M]. 上海：正中书局, 1945：44–46.

❸　曹树勋. 边疆教育新论 [M]. 上海：正中书局, 1945：46–48.

❹　教育部边疆教育司. 边疆教育概况（续编）[M]. 23.

❺　中国少数民族教育史编委会. 少数民族教育史（第二卷）[M]. 昆明：云南教育出版社, 1998：984.

❻　中国少数民族教育史编委会. 少数民族教育史（第二卷）[M]. 昆明：云南教育出版社, 1998：586.

立小学中规定少数民族儿童人数不少于 1/2。❶

在两广地区，广西省教育厅成立针对苗、瑶族的"苗瑶教育委员会"，对苗瑶施行"开化"教育。截至 1934 年，设立了几十个"化瑶小学"。1934 年 1 月成立广西特种教育委员会，1935 年，全省推行国民基础教育，在少数民族地区实施"特种部族教育"，小学校一律更名为"国民基础学校"。❷ 1941 年，全省中学发展到 129 所。❸

各地区的少数民族教育都能有条不紊地进行。如云南省立路南圭山小学就是专门招收彝族学生的学校之一，贵州彝族地区的安顺设立的第一、三中华小学和中正民众学校。1937 年在贵州苗夷地区建立了 12 所初级小学，都专门招收苗夷子弟。根据 1935 年统计，傣族聚居区西双版纳地区就有初级小学 19 所，中学 13 所，简易师范 7 所。❹ 截至 1945 年，在纳西族聚居县丽江县有小学 118 所，其中完全小学 21 所，小学入学率达到 73%。❺

第二节　民族教科书政策的产生过程及内容

现代少数民族教科书政策经历了清末民初的萌芽，在国民政府时期逐渐成型，政策内容逐渐丰富，结构逐渐完整。南京国民政府十分重视民族学校使用教科书的情况，在全国统一教科书政策标准的要求下，加强对民族教科书的编纂、审核、出版、发行的监管。无论是教科书的精神宗旨、内容文字、作者与机构，或是编审程序、装帧出版、经费支持都予以明确规定。这个时期的民族教科书政策真正具备了现代教科书政策的基本要素与特征。

---

❶ 中国少数民族教育史编委会. 少数民族教育史（第二卷）[M]. 昆明：云南教育出版社，1998：984.

❷ 中国少数民族教育史编委会. 少数民族教育史（第三卷）[M]. 南宁：广西教育出版社，1998：507.

❸ 中国少数民族教育史编委会. 少数民族教育史（第三卷）[M]. 南宁：广西教育出版社，1998：145.

❹ 中国少数民族教育史编委会. 少数民族教育史（第二卷）[M]. 昆明：云南教育出版社，1998：986.

❺ 中国少数民族教育史编委会. 少数民族教育史（第二卷）[M]. 昆明：云南教育出版社，1998：1120.

一、南京国民政府民族教科书的产生过程

（一）民族教科书政策以普通教科书政策为基础

由于国民政府秉承"一元"国族理论，并在重新统一之后亟欲明确中央的政治权威，两相结合之后在教育上的表现就是更加体现统制性，对边疆民族教育管理的强化程度日益增大，民族教科书政策更加朝向统一和普通化的方向发展，受到普通教科书政策的规约也更加明显，所有民族教科书的编写、审定、出版、发行都必须符合普通教科书政策，甚至在边疆教育时段也是如此。因此有必要对国民政府时期的教科书政策进行简单回顾与分析。

由于教科书政策以编审政策为主体内容，因此国民政府时期的中小学教科书政策按编审的特征主要分为以下两类。❶

1. 抗战之前教科书的审定政策

按照时间顺序，从国民政府1925年7月1日成立至抗日战争前共有三个中央教育行政机构：教育行政委员会、大学院、教育部。这些不同时期的机构都曾制定颁布过教科书相关政策。

教育行政委员会成立于1926年3月，并在同月召开的第三次会议中通过了"教科书编审委员会章程十一条"（1926年3月），发布了《教科书审查规程》（1926年10月1日），1927年7月对"教科书审查委员会章程十一条"进行了修改。在这期间设立了"教科书审查委员会"（1926年3月），后改为"三民主义教科书编审委员会"（1927年6月），又于1927年8月重组了"教科书审查委员会"（1927年8月）。

1927年大学院继教育行政委员会成立，其教育行政处设立书报编审组，组下审查股专门负责教科图书审查。1927年11月颁布《教科图书审查条例》，并发布《教科图书审查条例布告》废止之前颁布的教科书审查规程，并于同年12月16日公布《教科图书审查条例》。1928年3月又公布了《大学院教科图书审查委员会组织条例》和《暂行教科图

---

❶ 这部分内容主要参考王昌善. 我国近代中小学教科书编审制度研究［D］. 湖南师范大学博士学位论文，2011.

书审查办法》。同年 6 月出台《变通审查教科图书办法十条》。

1928 年设立教育部取代大学院，教育部的编审处第二组专管教科书的审查事项，随后颁布《教科图书审查规程》（1929 年 1 月）、《审查教科图书共同标准》（1929 年 1 月）、《教科用标本仪器审查规程》（1929 年 8 月）。另外，国民党第三届中央第九十六次常务会议通过《中央训练部审查党议教科书暂行办法》，其对中小学党义教科书作了更加严苛的审定规则规定。1932 年裁撤教育部编审处后成立的国立编译馆成为新的教科书审查机构，并在部颁《国立编译馆办事细则》（1933 年 10 月）中再次明确教科书审查工作程序和标准。其后，教育部颁布《修正教科图书审查规程》（1935 年 11 月），此规程一直沿用至1949 年。

在这个时期，三个中央教育行政部门制定的中小学教科书政策主要有以下四个特点。第一，在中国教科书政策的历史上确立了中小学教科书的审定机制。第二，设置了中小学教科书的编审机构、人员、组织章程，为教科书的审定机制提供了组织保障。第三，颁布《审查教科图书共同标准》，第一次明确将中小学教科书的审查项目确定为精神、实质、组织、文字、形式五个方面，为我国现代教科书审查标准确立了可供参考的模版。第四，通过规范教科书审查工作的流程及编审周期，为教科书的审定机制提供了具有较强可操作性的行动指南。

2. 抗战之后至 1949 年教科书的国定为主政策

抗战爆发，囿于战时客观社会状况，且受执政党力主控制中小学教科书编纂与发行的主观意图影响，国民政府逐渐改变中小学教科书的审定政策，而积极筹划并形成了教科书的国定机制。

从 1938 年 1 月第三次全国教育会议上通过的决议案开始，国民政府意图确立国定制的中小学教科书政策已经初露端倪：1/3 的大会提案都在主张中小学的教科书应由教育部统一编纂，各书局统一印刷。随后在 1938 年 4 月召开的国民党全国代表大会制定的《战时各级教育实施纲要》和 7 月教育部制定的《战时各级教育实施方案》中都开始确立教科书的国定机制。教育部也积极准备展开教科书的国定准备工作，例如修正中小学课程标准、改组教科书编辑委员会、扩充教科书的编审机构——国立编译馆。此后，教育部通过颁布《教科用书编辑委员会章程》（1938 年 8 月）及《修正教科用书编辑委员会章程与实施细则》（1939 年 5 月）进一步确立了教科书的国定机制。同时，教育部一边将原来教科用书编辑委员会并入国立编译馆，一边规定从 1942 年开始中小学禁止使用民间书局编定教科书，必须从当年秋季开始使用部编国定教科书。由此，教科书政策的另一种形态——国定制已成事实。

抗战胜利，为了解决收复区中小学教科书使用问题，教育部变通了战时的教科书国定制，允许采用战前的审定本教科书，并于 1946 年 11 月开放了国定本教科书的印刷与发行。1947 年 2 月，教育部颁布《教科图书仪器标本审查规则》，又重新开始审定各书局自编教科书。

这个时期的中小学教科书政策具有以下三个特点：第一，确立中国现代中小学教科书政策的国定制管理模式；第二，中小学教科书的编写和审定机构合一，形成了最为集中的教科书管理权制；第三，规制的编写标准、严苛的审定流程、单一的发行渠道成为现代中国中小学教科书管理政策的滥觞。

国民政府普通教科书管理政策是此时期民族教科书政策的基本底色，这个时期民族教科书的使用和管理无不以普通教科书政策为基准，在其框架下制定与实施。同时，由于民族教科书自身的特殊性，南京国民政府也开始专门针对民族教科书制定明确的管理政策。

（二）民族教科书政策从明确到隐没的过程

1. "蒙藏教育"中明确的民族教科书政策

国民政府在"全国教育应当统一，但为推行便利计，也有因地制宜的必要"❶ 的总指导原则下计划和实施民族教育。早在 1928 年大学院举行的全国教育会议中，就有甘肃教育厅提出"各民族教育平等议案"，其中主张"由中央编辑适于蒙番回各部民族之教科书及书籍"❷。

1929 年南京国民政府曾委托蒙藏委员会对蒙、藏地区社会情况进行调查，以作为本届政府制定、实施民族政策的依托。在这次调查中关于民族教育是一个重点内容，其中学校设备、采用书籍、开设的课程都

---

❶ 中国第二历史档案馆. 中华民国史档案资料汇编（第五辑第一编教育（二））［M］. 南京：江苏人民出版社，1981：820 - 829.

❷ 甘肃教育厅提促进各民族教育平等案［J］//郑鹤声. 我国边疆教育之计划与设施（上）. 教育杂志，1936，26（5）.

在调查范围。

1929 年 6 月 17 日国民党三届二次中央全会通过《蒙藏决议案》，第一次提出关于民族教科书的问题。

"通令各蒙旗及西藏、西康等地主管官厅，迅速创办各级学校，编辑各种书籍及本党党义之宣传品，实行普及国民教育，厉行识字运动，改善礼俗，使其人民能受三民主义之训育，具备自治之能力。"❶

1931 年 3 月，为了更好贯彻《蒙藏决议案》中提出的民族教科书问题，教育部制定《实施蒙藏教育计划》，这是国民政府第一份全面提出民族教科书管理的政策性文件，对民族教科书的编审、经费、发行都有明确规定，其中第 7 条明确规定了蒙藏文教科书的奖励办法。

另外教育部制定的《实施普通教育办法》第 6 条规定，蒙藏各学校的组织、训练、课程、待遇，均应以适用现行教育法令为原则，但中小学的课本在使用全国统一的教材之外，可以根据实际情况酌情改编，强调小学课本应重视双语合璧编写。并列专门一项"编印教育图书杂志报章办法"，对双语教科书的内容、编写机构、人员、审定程序、经费保障等都予以明确规定。

在 1931 年 9 月 3 日国民党中常委会第十七次会议通过的《三民主义教育实施原则》中的"蒙藏教育""实施纲要"中规定了蒙藏地区课程的设置原则及教科书的编写标准。

继教育部推出具体措施之后，各个民族地方也陆续制定了地方性的实施方案。如绥远省的乌伊两盟在其教育实施方案中都规定：

"实验小学之课本，暂以寻常小学之课本为蓝本，并得酌量蒙古儿童之智力，随时变通之。""蒙民子弟，一经入学，一切膳宿等费，应由旗内筹给，至课本、纸张、笔墨，由校发给，以示优待。"❷

2. "边疆教育"中隐没的民族教科书政策

抗战开始后，国民政府的民族教育纳入"边疆教育"的范畴，

---

❶ 中国第二历史档案馆. 中华民国史档案资料汇编（第五辑第一编教育（一））［M］. 南京：江苏人民出版社，1981：815.

❷ 绥远省政府. 绥远概况［M］//孙懿，民国时期蒙古教育政策研究. 哈尔滨：黑龙江教育出版社，2013：119.

1935 年教育部颁布《边疆教育实施原则》，对战时民族课程及教科书的管理作了规定。从内容来看，第一，战时国民政府对民族教科书的管理与战前《三民主义教育实施原则》区别并不大，只是将教科书的管理对象从蒙藏教科书扩大到边疆各民族教科书；第二，从内容上，明确将边疆的民族教科书管理从普通教育管理的范围内区别出来，再次着重强调民族教科书管理的重要性。但是我们注意到，这些规定虽然仍旧强调根据边疆民族具体情况编写教科书，规定了教科书的编写标准，但已经将《三民主义教育实施原则》中的"蒙藏"替换为"边疆各民族"，不再具体提及民族的称呼，这是"一元"民族观建构的必然结果。

为了能够将《边疆教育实施原则》中规定的教科书管理落实，同年教育部、蒙藏委员会共同颁布《推广边疆教育实施办法》（见附录三），其对民族教科书的管理规定更加具体化，对于教科书的使用学段、编写要点、编写办法、经费支持、编写进度都有明确规定。

自从国民政府用"边疆教育"替代"蒙藏教育"，对于民族教科书的管理权力就更加趋向于集中，民族教科书的内容、语言等各方面的规定愈加向普通教育趋近。例如在 1939 年国民政府颁布的《边疆施政纲要实施计划草案》中就有规定"边疆各省教育，以并入普通教育范围为原则，但在其人民语言、文化确有特殊情形者，得施以特种边疆教育，仍应逐渐并入普通教育范围"，并积极推行国语教育。

除了教育部，1936 年行政院曾制定《边民教育计划》和《边民教育计划大纲》，其中也提及教科书的问题，同样，此时"边民"已经取代"民族"，成为主流的表述方式。

为了更好地推进边疆教育，解决边地民族教科书缺乏的问题，1940 年教育部公布《边地各级学校补充读物及参考图书编辑办法》、1941 年公布了《征求边疆教育乡土教材参考资料办法》和《征集边地教育史料办法》。"边地学校读物""边疆教育乡土教材""边地教育史料"的说法已经完全取代"民族教科书"的表述方式。

自从"边疆教育"作为一个概念被提出后，国民党历次会议中都有针对边疆教育的提案及讨论。1944 年 5 月 20 日，《国民党第六次全国大会第六届一中全会决议案行政院办理情况报告》提出对民族教科书政策的修正和补充，但在表述上使用的是"边校教材"，而不是民族教科书。

从抗战前编写蒙古、藏、回等双语教科书，制定专门针对蒙古、藏、回的民族教科书管理政策，再到战后民族教育的消隐，国民政府投入大量人力物力发展边疆教育。在开发西北浪潮和重整边疆边务的热闹情景中，我们却看到民族教育不再被提及，这种刻意的冷落与回避是与国民政府的民族观紧密联系在一起的。不可否认西北、西南的民族教育在这个时期得到长足的发展，但是民族教育却失去了在整个国民教育体系中的应有地位。

二、南京国民政府民族教科书政策的结构与内容

"教科书制度是公共教育制度的组成部分，它伴随着现代学校教育制度的建立而形成，是国家关于教科书政策的系统总成，其内容涉及教科书编写、出版、发行、审定以及选用等各个环节和方面。"❶ 政府以国家名义发布的方针、政策、法律、法规等形成了教科书制度的基本框架与界限，这是一个有形文本转化成无形规则的过程。在南京国民政府时期，少数民族教科书政策基本明确了以上环节及内容，并在中央政府普通教科书政策的基础上实施与运行，初具特点。

政府制定的政策文本往往是枯燥单调的，而且容易引起我们对制度的刻板印象，因此我们将以档案馆查阅到的一份国民政府教育部审查民族教科书的来往公函档案（原文详见附录二）作为政策执行的实例，分条析缕这个时期的教科书政策结构与内容。在这份公函中，国立编译馆就西康省杨镜岷编辑的《边民三字经》及《边民千字课》两本教材进行了细致的审查，并给出了详细的意见，呈教育部审核。这份来往公函，是非常珍贵的原始研究资料。它不但可以证明国民中央政府十分重视民族教科书的管理，而且，我们从中可以看出这个时期民族教科书政策的结构及内容，例如编写要求、审定标准、程序、周期及经费支持

---

❶ 石鸥，李卉君. 美国现行中小学教科书制度探究——以加利福尼亚州为例［J］. 湖南师范大学教育科学学报，2011（6）：5.

等。以这份档案为基础，结合具体的政策文本，我们可以做出如下判断。

（一）编审政策

1. 编审机构

南京国民政府编写少数民族教科书起始于 1932 年，至 1935 年，教育部共完成蒙藏文小学国语课本（见图 4 - 1）各 8 册、常识课本 4 册的编译工作。除了教科书外，另编译有短期小学课本及民众学校课本。后来"国定本初级小学国常课本问世后，教育部复将该书分别译注蒙藏文——前四册蒙藏文与国文对照排印，后四册用蒙藏文注释生字生词，共印两万六千册"❶。由于这些课本"发行以来，内容不甚适合边民生活需要，于民国三十五年另行编译蒙藏维初小语文常识教科书各一套"❷。如图 4 - 2 所示。

**图 4 - 1　小学校初级用《汉蒙合璧·国语教科书》（第四册），
教育部编辑发行，中华民国二十一年（1932 年）十月**

---

❶　教育部教育年鉴编辑委员会. 第二次中国教育年鉴 [M]. 上海：商务印书馆，1948：
1217.

❷　教育部教育年鉴编辑委员会. 第二次中国教育年鉴 [M]. 上海：商务印书馆，1948：
1218.

图 4 - 2　国立边疆文化教育馆，国文蒙文对照《初级小学·语文常识课本》

（第五册），教育部印行，中华民国三十六年（1947 年）八月第一版

由此我们可以看出南京国民政府时期的民族教科书编审机构前后有
两个。

第一，抗战前为教育部的编审处、国立编译馆。

根据 1931 年 3 月教育部制定的《实施蒙藏教育计划》（详文见附
录一）第 7 条甲条规定："凡以蒙藏文翻译或编纂各种学术上作品，送
请教育部和蒙藏委员会审查资格的，除照著作权法规定办理外，并依本
办法给奖。"并在"编印教育图书杂志报章办法"中规定"由教育部编
审处聘请精通汉蒙文和汉藏文而又熟悉蒙藏情形的人员，以内地中小学
现用的教材为蓝本，积极编译蒙藏中等以下学校的课本和补充读物"。
除了这些，还多次出现"教育部译印""教育部审定"等字眼。《实施
蒙藏教育计划》是南京国民政府第一份全面提出民族教科书管理的政策
文件，此间对民族教科书的编审、经费、发行都有明确规定。

教育部专门从事部编教科书的机构几经变动，在编写第一套民族教
科书时正是编审处负责编纂和审查工作。

1932 年 6 月，教育部成立国立编译馆全权负责教科书的编纂审查

工作。在国立编译馆就西康省杨镜岷编辑的《边民三字经》及《边民千字课》进行审查的公函（原文详见附录二第0112文件）中落款"中华民国三十二年二月九日国立编译馆关防"及抬头"国立编译馆关于审查杨镜岷《新编边民三字经》意见致教育部呈文"（原文详见附录二第0133文件），都可明示国立编译馆后来接续了编审处的民族教科书编审工作。

第二，抗战后期，教育部成立的国立边疆文化教育馆专门负责民族教科书的编写和审查。

如图4-2所示的教科书实物中，封底"编辑要旨"中第7条："本书之编译，先由本馆编译委员会决定编译原则。编译后再经委员会审查校订，呈部付印。"这里的"本馆"就是指"国立边疆文化教育馆"。1945年3月筹备、1948年7月成立的国立边疆文化教育馆主要负责边疆民族教材的编译，其下设的"编译组"具体负责教材编译工作，其组织条例如下。

第一条 国立边疆文化教育馆隶属教育部，掌理边疆文化教育之研究及发展事宜。

第二条 国立边疆文化教育馆设左列各组：

一、研究组：研究边疆民族、宗教、历史、地理、政治、经济、社会、风俗、语言、卫生等教育应用事项。

二、编译组：编译边疆文化辞书教材及民众读物，翻译边文及有关边疆问题之外文名著。

三、文物组：调查搜集并陈列边疆文物及有关资料。

第三条 国立边疆文化教育馆置馆长一人，简派，综理馆务，并监督所属职员。

第四条 国立边疆文化教育馆置组主任三人，研究员及编纂各六人，聘任；助理研究员及编译各五人，其中各二人临派，余委派。

第五条 国立边疆文化教育馆置秘书一人，临派，干事四人，委派，分掌文书人事出纳及庶务，并得酌用雇员三人至五人。

第六条 国立边疆文化教育管置会计一人，依国民政府主计处组织法之规定办理岁计会计统计事务。

第七条 国立边疆文化教育馆每届年度终了，将全年工作概况及下年度工作计划分别造具报告书及计划书呈报教育部备案。

第八条　本条例自公布日施行。❶

国立边疆文化教育馆的成立一方面说明南京国民政府对重整边务的态度，即积极推进边疆教育的发展；另一方面也说明政府将民族教育化约入普通教育，即边疆国民教育中。

2. 编审人员

南京国民政府时期的民族教科书编审人员主要由教育部专职工作人员或教育部聘请的精通民族语言的专家组成，同时也鼓励民间组织或人员编写送审。

1931 年 3 月教育部制定的《实施蒙藏教育计划》（详见附录一）中规定：

"凡以蒙藏文编译关于党义或科学的图书的，应特别奖励，以资劝勉。"

"凡以蒙藏文翻译或编纂各种学术上作品，送请教育部和蒙藏委员会审查资格的，除照著作权法规定办理外，并依本办法给奖。"

"由教育部编审处聘请精通汉蒙文和汉藏文而又熟悉蒙藏情形的人员，以内地中小学现用的教材为蓝本，积极编译蒙藏中等以下学校的课本和补充读物。"

1931 年 10 月，在《蒙藏委员会在四全代会呈行政院的工作报告》之"蒙藏事务报告"❷ 中提及"分函蒙藏热心教育各人士，征集各该地方文献歌谣、编辑译印蒙藏中小学教科书及民众读物，现在多已脱稿"。另如《边疆教育实施原则》（详见附录三）所示，西康省立冕宁小学校长杨钰如呈送杨镜岷编写的《边民三字经》及《边民千字课》到教育部送审。

但同时，我们看到，教育部对民族教材的审定是严格的，对编纂权力也是收拢控制的，在 1936 年行政院对《边民教育计划》中"于教育厅增设一员，专司边民教育材料之调查及教科书之编辑事项"的提议，行政院训令驳回。

---

❶　教育部教育年鉴编辑委员会. 第二次中国教育年鉴［M］. 上海：商务印书馆，1948：1219－1230.

❷　蒙藏事务报告［A］. 中国第二历史档案馆馆藏档案，卷宗号：119.

在教育部编审处和国立编译馆编审民族教科书的时期，我们暂未查到专职编纂民族教科书的人员名单。在1932年编写的那套民族教科书版权页中并没有明确标明编写和审定的人员，目前也没有档案资料显示教育部聘请了哪些人员参与了这套教科书的编写审定工作。且这套教科书是根据普通汉语教科书翻译过来的，我们只能从政策中推测其与普通教科书的编审人员理应一致，关于这方面人员情况的研究已经有较为丰富的研究成果，在此不再赘述。

由于国立边疆文化教育馆是专门从事民族教科书编写的机构，所以其人员组成是更值得分析研究的。国立边疆文化教育馆筹备时间较长，成立有筹备委员会，人员情况如表4-1所示。❶

表4-1　筹备委员会人员情况

职称	姓名	年龄	性别	籍贯	学历	经历
筹备主任	凌纯生	48	男	江西武进	巴黎大学博士	中央研究院研究员 教育部司长
筹备委员	李方桂	47	男	山西昔阳	哈佛大学博士	中央研究院研究员 清华大学教授
筹备委员	黄文山	48	男	广东	哥伦比亚大学毕业	中山大学教授　广东省政府委员
筹备委员	何联奎	49	男	浙江松阳	巴黎大学毕业	中央大学法学院院长
筹备委员	韩儒林	44	男	河南舞阳	巴黎大学、柏林大学肄业	中央大学教授
筹备委员	卫惠林	47	男	山西阳城	巴黎大学毕业	
筹备委员	李永新	47	男	蒙古卓盟	中央政治学校毕业	国民党中央常务委员
筹备委员	芮逸夫	49	男	江苏溧阳	东南大学肄业	中央研究员副研究员 立法委员
筹备委员 兼研究员	戈定邦	42	男	江苏南京	柏林大学毕业	中央大学教授
编纂	伊德钦	66	男	蒙古卓盟	日本士官学校毕业	军事参议院参议 陆军大学教官

❶　教育部教育年鉴编辑委员会. 第二次中国教育年鉴［M］. 上海：商务印书馆，1948：1226.

职称	姓名	年龄	性别	籍贯	学历	经历
助理研究员	张绍梅	27	男	江西九江	金陵大学毕业	金陵大学中国文化研究所助理研究员
编译	黄奋生	46	男	江苏沛县	南京文艺专科师范毕业	蒙藏委员会专门委员
编译	李森	26	男	新疆	迪化师范毕业	西北行辕教官　新疆教育厅编辑
编译	陈郁文	33	男	湖南醴陵	中央政治学校边疆学校毕业	国立边疆学校讲师
编译	纳朝冀	35	男	青海湟中	同仁藏文研究院毕业	中央大学讲师
编译	赵曾省	36	男	新疆迪化	中国大学毕业	新疆学院讲师　新疆参议员

　　筹备委员会中的人员情况具有两个特点：第一，学历普遍较高，大部分都是国内外著名大学毕业生，在国内大学或者科研院所、重要的行政管理机构任职。比如筹备主任凌纯生是著名民族学家、人类学家。年龄最小的李森先生在新中国成立后，任北京大学副教授、中央民族大学教授，长期从事少数民族语言调查研究和教学工作。在 1946 年出版的那套民族教科书版权页有详细标明编译者是伊德钦、黄奋生、李春霖、葛瑞峰。同时还注明国立边疆文化教育馆下辖编译委员会主任是凌纯生，编译委员会委员是韩儒林、卫惠林、伊德钦、黄奋生、李春霖、白洁琛、葛瑞峰、曹树勋。这些编审人员都是教育界、民族研究领域的专家学者或行政管理人员。比如编译委员会委员曹树勋，他是民国时期著名的边疆教育研究专家，出版发表过许多相关论文与著作，代表著作《边疆教育新论》是研究民国时期民族教育发展状况的重要文献资料。第二，人员组成结构合理，既包括专业研究人员，又包括行政管理人员，还包括精通民族语言的专家，例如伊德钦、李森、纳朝冀分别精通蒙、回、藏文。这样的人员结构特点保障了民族教科书的编写质量。

　　3. 编审标准

　　1931 年 3 月教育部制定《实施蒙藏教育计划》，其明确规定：

蒙藏各项中等学校及小学校的课本，除应采用全国统一的教材外，并宜酌量蒙藏社会情况与其需要，另选适用教材编入；中等以下学校的课本，尤应译印汉蒙文及汉藏文合璧本。

这个规定为民族教科书的编审标准定下了基本原则，首先，民族教科书的编写必须首先符合普通教科书的编审标准。也正因此，南京国民政府时期的民族教科书多从汉文教科书编译而来。作为民族教科书的编译蓝本应符合 1929 年 1 月 22 日国民政府教育部颁布的《审查教科图书共同标准》❶：

1. 关于教材之精神者

（1）适合党义；（2）适合国情；（3）适合时代性。

2. 关于教材之实质者

（4）内容充实；（5）事理正确；（6）切合实用。

3. 关于教材之组织者

（7）全书分量适宜；（8）程度深浅有序；（9）各部轻重适度；（10）条理分明；（11）标题醒目确切；（12）有相当之问题研究或举例说明；（13）有相当之注释插图索引等；（14）适合学习心理；（15）能顾及程度之衔接；（16）能顾及各科之联络。

4. 关于文字者

（17）适合程度；（18）流畅通达；（19）方言俚语摒弃不用。

5. 关于形式者

（20）字体大小适宜；（21）纸质无碍目力；（22）校对准确；（23）印刷鲜明；（24）装订坚固美观。

其次，民族教科书的编审另有一套特殊的标准和要求。根据目前开放的档案情况，尚未查阅到国民政府教育部编订的审定民族教科书的完整标准，但从零散的文件中提取、总结，加上"国立编译馆关于杨镜岷《边民三字经》及《边民千字课》审查意见致教育部呈函"的分析，我们认为国民政府时期民族教科书的特别审定标准应包含以下四方面内容。

---

❶　教育部. 审查教科图书共同标准［J］. 教育公报，1929（第 1 卷第 1 期）. 转引自王昌善. 我国近代中小学教科书编审制度研究［D］. 湖南师范大学博士学位论文，2011.

　　第一，关于教材的主旨精神。除应符合"党义""国情""时代性"外，民族教科书应适宜"边疆民族情形"，"根据内地各级学校课程标准"编写教材，"采用统一教材"，酌情添加民族文化与礼俗。例如在1931年9月3日国民党中常委会通过的《三民主义教育实施原则》中提到蒙藏各级学校使用的教材应特别注意到"蒙藏人民地方自治和民权主义的关系""蒙藏人民经济事业和民生主义的关系"。

　　第二，关于教材的内容。"在'现代化'前提之下，国家文化与宗族内之优良传统文化，同受尊重，编写教材，用以教导学生。"❶ 具体应包括：

　　"中国民族之融合的历史；边疆和内地之地理的关系，帝国主义侵略中国边疆各民族之历史及事实，边疆各民族人民和国民革命的关系；边疆各民族人民地方自治和民权主义的关系；边疆各民族人民经济事业和民生主义的关系；其他有关边疆各民族人民特殊环境之教材。"❷

　　总之，"其内容要点注意民族生活之现状，灌输科学常识，并间以政治材料，捍卫国家之历史人物，以启迪知识，养成国家观念为鹄的"❸。

　　第三，关于教材的组织。从1932年出版的《汉蒙合璧·国语教科书》（第四册）中未发现教材组织的差别与特殊之处，但在1947年版蒙文国文对照《初级小学·语文常识课本》（第九册）中已能发现在插图"凡关于乡土教材，均以蒙族社会为背景。并于学童之服装，参以改良之形式"❹。这套以国定本小学教科书为底本的教材，"全部改绘插图，以加重其本地风光"❺。总之，教材的组织应注意结合民族地区的风物、礼仪、宗教情形，并且要求"先编国语、公民、常识

---

　　❶ 教育部教育年鉴编辑委员会. 第二次中国教育年鉴［M］. 上海：商务印书馆，1948：1222.

　　❷ 中国第二历史档案馆. 中华民国史档案资料汇编（第五辑第一编教育（二））［M］. 南京：江苏人民出版社，1981：830–833.

　　❸ 中国第二历史档案馆. 中华民国史档案资料汇编（第五辑第一编教育（二））［M］. 南京：江苏人民出版社，1981：867–870.

　　❹ 国立边疆文化教育馆. 国文蒙文对照初级小学语文常识课本（第五册）［M］. 教育部印行，中华民国三十六年（1947年）八月第一版.

　　❺ 教育部教育年鉴编辑委员会. 第二次中国教育年鉴［M］. 上海：商务印书馆，1948：1237.

（包括历史、地理、自然等科）三种，均以国语为主，旁注蒙回藏苗等文字"❶。

第四，关于教材的文字。国民政府一边在各边疆民族地区积极推行注音符号，一面要求小学校的教科书可以用蒙藏文、汉文合编，以国语为主，旁注民族文字；中等以上学校以汉文编订为原则。教育部对杨镜岷所编教材审定未予通过的原因之一"各书编辑均系国语方言交错成文，体裁未尽合用"，可以看出国民政府将夷语只当方言认定，又根据《审查教科图书共同标准》规定，方言俚语是摒弃不用的。蒙藏教育司签注的意见第一项即为"夷人文字未尽完善，应用不多，无提倡必要。且各书对国语注音有欠正确，编排用句亦多不合要领，拟均不准发行"。

4. 编审程序及周期

关于少数民族教科书的专门审定流程目前未见到档案记载，但编译民族教科书之蓝本的普通教科书的编审程序则有《国立编译馆办事细则》明文规定，因此，目前只能以普通教科书之编审流程及上述"国立编译馆关于杨镜岷《边民三字经》及《边民千字课》审查意见致教育部呈函"总结民族教科书的编审程序及周期。

《国立编译馆办事细则》规定了普通汉文教科书的编审程序与周期：

1. 著作人或发行人呈审图书呈经教育部核发到馆后由各组主任按该图书到馆之先后依次分配审查。

2. 审查程序分初审、复审、终审三次，初审复审由各编译担任，终审由审查会议行之。

3. 初复审意见如有冲突时，由各组主任另付特审后再付终审。

4. 审查每种图书最多以一个月为限，如无特别情形不得逾限。

5. 初审图书中如有不妥之处随即签明应行修正之点，填具审查单粘贴图书内并加总评。

6. 复审时应将初审意见郑重审核并签明初审所未发表之意见，填具审查单粘附图书内并加总评，其对初审之总评同意时则签同意字样。

7. 特审除审查原图书外，应将初复审意见冲突之处加以决定填具

---

❶ 中国第二历史档案馆. 中华民国史档案资料汇编（第五辑第一编教育（二））[M]. 南京：江苏人民出版社，1981：867 – 870.

审查单粘附图书内并加总评。

8. 初复审及特审者应各署名。

9. 复审或特审后交由各该组主任提付审查会议终审。

10. 凡经审查之图书由各该组主任指定编译一人或多人整理审查单，整理完竣后将签注本呈复教育部核定。

11. 凡图书及标本仪器之内容关系人文自然两组者应由两组会审。❶

回过头来，再将此编审程序与"国立编译馆关于杨镜岷《边民三字经》及《边民千字课》审查意见致教育部呈函"进行对照，除了上两本书审查时间超过一个月之外，都基本符合以上要求。因此推论，民族教科书的编审也需经历"初审、复审、终审"的程序，每个审查阶段完成后要在结论之后附带审查意见，最后由教育部核定是否准予付印、发行。

（二）经费政策

1935 年 5 月，教育部颁布《教育部实施义务教育暂行办法大纲》，其中规定："义务教育经费以地方负担为原则，但对于边远贫困省份及其他特殊情形之省市，可由中央补助义务教育经费。"❷ 边疆少数民族就属于此特殊情形之省市。中央政府对边疆民族教育经费的划拨在不同时期呈现不同的特点，1925—1927 年，中央政府的民族教育经费主要补助边疆省份推进地方边教；1928 年开始，教育部在边疆地区设立大量部属边校，大部分经费主要用于这些教育部直属的学校，其次补助地方；1931 年后，教育部的边疆教育经费进一步偏向部属院校。边教经费中没有专门列出关于教科书经费的划拨情况，这部分款项是作为特别奖励颁发。

1931 年制定的《实施蒙藏教育计划》中奖励编译蒙藏文图书，给予"编译奖金每年约一万元"，由教育部、蒙藏委员会共同核定。

1931 年 10 月，《蒙藏委员会在四全代会呈行政院的工作报告》之

---

❶ 国立编译馆. 国立编译馆一览［M］. 南京：国立编译馆，1934. 转引自王昌善. 我国近代中小学教科书编审制度研究［D］. 湖南师范大学博士学位论文，2011.

❷ 中国第二历史档案馆. 中华民国史档案资料汇编（第五辑第一编教育（二））［M］. 南京：江苏人民出版社，1981：611.

《蒙藏事务报告》中提出："肄业国内外各学校蒙藏学生补助费，翻译印刷蒙藏地方中等以下各级学校适用之教科书以及补助蒙藏学术考察团经费共十二万元"。并在当年"蒙藏教育经费内划拨印刷费二万元"。

教育部在 1931 年正式颁布《蒙藏教育经费分配办法》，第 5 条规定"蒙藏地方中等以下学校适用之教科书印刷费共三万元"，第 6 条规定"蒙藏地方中等以下学校试用制教科书及民众读物编译奖金一万元"。

1935 年，教育部、蒙藏委员会颁布《推广边疆教育实施办法》，规定"教科书编辑翻译与印刷（第一年国语、公民、常识暂各先印五万册，共十五万册）等费六万二千元"。

由此推断，民族教科书的经费主要由教育部核算、规划、划拨，且随着边疆教育的受重视程度逐年增加经费的预算。

（三）印行政策

教科书的出版和发行即为教科书出版制度，主要用来约束和引导教科书出版行为。"其根本目的在于出版权力和出版利益的分配，调节教科书出版领域的相关利益者的各种关系，以期实现教科书出版的目标。"[1] 教科书的出版发行本质上是"由谁来决定，由谁来选择，谁有权力出版教科书"[2] 的问题。它是国家行政权力的一种体现，是政府分配、协调、控制教科书利益的一种工具。国家作为教科书制度的博弈主体，诉求利益最大化是毋庸置疑的。

在近代，尤其是从清末到抗日战争前期，在教科书的准入场域中，国家在这场多方利益集团斗争和博弈的过程中，其利益的扩张是受到制约的。南京国民政府前期，延续了清末民初的教科书审定制度，教育部尽管对中小学教科书审查严加控制，公布了《教科图书审查条例》《审查教科图书共同标准》等一系列的审查政策，但教育部由于缺乏印刷发行机构，在教科书的印行上控制相对微弱，汉文教科书的出版、发行多由各民营书店独立承担。

但少数民族教科书则不然，它的编审、出版、发行权力牢牢控制在教育部手中，南京国民政府时期出版发行的两套民族教科书都由教育部

---

[1] 刘爱. 中小学教科书出版制度 [D]. 山东师范大学硕士学位论文，2009.
[2] 李水平. 新中国教科书制度研究 [D]. 湖南师范大学博士学位论文，2014.

编写、出版、发行。即使在 1932 年出版民族教科书时，教育部还没有自己的印刷机构，它也将其译印的民族教科书在指定的民族出版机构印刷，如"蒙文书社"等。蒙文书社成立于 1924 年，由近代蒙古族文人特睦格图在北京创办，书社是教育部特选的蒙古教科书出版发行机构，1930 年底应国民政府之邀请，搬迁到南京，专门承印蒙藏文字书籍，包括教育部编写的民族教科书。抗战爆发后，由于统治思想、战时书荒等原因，教育部开始执行中小学教科书国定制，在国立边疆文化教育馆筹设期间，教育部开始筹备边文印刷机构，在国立边疆文化教育馆内开设印刷工厂，"该工厂内部设备有四开机，圆盘机各一部，铅字炉一座，其他如打纸版，浇铅字等机件，亦均齐备，铜模有蒙、藏、回、汉文国标音标各一付，均已铸成铅字。边文书刊皆能印排。所有该馆印刷出版品，现皆由印刷工厂自行刊印，颇称便利"❶。

　　民族教科书形成自始至终由教育部控制印行的现象是有深刻的原因的。第一，"边疆语文书籍，内地印刷极感困难"❷ 是客观原因。民族教科书使用量少，语言文字印刷难度又大，发行路途遥远，使众多以获利为目的的民营出版机构都不愿涉足。即使如"蒙文书社"这样的民族语言文字书籍专门出版机构也是在 20 年代中期才创制了国内第一套蒙文铅字，印刷难度可想而知。第二，民族教科书的管理关乎领土、主权等国家利益底线问题，国家必须对其进行严格的管控。因此我们看到，从南京国民政府开始，从有明确的民族教科书政策开始，民族教科书的印行制度一直以国家利益至上为基本原则。

第三节　民族教科书政策的特点与影响

　　民族教科书政策经历了清末民初的萌芽，在国民政府时期基本成型。作为政府公共政策的一种，关注民族教科书政策需要解释三个基本问题：第一，国民政府出台了哪些管理民族教科书的政策；第二，有哪些因素影响政府制定民族教科书政策；第三，国民政府的民族教科书政

---

❶　教育部教育年鉴编辑委员会. 第二次中国教育年鉴 [M]. 上海：商务印书馆，1948：1237.

❷　蒙藏教育司. 边疆教育工作报告 [R]. 1935：4.

策有何影响。前两节基本回答了第一、第二两个问题，下面我们从以下三个角度对国民政府的民族教科书政策的影响进行评价。

一、南京国民政府民族教科书政策的目标及特点

（一）政策目标

"个人、团体乃至整个社会常常根据公共政策的意图，而不是它的实现程度来加以判断。"❶ 政府公共政策的意图常常表现为其公开提出的政策目标，国民政府明确提出民族教科书的政策目标有两次。

第一次是在抗战前，1929 年 6 月 17 日国民党三届二次中央全会通过《蒙藏决议案》，提出："编译各种书籍及本党党义之宣传品，实行普及国民教育，厉行识字运动，改善礼俗，使其人民能受三民主义之训育，具备自治之能力。"❷

第二次是在抗战中，1935 年教育部、蒙藏委员会共同颁布《推广边疆教育实施办法》，其中列出编辑民族小学教科书的注意要点："注意民族生活之状况，灌输科学常识，并间以政治材料，捍卫国家之历史人物，以启迪知识，养成国家观念为鹄的。"❸

总结这两次目标，主要包含以下三项内容：第一，普及国民教育，提高民族智识；第二，施加三民主义政治影响，增强党国意识；第三，深植国家统一观念，巩固国防。这三项目标内容同时存在主观价值取向和客观背景压力的影响，分别表现在民族观与政治压力上。

（二）政策目标的主观价值取向：一元民族观

南京国民政府秉持"一元"民族政策，在其内政部拟定的《民族政策初稿》中提出"树立中华民族一元理论基础，并向边民普遍宣传"❹。

---

❶　［美］托马斯·R．戴伊．谢明，译．理解公共政策［M］．北京：中国人民大学出版社，2011：287．
❷　中国第二历史档案馆．中华民国史档案资料汇编（第五辑第一编教育（一））［M］．南京：江苏人民出版社，1981：815．
❸　中国第二历史档案馆．中华民国史档案资料汇编（第五辑第一编教育（二））［M］．南京：江苏人民出版社，1981：867．
❹　国民政府内政部．民族政策初稿［A］．中国第二历史档案馆藏．12 全宗（2）1431 卷．

"我国人民有宗族之分支，无种族之区别……古之所谓四夷四裔无一非炎黄子孙，近世之所谓满蒙回藏亦复如此，要皆中华民族也"❶。

这种一元民族观首先在教育中表现为普及国民教育。即在高度重视国民教育的同时，逐步消弭民族教育，而教科书政策正是这种趋势的最直观表达。因此国民政府时期的民族教科书政策一再偏向"普通化"之方向发展，从教科书的编审、出版、印行各个阶段加以控制，意图通过教科书的国民教育内容传达与规训中央政府之"一元民族观"，"打破种族界限之观念"，"养成国族统一之情绪，团结一致之精神"。其次，边疆民族的"国民教育"必须在三民主义教育宗旨的指导下，培养国家观念，强化党性教育，增强党国观念。

这种深植于民族教科书政策目标中的一元民族观，一方面定向了教科书政策的目标，即无限趋近普通汉族教科书，对民族教科书管理的现代化发展具有积极作用；另一方面约化了教科书政策的内容，使民族教科书的编审、出版、印行难以充分考虑到民族教育之特殊性，久而久之，势必造成民族教科书政策内容趋同、结构单一、功能异化。这在国民政府后期的民族教科书政策中表现明显。

（三）政策目标的客观背景压力：重塑中央权威

南京国民政府自从由区域性政权变为全国性政权，就积极致力于增强对边疆地区的控制力，这种重塑中央权威的客观压力对教科书政策目标的影响也是明显的。现代政府公共政策的重要任务即调节社会内部冲突与矛盾，在教科书政策中，国民政府要处理中央与边疆地方、边疆民族与内地汉族在教科书政策领域中的利益矛盾问题。但由于国民政府奉行"一元民族观"，因此中央与边疆地方政府关于教科书政策的利益之争就成为主要矛盾。而"大一统"的政治诉求又令中央政府加剧压抑"多元文化"秩序的构建。因此，我们可以清晰看到国民政府在边疆地区以教科书政策为手段辅助推行"国民教育""国语运动"，甚至"党化教育""同化教育"。

因此，虽然国民政府民族教科书政策的目标受到主观价值取向和客

---

❶　蒋介石. 民族及边疆问题讲话［M］//马玉华. 国民政府对西南少数民族调查之研究（1929—1948）. 昆明：云南人民出版社，2006：123.

观背景压力的影响，但其普及国民教育，养成民族意识，培养自治能力、国家观念的目标是值得肯定的。

二、南京国民政府民族教科书政策的特点

教科书政策作为一项公共政策，不仅与国家的教育制度紧密相关，它作为政府的政治行为，更是由该国的政治制度所决定的，所以才有阿普尔"教科书是政治的产物"❶ 的说法。特别是与民族国家领土、主权等政治利益有深度联系的民族教科书政策，更是从清末就受到执政主体的特别重视。民族教科书政策能否保证在边疆民族地区实施，政策包含什么意识形态进行实施，能否忠实地将统治阶级的主流价值观和国家意志在最大范围内渗透入边疆民族社会，这些问题在民族教科书产生之初就备受关注，只是这样的关注转化为具体的操作需要一个逐步完善的过程。清末民初，中国人对现代政治从理念到实践都处于学习阶段，如何使用公共权力，如何制定能够平衡、协调多元化群体利益的公共政策，从认识到行动都尚显幼稚和粗浅，因此，我们看到了内容与结构都十分模糊的清末民初民族教科书政策。这种情况在南京国民政府时期得到了重要的转变，相对稳定的政治环境，比较成熟的国家建制和行政管理制度都是少数民族教科书政策得以成型的大背景。从此，中国的民族教科书政策有了明确的框架结构和稳定的内容取向，这是南京国民政府的民族教科书政策最具体、重要的贡献。

（一）主流价值观为取向的编审政策

编审政策是教科书政策的主要内容，教科书政策则是国家权力的行使。"国家权力在课程中的运用主要表现在对课程计划、教学大纲、教科书、课程评价体系的控制上，其中对教科书的审定是权力运用的集中体现。"❷ 南京国民政府主要从以下四个方面运用其权力对教科书的编审进行控制，使其从内容到形式都符合当局"一元论"的主流民族观

---

❶ ［美］M. 阿普尔，等. 黄忠敬，等，译. 教科书政治学［M］. 上海：华东师范大学出版社，2005：320.

❷ 刘丽群. 论知识准入课程中的国家介入［D］. 湖南师范大学博士学位论文，2007.

与"统一民族国家"的主流政治观。

1. 明确的中央编审机构，从组织上保证主流价值观对民族教科书的影响

南京国民政府时期建立了明确的民族教科书的编审机构——教育部国立编译馆和国立边疆文化教育馆。虽然没有形成独立的第三方编审机构，也没有完成民族教科书编、审分立的目标，但国立编译馆和国立边疆文化教育馆从组织上保证了民族教科书有编、有审，这已经在现代民族教科书政策中迈出了划时代的一步。

现代公共政策的执行主要依赖政府的行政管理部门，国立编译馆和国立边疆文化教育馆作为民族教科书政策的主要执行机构具有一般行政管理部门的组织特点，也有其特殊的地方。首先，国家在不直接介入的情况下，可以通过这两个机构，将代表主流价值观的知识变成教科书内容，直接将其意识形态进行渗透。其次，这两个机构都具有合法权威机构的特点，标榜最大程度维护公众、大多数人的利益，国家征用它们作为"代言"机构，可以使主流价值观的渗透过程更具合法性，因此南京国民政府的"一元民族观"是否正义、公正已经不是问题了，它们通过这个"权威机构"的操作，在教科书中已经拥有合法的身份。

2. 代表国家意志的编审人员安排，从主体上保证了支配集团对民族教科书意识形态的控制

如前所述，教育部国立编译馆和国立边疆文化教育馆的民族教科书编审人员是经过精心安排的。他们不仅学历高，是民族学、人类学研究的专家学者，具有较高的民族理论研究水平，而且他们多来自大学、专业民族研究院所，或者较高级别的教育行政管理部门，都具有丰富的教学、编译、教育管理的经验，这无疑可以从客观上保证民族教科书的质量。

但同时，我们也不应该忽略另一现象：这些编审人员还有另外两个身份，即"专家"身份和民族身份。这两种身份都会对民族教科书产生重要的影响。

首先，"专家"的身份会使国家对教科书的控制看起来更"合理"。一方面，国家通过行政官僚体系等方式赋予他们"专家"的头衔，他们是教授、研究员，社会精英，然后国家在合法权威机构中给

其安排职位，巩固其"权威"的地位；另一方面，国家征用这些专业人员作为其"代言人"，成为其控制教科书的重要工具。"意识形态霸权有两个必要条件：并不仅仅是我们的经济只需'创造'了渗透于我们日常生活的范畴和情感结构，除此以外，还必须有一群所谓的'知识分子'采用并把这些范畴合理化，使这些意识形态形式看起来是中立的。"❶ 这些编审人员是专业知识的代表，他们熟知本研究领域的基本理论，且拥有相当的专业影响力，他们基于最"公正无偏"的态度从知识的海洋里拣选出"最有价值的知识"，然后用最合理、有效的方式组织起来，编写成教科书，于是一个"合理化"的过程就此完成。

其次，编审人员的民族身份可以使国家支配集团的意志有效达成。政策选择并不都如科尔曼的"理性选择"理论所描述的那样，通过理性的计算所做的合理性决策，更多时候它代表的是社会中占支配地位集团基于利益关系所进行的"非理性"选择。在南京国民政府治下，主体汉族及其所代表的利益集团是支配集团，支配集团的意志就是国家的意志。通过我们对国立边疆文化教育馆筹备委员会（详见表4-1）中人员民族身份的查阅，其人员共16人，其中汉族14人，蒙古族1人，藏族1人，汉族人数占总人数的87.5%。筹备主任凌纯生是汉族，筹备委员全部为汉族，即使在具体从事民族教科书编译工作的6人中也只有2人是少数民族。据资料显示，筹备委员会主任凌纯生是具有"民族主义情怀"❷ 的民族学家，其民族学理论研究具有"强烈的'国族主义'的思想"，我们很难否认这样与南京国民政府主流价值观十分相符的"情怀"和"思想"不会对民族教科书的编审产生影响。当然，这或许也是凌纯生被安排为委员会主任的原因。

3. 以主流价值观为基础制定的编审标准从内容上过滤掉非主流价值观

在南京国民政府时期，称民族教科书的编审标准为"编写指导思

---

❶ ［美］迈克尔·W. 阿普尔. 黄忠敬，译. 意识形态与课程［M］. 上海：华东师范大学出版社，2001：10.

❷ ［EB/OL］Http：//baike. baidu. com/link？url = fNwmwnc1C57AWI_ vUfcGpLx1daVB6P3i6_ 19AK_ OlJpBK0aIZAEWvyoKllUscJ9Dr8WOm7G_ y4p53gYXNz_ .

想"，它回答的是教科书内容的选择客体——选什么的问题。在南京国民政府时期，建立了民族教科书政策编审的复式标准，即民族教科书既要符合 1929 年 1 月教育部针对普通教科书颁布的《审查教科图书共同标准》，又要遵守民族教科书的特别编写要求。由于南京国民政府前期主要执行教科书的审定制度，因此《审查教科图书共同标准》是从教科书的审定角度给了全面、具体、明确的规定，主要涉及民族教科书在内容选择、组织结构、文字形式上标准。也正因此，在《边疆教育实施原则》《三民主义教育实施原则》中关于蒙藏教材的"注意下列各点"，则主要是在编写角度对教科书的要求。《审查教科图书共同标准》保证了民族教科书编写的基本质量，而特别针对民族教科书制定的编写要求则奠定了民族教科书的特殊之处。

那么编审标准来源于哪里呢，是以什么为基础制定的呢？首先，从教科书政策的性质来看，编审标准是教科书编审政策的重要组成部分。作为一项公共政策，在现代民主宪政的体制下，制定政策的主体往往是占有优势地位的多数人民族，他们就是国家利益的代表，而且为了维持其优势地位和支配者的身份，他们制定了各种政策，包括教科书政策。多数人民族代表国家在所有民族间进行各种市场、商品、技术、资源、文化等利益的分配与协调。由于教科书具有强大的文化保存与传承的价值和功能，它能够将一个民族群体千百年来形成的语言、生活习惯、历史记忆等重要民族核心基质绵延不断地传承下去，不至断裂。因此，无论中外，每个国家的不同族群都怀有自己的利益和文化价值围绕在教科书政策周围，以群体的力量对政策的制定施加影响。只是在族群权利的博弈中，多数人民族必然占有优势，因此民族教科书编审标准往往以国家的名义代表的是多数人民族的价值观，也即主流价值观。南京国民政府推行一元民族观，至少从国家利益的角度已经否定了少数民族文化的存在价值，也因此在教育部对杨镜岷所著民族教科书审查意见中处处可见对"夷文"价值的否定。

另外，教科书是由知识组成的，但并非"原生态"知识的容器，这些知识经过了一些特殊的人为加工。"掌握权利的人将企图限定什么是知识，不同的群体如何获得知识，在不同知识领域之间以及在使用知识与生产知识的人之间什么样的关系是可以被接受的。"❶ 掌握权利的多数人族群通过编审标准为教科书中的知识准入设立了一个冠冕堂皇的理由，如"中国民族之融合历史""边疆各民族人民和国民革命的关系""边疆和内地之地理的关系"等知识，它们代表了南京国民政府国家统一的主流政治观，那么就可以通过编审标准的筛子成为教科书的内容；而少数民族语言"因夷人为中华民族之一部分而居在中国版图之内……在统一过于之原则下，使其相对的自然发展"，"夷人文字未尽完善，应用不多，无提倡之必要"，意思很明确，发展少数民族语言是与官方"汉字是中华民族的统一文字，求其普及自是最要"的观点是抵触的，因此不支持其发展，不能用其编写民族教科书。这些例子比比皆是，那些与多数人族群、支配集团的主流价值观不相符的知识很容易就被"合法"地过滤掉了。

4. 严苛的编审程序从流程上禁绝非主流价值观流入民族教科书

由于南京国民政府以教育部为主体编写的民族教科书数量稀少，可选择性不大，因此关于教科书的选用就不存在如普通汉语教科书的问题，也就是说，只要被审定通过的民族教科书即会被投放到边疆民族地区的中小学使用，那么这就意味着审定的流程是民族教科书最终呈现在读者面前的最后一道屏障。南京国民政府时期的民族教科书真正实现了编审主体与选用主体的合二为一。不提供多样化的民族教科书是从根本上剥夺了民族地区的中小学校及学生对教科书的选用权利，而这正是被期望的。将形塑下一代、传播主流价值观的权利牢牢掌握在多数人民族手中。

严苛的编审程序从客观上造成了民族教科书的单一化，而且是经过了公众可以接受的"合法""合理"过程，通过此程序后，形塑下一代，传播主流价值观的权利就被牢牢地掌握在支配集团手中。之所以评价其"严苛"，有政策内容及政策执行的实例可查。在《国立编译馆办事细则》中规定教科书首先必须经教育部"核发"后才能送审，然后经初审、复审、终审三次的审查程序，每次审查都要给出意见，三审意

---

❶ ［美］迈克尔·W. 阿普尔. 黄忠敬，译. 意识形态与课程［M］. 上海：华东师范大学出版社，2001：155.

见不一还要进行"特审","填具审查单""整理审查单""签注意见"等烦琐的程序和操作背后绝不仅仅是行政流程那么简单，它设置了一道道屏障让不符合"一元民族观""统一国家"主流价值观的教科书被筛选掉。例如教育部对杨镜岷所编的注音倮文国语对译《边民千字课》、夷语会话《边民三字经》及汉夷语对照《边民三字经》的审查反复进行，最后结论"各书缺点甚多，不便作小学教科书用"。同时，我们也注意到 1932 年版（见图 4 - 1）和 1947 年版（见图 4 - 2）的民族教科书出版相差近 15 年，编审周期漫长，这与成型期民族教科书政策执行调试和民族教育发展的时代差异也是有关系的。

（二）国家利益至上的出版发行政策

南京国民政府的民族教科书出版发行主要依靠教育部，由于在国立边疆文化教育馆成立之前没有自己的印刷设备，1932 年版民族教科书（见图 4 - 1）是由蒙文书社承印的，等到 1947 年版民族教科书（见图 4 - 2）出版时，已经可以独立印刷了。从出版印刷的角度来看，民族教科书与当时普通汉文教科书印刷发行的情况完全不同。

首先，由于民族教科书的文本语言使用不广泛，当时的民族语言文字印刷技术也不成熟，印刷成本高，需求数量少，因此没有教科书出版印行的盈利点，所以竞相争夺出版发行普通汉文教科书的情况在民族教科书中就不存在，而且原本民族教科书的使用地偏远，抗战爆发后交通不便，运输成本剧增的情况就更加严重，内地书局都考虑经济成本问题而不愿印行民族教科书。因此国民政府就在国立边疆文化教育馆筹建的时候筹集资金自建了印刷厂，专门印刷民族语言文字的教科书。这样的协助方式对于处在极不发达状态的民族教育和民族教科书发展都是雪中送炭之举，从开蒙民族智识的角度看是值得肯定的。

从另外一个角度看，国家也是出版发行民族教科书最大的受益者。民族教科书虽然出版发行的成本确实比普通教科书高，但它负载主流价值观，传播支配集团身份文化的功能所带来的收益是巨大的，对于政府这样掌握国家财税收入分配的主体来说，区区几本民族教科书的印刷发行成本是不存在问题的，因此以国家利益为最高目标是中央政府掌控民族教科书出版、印行的重要原因。

（三）以统制为目的的经费支持政策

虽然我们目前从有限的开放档案资料中查阅不到南京国民政府对民族教科书经费的具体划拨数字，甚至国定本汉文普通教科书的经费通常也是计入义务教育的经费投入里，没有具体数字显示。而且从 1935 年《实施义务教育暂行办法大纲》颁布开始，义务教育的经费就以地方负担为主，每个省区根据当地的财政情况进行教育经费的划拨，教科书经费的情况都没有列入具体项目中去。况且，在教科书审定制度下，民间书局是教科书印刷发行的主体，具体教科书出版的费用也很难统计。到抗战时期，南京政府实行教科书国定制，中央政府在教科书编写审定发行中的花费，我们目前也找不到具体的历史资料。

但民族教科书比较特殊，无论管理政策的制定，还是实施主体，自始至终都是中央政府教育部，虽然没有具体经费数字显示，但我们能够从零散的政策中推测出大概的经费划拨情况。

首先，从经费的来源看，与普通教科书经费由地方承担不同，民族教科书的经费来源都是中央政府特别划拨的。在 1931 年《实施蒙藏教育计划》中就有奖励编译蒙藏文图书"每年约一万元"的规定。1931 年四全代会召开，蒙藏委员会在其上呈的《蒙藏事务报告》中将翻译教科书的费用与学生补助费、学术考察团补助费一同划拨 12 万元，并从蒙藏教育经费内划拨 2 万元作为教科书的印刷费。据推测，这部分编译和印刷费就是用在了 1932 年编译出版民族教科书的过程中。

其次，从经费的使用情况来看，形成了常例划拨和特别补助两种方式。1931 年教育部颁布《蒙藏教育经费分配办法》，其中规定教科书的印刷费 3 万元，这部分从教育部划拨出去的费用估计也是用于 1932 年版的教科书中了。1935 年《推广边疆教育实施办法》中也提出"教科书编辑翻译与印刷费六万两千元"。这些都是常例划拨的部分。另外还有奖金形式的特别补助费。在 1931 年《蒙藏教育经费分配办法》中提出"蒙藏地方中等以下学校试用制教科书及民众读物编译奖金一万元"。在教育部蒙藏教育司给杨镜岷所编课本的签注意见里也提出"附编辑补助费壹仟元""以示体恤"。常例划拨保证民族教科书编审、出版发行的基本经费预算，而特别补助则有利于调动社会各界参与教科书的编写与补助工作，对民族教科书的发展具有积极的推动作用。例如在

1940年和1941年教育部分别公布了《边地各级学校补充读物及参考图书编辑办法》《征求边疆教育乡土教材参考资料办法》《征集边地教育史料办法》，其都提出一定的资金奖励问题。

最后，从经费的管理权限来看，在抗战期间教育部全权接手边疆教育管理权之前，蒙藏教育是归教育部蒙藏教育司和蒙藏委员会共同管理的，经费使用也是如此。在1931年《实施蒙藏教育计划》中就规定每年1万元的编译奖金由教育部与蒙藏委员会共同核定。在抗战后期，由教育部管理蒙藏教育后，民族教科书的经费就主要由教育部主管了。

资金支持是民族教科书的发展基础，在当时战乱的环境中，各省地方的教育经费投入尚且自顾不暇，时有亏空，民族教科书发展所需资金客观上只能由国家承担。但从主观上看，经费的投入也意味着控制的开始，金钱与政治的联系在现代国家是非常普遍的现象。国家对民族教科书投入资金，必然要求在教科书中表达国家意志和支配集团的主流价值观。对非主体民族文化的排挤、思想的统制都需要金钱的投入、资金的支持。

三、南京国民政府民族教科书政策的功能影响

无可否认，教科书政策是国家政治权力的行使，表现出对文化资本的分配和使用。教科书政策有两项基本功能即政治功能和文化功能的释放。民族教科书的政治功能主要涉及中央政府与民族地方的利益平衡，而文化功能则主要涉及国内各族群文化利益的多样性分配问题。因此民族教科书政策也同样在政治与文化两方面释放了其功能。

（一）政治功能及异化：从整合到同化

国民政府作为一个新晋统一的政权，领土范围的确定性和生活在领土上的各族群的非均质性，是中央政府制定民族教科书政策的前提条件。民族教科书及其政策在建构国家认同上存在基本政治功能诉求："边疆教育须以建国信仰为施教中心"，❶ "各级学校教材，应特别注意中国民族历史融合，各学校课程根据内地各级学校课程酌情编订，唤起

---

❶　抗战以来之教育［A］. 中国第二历史档案馆藏民国档案，卷宗号：五，12414.

民族精神的同时，养成爱国家的精神"❶。

国民政府时期的民族教科书政策从目标到内容都积极指向构建统一民族国家，中央政府通过建立明确的民族教科书编写、审定、印行政策，并给予经费支持以保障出品合乎规格的民族教科书，用以普及发展边疆民族教育，"以谋边境人民智识之提高，生活之改善""民族意识之养成""自治能力之训练及生产智识之增进"，最终"力图边疆人民语言意志之统一，以期五族共和之大民族主义国家之完成"。

但同时应看到，由于国民政府秉持"一元民族观"，在国内努力重塑中央政府权威的过程中又遭遇抗战"亡国灭种"之沉重压力，因此忽视自古以来中国多元民族格局的客观事实，着意消除民族界限，集中民族意识形态就成为必然。而此时的民族教科书政策在政治功能中必然强化中央政府的利益表达，忽视民族地方的"专门"性教育及教科书诉求："凡中华民国境内各省区偏僻地方，其人民语言文化尚属特殊者，一律施以边地教育，但其语言文化现象，业与内地其他地方融合一致等，无论属于何地，属于何族，均应并入普通教育范围。"❷ 以将民族教育和民族教科书逐步同化入普通教育及教科书为原则。

（二）文化功能及异化：从丰富到单一

政府制定教科书政策，在文化方面主要涉及如何分配各族群的文化利益与文化资本的问题。首先，国民政府时期的民族教科书政策值得肯定的文化功能是它从个体层面重视提高少数民族群众的科学文化水平。边疆民族地区地处边陲，交通闭塞、文化落后是不争之事实，编辑民族教科书，推行"国语运动"，普及国民教育都从客观上增强同气相求的民族感情，搭建各民族沟通的共同语言。

其次，我们也应看到，在族群整体文化利益层面，国民政府制定的民族教科书政策没能创造出尊重少数民族文化权利、保护多元社会民族和文化多样性的制度空间。国民政府在制定民族教科书政策的过程中，对各族群文化资本和利益分配是在主体民族文化霸权下进行的。少数民族不但被冠以"边疆同胞"的称谓，其文化权利的空间更是被挤压得

---

❶ 边疆教育纲要［M］. 中华民国行政院新闻局印行，1947.
❷ 抗战以来之教育［A］. 中国第二历史档案馆藏民国档案. 卷宗号：五，12414.

微乎其微。"往昔之教育不惟以内地之制度行之边民，且以用京沪居民生活为背景之教科书用于羌戎康倮，安得而不失败哉。"❶ 具体政策表现如民族教科书内容必须以普通汉文教科书为蓝本，教科书中使用民族语言只被当作辅助教学的手段，民族语言被定性为方言俚语，无法取得独立的课程地位，造成少数民族学生"削足适履都读商务的复兴教科书，或中华的新课程标准使用教科书（云南省立小学所用）"，❷ "花苗小学的课程，已完全依照教育部所规定厉行汉化教育。课本采用商务的小学教科书，教师讲授时，先读汉音，然后用花苗语讲解。然收效并不显著"。❸ 此种情况比比皆是。总之，国民政府的民族教科书政策文化功能的释放是极其有限的，不仅无助于，甚至妨碍了现代民族国家的文化秩序的构建。

---

❶ 刘国钧. 今后边疆教育应取之方针 [J]. 西南边疆，1941（13）.

❷ 陶云逵. 开化边民问题 [J]. 西南边疆，1940（10）.

❸ 岑家梧. 云南嵩明县之花苗 [J]. 西南边疆，1940（8）.

第五章　发展：新中国少数民族教科书政策（1949 年至今）

国家的统一是当然的事，而国家的统一在文化。

　　　　　　　　　　　　　　　　　　　　　——南怀瑾

　　1949 年政权更迭，新中国成立，深受马克思主义民族理论及前苏联民族政策实践影响的共产党成为中央政府的执政党。为了解决新政体下民族整合的老问题，中央政府对少数民族教育进行了大规整。民族教科书政策也在调整过程中不断成长，其内容与结构都逐步成熟，民族教科书的出版、发行都呈现出前所未有的繁荣景象。这种情形持续至文革前期急转直下，少数民族教科书政策成长与民族教育发展同时受挫。及至 20 世纪 70 年代中期至 80 年代初期这种状况才有所改观，中央政府在检视文革时期民族政策的同时，对民族教育逐步恢复并调整。这一时期政府在教材协作、改革、出版、编译等方面作出许多重要指示，民族教科书政策在这个时期迅速成长，取得一些极为重要的成就。进入 20世纪 90 年代初期，苏联解体，由冷战格局暂时压制的民族分裂主义再次抬头，国外民族情势的重大变化令政府和学界对国内的民族政策进行反思和重定位，加之民族教育之新课程改革的推动，政府强化少数民族教科书管理的意图更加明显，同时关于民族教科书政策开始产生公平与效率、统一化与多样化的争论，这些在实践中调适性的讨论都为民族教科书政策体系的进一步发展打开了可探讨的广阔空间。

第一节　民族教科书政策的背景

　　在现实的情景中，教科书政策是国家在中观层面行使其知识准入权力的结果。国家通过代表其意志的主流价值观影响教科书政策，因此，主流价值观不但构成民族政策的基本底色，并且在形成和演化的过程中作为一种外在的力量，对民族教科书政策的目标、内容、实施产生深刻的影响。少数民族教科书政策在国民政府时期成型，并进行了为期 22年（1927—1949 年）的初次实践；新中国的民族教科书政策在完全不同的价值观影响下，进行了第二次实践，并朝向成熟与完善的方向发展。而新中国少数民族教科书政策所蕴含的价值观不是空穴来风，而是源于它成长的政治、文化、教育背景。

一、政治环境的变化：民族身份从"遮蔽"到"凸显"

（一）民族平等原则下，构建"多民族"的现代民族国家

"民族国家成为了现代世界和现代中国自我想象和经验的重要内容和方式。中国现代经验的最主要的内容就是必须把自己讲到民族国家和现代世界这样一个故事里去。"[1] 中国历届政府理解和讲述"一民族一国家"的方式不同，导致少数民族群体在不同政府的差异性描述中地位也不同。南京国民政府着力构建的是单一民族的现代国家，少数民族只是中华民族的宗族分支，民族身份不被法律承认，始终处于被遮蔽状态；新中国成立后，民族认同和少数民族身份问题受到前所未有的重视，无论是主体民族还是少数民族，作为一个新政权，它的合法化过程都需要建立在治下所有民族的忠诚与服从的基础上。新中国的中央政府真正把握住了中国是统一的多民族国家的基本国情，第一次将"多民族的中国"这一理念树立起来，并在此基础上进行政治认同的构建，统一的"多民族"现代国家是新中国政治整合的最终目标。

其实早在 20 世纪 20 年代，国人第一次对中华民族问题进行研究和讨论时，国民党与共产党在关于国内民族问题的看法上就存在分歧。[2] 尽管共产党在"1931 年和 1934 年的《中华苏维埃共和国宪法大纲》中已经提出了较为完备的民族政策体系。特别是红军在长征时期途经少数民族聚居区，广泛接触了少数民族，民族工作深入地展开，民族纲领政策也日益发展成熟"[3]，但作为在野党，并没有机会影响中央政府的民族政策。

新中国成立，共产党以各民族平等、团结、互助为其民族政策的基本原则。1949 年 9 月中国人民政治协商会议第一次全体会议通过《中国人民政治协商会议共同纲领》，其中明确规定："中华人民共和国境

---

[1]　旷新年. 民族国家想象与中国现代文学 [J]. 文学评论，2003，(1)：34 - 42.

[2]　本论文第二部分有详述。

[3]　周传斌. 概念与范式：中国民族理论一百年 [M]. 北京：民族出版社，2008：111.

内各民族一律平等，实行团结互助，反对帝国主义和各民族内部的人民公敌，使中华人民共和国成为各民族友爱合作的大家庭"❶。在具有临时宪法性质的《中国人民政治协商会议共同纲领》中表述民族平等的原则，让少数民族从被遮蔽、压抑的历史后台获得合法的政治地位，走向历史的前台，承认少数民族在构建中华人民共和国这个大家庭中的重要地位，这是新中国时期民族教科书政策发展的最上层的政治背景，也是最突出的环境变化，少数民族从隐蔽走向凸显，民族教科书政策也有了更广阔的发展平台。

（二）民族自治原则下，建立民族区域自治制度

新中国将民族区域自治制度作为一项基本民族政策和基本政治制度。它在政治上的意义在于，通过尊重、保障各民族管理本民族事务的权力，来获得各民族对国家政权的认同，有利于维护国家统一，它的文化意义在于政府不但承认少数民族的非主流文化具有重要价值，并给予组织及制度上的保护。

在《中华人民共和国民族区域自治法》和一些配套的法律规章制度中，语言文字、文化教育的权力都被明确规定，这为民族教科书政策的发展提供了理论的依据和实践的场域。在截至 1999 年 9 月成立的 5 个自治区、30 个自治州、120 个自治县、1256 个民族乡里，实行自治的少数民族人口占少数民族总人口的 75%，有 44 个少数民族建立了自治地方。❷ 在自治区域的范围内，少数民族在民主法制、国家统一、民族团结的原则下享受政治、经济、文化权利，为少数民族群众按照自己的意愿维护其合法权利提供了制度的保障。

作为民族平等基本原则的体现，民族区域自治制度为少数民族教科书政策的发展提供了制度保障和政策实施的空间。我国宪法规定："各少数民族聚居的地方实行区域自治，设立自治机关，行使自治权。""民族自治地方的人民代表大会有权按照当地民族的政治、经济和文化的特点，制定自治条例和单行条例。"新中国的民族教科书政策有了法

❶　中央档案馆. 中共中央文件选集（第十四册）［M］. 北京：中共中央党校出版社，1987：742.

❷　龚志祥. 新中国民族政策过程及实证研究［D］. 中央民族大学博士学位论文，2006.

理依据和支持，在各自治区域内进行具体的实施和调适。

（三）民族互助原则下，改造创制民族语言文字

教科书文本主要由两部分组成，表面语言文字和深层文本内容，而语言文字虽然是教科书的"字面"，却是读者阅读的第一道屏障。少数民族教科书文本的一个明显特征就是使用了少数民族语言单独或者双语合璧的形式进行编写，因此民族语言在教科书的编写中具有举足轻重的作用。它所具有的意义不简单是"字面"的形式，更代表了渗透在语言背后的文化价值。海德格尔说"语言是存在之家"，在一个多民族国家里，语言是民族利益诉求的基本内容之一。是否采用民族语言、采用哪些民族语言文字编写教科书往往代表一个国家对少数民族身份是否承认，以什么标准分配教科书中的民族文化利益。

新中国成立之前只有蒙古、藏、回、朝鲜等几个人口较多的民族有自己本民族语言文字的教科书，这与我们收集整理的教科书实物是相符。很多少数民族没有本民族语言文字的教科书的原因主要有两个：第一，这些少数民族要么本身就没有，或者曾经有过但之后因语言功能的缺失而逐渐消失，或者有口头语言没有书面语言。教科书中使用的语言必须是内容稳定且结构成熟的书面语言，因此，新中国成立之前，大多数少数民族的语言都不具备编写教科书的条件，这是一些少数民族文化发育不健全造成的。第二，政府没有在主观上重视少数民族文化，保护和发展少数民族语言，认为少数民族语言是方言、俚语。这种情况在南京政府时期特别突出，在推行同化型"国语"教育的时候，就以强制的方式不允许少数民族使用本民族原有的语言。教科书政策是国家权力的行使，一旦政府持有否定少数民族语言的态度，那么编写教科书就是根本不可能的。

语言文字权是人类的基本人权之一，它是"国家确保的少数人群体成员无论在私下还是在公开场合，无论是以口头还是书面形式，享有不受干扰地使用其自己语言的权利"❶。中共继承了马克思主义历来坚持民族和民族语言平等原则是解决民族问题的根本原则，认为民族无大小，语言无论应用范围大小及历史是否久远，都是人类文化的组成资

---

❶ 周勇. 少数人权利的法理［M］. 北京：社会科学文献出版社，2002：48.

源。其实早在 1932 年的中华苏维埃第一次全国代表大会上就通过的
《关于中国境内少数民族的决议案》就规定："必须为国内少数民族设
立完全应用民族语言文字的学校、编辑馆与印刷局；允许在一切政府的
机关使用本民族的语言文字。"毛泽东在 1938 年 10 月中共中央六中
（扩大）全会上的报告中提出："尊重各少数民族的文化、宗教、习惯，
不但不应强迫他们学汉文汉语，而且应赞助他们发展用各民族自己的言
语文字的文化教育。"1945 年毛泽东又在党的"七大"报告中再次重
申：少数民族的言语、文字、风俗、习惯和宗教信仰应被尊重。

　　新中国成立，《中国人民政治协商会议共同纲领》规定："各少数
民族均有发展其语言文字、保持或改革其风俗习惯及宗教信仰的自
由。"❶ 这是新中国政府第一次在具有宪法性质的文件中对民族语言权
利表示承认。之后在 1952 年通过的《中华人民共和国民族区域自治实
施纲要》的第 15、16 条等文件中再次予以确认。为了落实民族语言平
等权利，使少数民族群众充分享受到使用本民族语言文字沟通交流的自
由，1951 年 2 月 5 日政务院在《关于民族事务的几项决定》中提出要
为尚无文字的少数民族创立文字，并在 1954 年进行了批复，"责成中国
科学院语言研究所和中央人民政府民族事务委员会审慎研究"。由中国
科学院语言研究所全权负责帮助少数民族创立文字的工作。于是从
1954 年起，新中国政府帮助 10 个少数民族创制了 14 种文字，为 3 个少
数民族改进了 4 种不完备的文字，并以教育部为主负责在各民族学校中
实验和推行这些新创及改进的文字。这样，我们就发现了如图 5 - 4
（本书第 166 页）所示的彝文教科书，它就是由中国科学院少数民族语
言调查第四工作队和四川省教育厅联合编写的。这也是中科院仅有一次
参与开发教科书的活动，这从一个侧面体现出新中国对少数民族语言文
化权利的高度重视，由此也看出，教科书的文字绝不简单是"字面"，
掩藏在"字面"背后的权利分配与价值肯定的意图更是明显。

　　所以，新中国的政治环境非常有利于民族教科书的成长，"多民
族"的现代国家为少数民族教科书的产生提供了政策保障，民族区域自

---

　　❶　阿尔宾达赉，沙玛·甲加. 中国少数民族文字教材建设概况［M］. 呼和浩特：内蒙
古教育出版社，1996：42.

治制度为少数民族教科书的发展提供了实践平台，民族语言文字政策则为民族教科书的发展奠定了理论和现实基础。从此，少数民族语言文字不仅受到国家法律层面的承认，更成为国家制度的一部分。它所具有的划时代意义，对民族教科书影响巨大，因为，从今以后，用民族语言文字编写教科书不再因为缺乏法理支持而被任意否定，平等的语言发展权利带来的是新中国民族教科书编写规模的大扩张，多语言、多学段、多学科的大量民族教科书出版发行，奠定了新中国民族教育大发展的基础。

二、民族观念的演化：从"政治"化到"文化"化

在民族国家的世界政治秩序中，对于一个新生政权，在国家创建过程里首要的意识形态手段就是对民族的建构，新中国也不例外。既然多民族的现状和民族问题是种社会常态，民族国家采取什么样的民族观建构民族国家的集体认同就至关重要。新中国政府的民族观基本与执政党保持一致，共产党有两个发展阶段的民族观。

（一）新中国的"革命"民族观

第一个阶段的民族观是在"压迫"和"反压迫"的话语体系中产生的政治化的"革命"民族观，其历史久远，可以追溯到国民革命时期。中国共产党受民族主义思想的影响，并在马克思主义民族理论的启发下，将民族问题纳入阶级问题的范畴，从进步主义历史观中得出少数民族落后于汉族，而落后源于"大汉族"主义的阶级压迫。"人对人的剥削一消失，民族对民族的剥削就会随之消灭。民族内部的阶级对立一消失，民族之间的敌对关系就会随之消失。"❶ 于是，按照这个思路，新中国成立，中国共产党承认少数民族是兄弟民族，新的中央政府工作重点之一就是打破民族压迫的格局，以此为目的的民族工作内容主要包括两个方面，第一是"民族识别"。为了彻底贯彻民族平等的原则，消解地方的"原生性族群认同"，新中国政府进行了大规模的民族识别工作。在1953—1982 年进行全国范围的民族识别和少数民族社会历史大调查，到1979 年为止，总共有55 个少数民族。第二是进行民族地区的

---

❶　马克思恩格斯选集（第一卷）［M］. 北京：人民出版社，1972：270.

"民主改革"，平地权、促平等。

这种"民主改革"和"民族识别"工作对新中国的民族教科书政策提供了公平的发展平台和广阔的发展空间。尤其是在民族识别的过程中，中央政府依据斯大林对民族的定义，为那些被识别出的、没有书面语言文字的少数民族改进和创制了文字，先后对傣、彝、景颇、拉祜族文字进行了改革，又采用拉丁字母为壮、布依、苗、黎、纳西、傈僳、哈尼、佤、侗等十几个民族设计了 14 种文字方案。这种语言文字的举措对民族教科书的编写、审定、印刷等政策内容都产生了直接的影响，甚至成为教科书政策的一部分。

（二）新世纪"多元一体"民族观的文化侧面

1988 年，费孝通先生的著名演讲《中华民族的多元一体格局》在香港中文大学发表，随后"多元一体"的民族观就成为中国政府及中国共产党主流的民族观。"多元一体"的民族观认为中华民族作为"一个自在的民族实体，在共同抵抗西方列强的压力下形成了一个休戚与共的自觉的民族实体。这个实体的格局是包含着多元的统一体，所以中华民族还包含着五十多个民族"。"中华民族的统一体之中存在着多层次的多元格局。各个层次的多元关系又存在着分分合合的动态和分而未裂、融而未合的多种情状。"❶

费孝通先生对"多元一体"理论有自己的表述，即学术理论式的表述。而当学术理论与现实政治生活相关联时，关于"多元一体"民族观的解读就会自然而然地成为民族政策理论研究中的热门话题。从纯粹学术理论的角度看，费孝通先生用民族融合与发展的过程描述了另一种中国史，也形成了中华民族史体系。费孝通是继承了他的老师吴文藻关于民族"文化"化的立场，吴文藻认为："民族跨越文化，不复为民族；国家脱离政治，不成其为国家。"❷"多元一体"理论是站在文化"天下"而非政治"国家"的立场进行的论说，而内容揭示的是中国文化结构的双重特质："多元"和"一体"。"多元"代表族群的和文化的

---

❶　费孝通. 中华民族的多元一体格局 ［J］. 北京大学学报，1988（4）：1 - 16.

❷　吴文藻. 民族与国家 ［M］//吴文藻人类学社会学研究文集. 北京：民族出版社，1990.

多元差异性，"一体"则是国家和文化的整合。但当理论进入政治视野时，这种民族史体系的建立其实存在一个开启与遮蔽的选择，"多元一体"的民族史也需要在严格的意识形态下进行民族历史的解蔽。学术研究成果上升为国家主流意识形态时，"多元一体"的民族观就被赋予更多的"政治"化色彩，对其进行文化角度的阐释就逐渐减少，取而代之的是政治角度的阐释，这样也形成了"多元一体"民族观的两个侧面，从与教科书政策关系的角度，本研究更倾向于它所展现的文化侧面。

三、教育背景的转变：从社会主义改造到现代化发展

如果政治背景和民族观念是民族教科书政策发展的大格局，那么民族教育的发展就是民族教科书政策的小环境。新中国的民族教育发展大体经过了两个重要的转折期：第一个时期是新中国成立初期，与普通教育一起进行新民主主义的教育改造；第二个时期是20世纪80年代中期左右开始的大发展时期。首先，要突出的是，这两个时期民族教育的发展都与普通教育亦步亦趋；其次，相对普通教育，民族教育的发展没有大开大阖，总体稍显平淡，在历次教育的大变动中始终保持相对平稳的态势，这从教科书的出版情况即可体现；最后，两个时期的民族教育发展各有如下特点。

（一）新中国民族教育的社会主义化过程

新中国成立，中国共产党将民族问题作为政府工作的重点，重视民族地区教育的发展，并将其作为旧式教育新民主主义改造的一部分。在改造、整顿、调整民族教育发展的方向下，民族教育形成了社会主义化的基本样貌，其过程及特点如下。

1. 明确社会主义民族教育的宗旨与方针

新中国政府致力于创建本质上更加平等的少数民族教育。为了与近代旧式的民族教育割裂开来，政府通过三个步骤确立了的新民族教育的宗旨和方针：首先，新中国在1949年颁布的《中国人民政治协商会议共同纲领》中明确："中华人民共和国境内各民族一律平等。人民政府应帮

助各少数民族。人民大众发展其政治、经济、文化教育的建设事业。"❶
其次，政务院在 1950 年 11 月 24 日发布了新中国政府第一个民族教育
政策文件——《培养少数民族干部试行方案》；最后，1951 年 9 月，教
育部在北京召开全国第一次民族教育会议，会议中提出：少数民族教育
必须是新民主主义的内容，即民族的、科学的、大众的教育。这些政策
及会议的召开奠定了新中国民族教育的基本方针。

　　2. 确立结合民族具体情况的教育体制

　　新中国政府特别强调举办民族教育要尊重各民族特点，依据民族实
际情况建立教育体制。周恩来总理在 1950 年举行的全国高等教育会议
上讲话："我们的教育是民族的，要有民族的形式。"全国第一次民族
教育会议报告中强调，民族教育"必须采用民族形式，照顾民族特点才
能很好地和各民族实际情况结合起来"。在此方针的指导下，政府制定
了结合民族特点与实际情况的教育政策，形成了包含以下四方面内容的
新中国民族教育体系。

　　第一，在管理制度上，在第一次全国民族教育会议报告中强调，中
央人民政府教育部和有关各级人民政府教育行政部门要高度重视民族教
育工作，建立民族教育机构、指定专门人员负责管理。1952 年 4 月，
政务院颁布《关于建立民族教育行政机构的决定》，在教育部增设民族
教育司，各大行政区教育部增设民族教育处，或在有关处内设立专职人
员。截至 1955 年，在全国 28 个省、自治区、直辖市内都已经建立了民
族教育行政机构。

　　第二，在办学形式上，逐步形成具有民族特点的学校系统。在
1952 年全国推行新学制时，教育部规定民族地区可以申报延缓改制年
限。在 1955 年 10 月召开的民族教育汇报会上指出在民族地区，可以根
据居住、交通、季节的差异性，采用固定、流动、半固定的办学形式，
具体情形可以根据情况研究而定，特别提出民族地区的办学形式"必须
坚决克服一般化或正规化的倾向"❷。于是从 20 世纪五六十年代开始，
部分省、自治区开始举办寄宿制民族中小学校。这些学校面向农村、牧

---

　　❶　金炳镐，王铁志. 中国共产党民族纲领政策通论 [M]. 哈尔滨：黑龙江教育出版社，
2002：580.

　　❷　吴仕民. 中国民族教育 [M]. 北京：长城出版社，2000：6.

区、边远山区少数民族招生，以公办为主和助学金为主，实行全日制中小学计划。学生食宿在校，享受助学金，减免学杂费、书本费，特别苦难者还发给日常生活用品、服装等。根据"分级办学、分级管理"原则，学校经费由各级人民政府负责，分为省办、州办、县办等几种形式。❶

　　第三，建立双语教育教学制度。民族教育从建国初期就贯彻国家民族语言文字政策。新中国第一部民族教育政策，即 1950 年颁布的《培养少数民族干部试行方案》，在此方案中提出双语教学，并于次年政务院批准的《关于第一次全国民族教育会议的报告》中再次规定，对于"有现行通用文字的民族，小学、中学必须用本民族语文教学。对有独立语言而无文字或文字不全的民族，一面着手创立文字和改革文字，一面按自愿原则，采用汉族语文或本民族所习用的语言进行教学。少数民族的各级学校得按当地少数民族的需要和自愿设置汉文课"❷。

　　第四，在帮扶和资助制度上，形成了优先发展和重点扶持的政策。政府在新中国成立初期就制定了针对少数民族在考试招生、对口扶贫、师资培养、学生学习生活待遇、经费投入上的特殊照顾政策。有了这些政策，新中国民族教育政策搭建起了基本的框架，为新中国社会主义民族教育发展新局面奠定了基础。

（二）新时期民族教育的现代化发展过程

　　虽然经历了新中国成立后历次政治运动的影响，但民族教育还是在 20 世纪 80 年代左右开始朝着现代化的道路发展。这个发展过程主要有以下两个特征。

　　1. 以完善法律体系为手段，推动民族教育现代化

　　在中国少数民族教育的现代化的发展过程中，它以《中华人民共和国宪法》为根本依据，通过《中华人民共和国教育法》（1995 年）、《中华人民共和国义务教育法》（1986 年、2006 年）、《中华人民共和国民族区域自治法》（1984 年、2001 年）中对民族问题、民族教育问题

---

❶　吴明海. 中国少数民族教育史教程［M］. 北京：中央民族大学出版社，2006：303.
❷　国家教委民族地区教育司. 少数民族教育工作文献选编［M］. 呼和浩特：内蒙古教育出版社，1989：38.

的法律规定，确立了新时期的民族教育以平等、互助为指导原则，建立以公民权利为基础的少数民族受教育权，赋予民族自治地方自主管理和发展地方教育事业的权利，继续完善对民族教育的帮扶和投入，在师资培训、兴学招生的政策上加大倾斜力度，教育教学中继续执行国家相关的语言文字政策。

2. 确立新时期民族教育现代化的目标与内容

1980 年 10 月 9 日，教育部、国家民委颁布《关于加强民族教育工作的意见》，改变建国初期民族教育以培养少数民族干部为工作重点的目标，提出新时期的民族教育重点在于培养少数民族科学技术人才和管理人才，重点扶持民族教育，逐步建立适合少数民族地区特点的民族教育体系。

1985 年 5 月，中共中央颁布教育体制改革的决定，民族教育在此指导下大力推进。1992 年 3 月，国家教委会同国家民委联合召开第四次全国民族教育工作会议，此次会议总结民族教育改革与发展经验，会后下发《关于加强民族教育工作若干问题的意见》《全国民族教育发展改革指导纲要》和《关于开展教育支援协作的意见》等 10 个文件。❶这次会议的召开为 20 世纪 90 年代的民族教育发展确定了六项基本原则和三项基本任务，再次肯定了中国民族教育发展的社会主义方向，重申必须将贯彻执行党和国家统一的教育方针同贯彻执行党和国家的民族政策有机结合，重申必须继续坚持双语教学的政策，采取因地制宜、灵活多样的办学形式。在 1986 年开始全国推行普及九年义务教育的过程中，民族地区也同步进行，并得到国家的特别补助。

进入新世纪，国际国内民族问题的情势都发生重大变化，随着国内改革开放的深入和西部大开发战略的实施，民族教育发展有了新的目标与任务。2002 年 7 月，国务院颁布《国务院关于深化改革加快发展民族教育的决定》，并于同月召开第五次全国民族教育工作会议。该决定对新世纪的民族教育的现代化发展设定了目标任务和方针原则，对民族教育行政机构建设、办学体制改革、教育布局等都提出了具体的要求，强调由民族自治地方自主发展教育；加强民族语文、双语教学及少数民

---

❶ 吴明海. 中国少数民族教育史教程［M］. 北京：中央民族大学出版社，2006：312.

族文字教材建设；在教育经费投入上继续给予照顾，加强专项补助经费管理，拓宽经费投入渠道；开展教育对口支援，在内地举办西藏中学、西藏班和新疆班。总之这个时期的民族教育是新中国成立以来发展最为迅速和繁荣的时期，从宏观的政策、理念到中观的管理、制度，直至微观教学、课程都有长足进步。

第二节　民族教科书政策的产生过程及内容

从历史的角度看，民族教科书政策的发展过程是连续与断裂的矛盾体，连续性体现在新旧中国民族教科书政策从幼稚至成熟的本体发展中，而断裂性则体现在，新旧中国民族教科书政策在价值取向上存在巨大差异。新中国的民族教科书政策成长、发展于新中国的政治环境、民族观、教育发展的情景中，一方面规整于新中国普通教科书政策的指导下，另一方面又凸显了民族教育的异质性。

一、新中国民族教科书政策的产生过程

教科书作为一种文本，在静态上表现为语言和内容，在动态上则联结课堂与教学。因此新中国民族教科书的政策过程是伴随国家民族语言政策和双语教育政策展开的，作为民族教科书的外围政策，它们的影响是巨大的，甚至是决定性的。由此，民族教科书政策的发展过程如果是核心，民族语言政策和双语教育政策就是其两翼。另外，民族教科书政策还存在于国家统一的教科书政策规范之下，因此这个时期民族教科书政策是一个庞大的由核心扩散至外围的政策群体。

（一）普通教科书政策是民族教科书政策的基础

新中国教科书政策大体可以划分为三个阶段。

第一个阶段，新中国成立之初，以教科书"审定制"与"国定制"相结合为特征的过渡阶段。新中国教科书政策在原根据地时期教科书制度上发展而来，并以苏联经验为范本。1949 年 4 月 21 日，华北教科书编审委员会成立，主要负责审定老解放区和国统区的中小学教科书，为新中国教科书的使用做准备。新中国成立，即确定了"编审出版发行统

一"的教科书政策目标。在国家新闻出版总署成立之后，成立编审局第一处取代华北教科书编审委员会，成为专门负责全国教科书编审的机构。❶ 但出于编审能力等因素的考虑，编审局主要负责文、史、地三科教材的编审工作，政治教材则安排政宣机关编写，剩余教材还使用民间书局编辑的版本，"国审并存"，因此尽管教科书一统的政策目标已建立，但还不具备完全之实行。

第二个阶段，新政权通过对全国出版业、学校系统进行全面而深入的改造，消除建立统一教科书制度的障碍，逐步控制了教科书编审、出版发行的权利，搭建了以"一纲一本一出版"为主要特征的"国定制"新中国教科书政策。"由中央政府完全统一中小学教科书的编纂、出版和发行，是符合中共意识形态和实际需求的一种教科书编审制度。"❷ 于是，人民教育出版社取代原新闻出版总署的编审局，成为全国统一的中小学教科书编辑出版机构，专门出版教科书和一般教育用书。❸

第三个阶段，80 年代中后期，由"一纲一本一出版"逐渐过渡到"编审分离""教科书多样化"的审定制度。1985 年教育部颁布《全国中小学教材审定委员会工作条例（试行）》，指出："今后中小学教材的建设，把编写和审查分开，人民教育出版社负责编写，全国中小学教材审定委员会负责审定，审定后的教材由教育部推荐，供各地选用。"❹ 1986 年 9 月全国中小学教材审定委员会在北京成立。1987 年 10 月国家教委发布《全国中小学教材审定委员会工作章程》《中小学教材审定标准》和《中小学教材送审办法》三个文件，由此开始，以教科书的审定制为特征的教科书政策得以确立。

民族教科书同样经历了这三个阶段，但只有在第三个阶段时才开始设立专门的机构执行教科书的编审政策，形成民族教科书独立的编审系统。

---

❶ 课程教材研究所. 教材制度沿革篇（上册）[M]. 北京：人民教育出版社，2005：2.
❷ 刁含勇. 新中国中小学教科书制度的形成及其影响（1949—1954）[D]. 华东师范大学博士学位论文，2011.
❸ 尚伦. 建国以来我国义务教育教科书制度研究 [D]. 西南大学博士学位论文，2008.
❹ 李虹霞. 中小学教科书审定制度研究 [D]. 湖南师范大学硕士学位论文，2008.

（二）民族双语教育政策辅助了民族教科书政策的产生

在肯定、保护少数民族语言的同时，国家开始在教育领域中贯彻落实民族语言平等政策，即在少数民族聚居区的学校开展双语教育。1950年政务院批准《培养少数民族干部试行草案》，指出：

"各少数民族学校应聘请适当的翻译人员帮助教学，并对必须用本民族语言文字授课的班次和课程，逐渐做到各民族用自己通用的语文授课。长期班的少数民族学生除学好本民族语文外，亦应学好汉语文。"❶

1951年政务院批准《关于第一次全国民族教育会议的报告》，指出：

"关于少数民族教育中的语文问题，会议规定凡用现行通用文字的民族，如蒙古、朝鲜、维吾尔、哈萨克、藏族，小学和中学的各科课程必须用本民族语文教学。有独立语言而尚无文字或文字不全的民族，一面着手创立文字和改革文字；一面得按自愿自择，采用汉语文或本民族所习用的语文进行教学。关于少数民族学生学汉文课的问题，会议一致统一各少数民族的各级学校按照当地少数民族的需要和自愿设汉文课。"❷

这两个文件奠定了新中国民族双语教育之基础。

之后，在教育部给各民族地方的关于教学语言使用问题的回复中也一再强调和肯定执行双语教育的政策。如1951年5月中央政府和西藏地方政府签订的《关于和平解放西藏办法的协议》、1953年教育部批复湖南省教育厅的《关于兄弟民族应用何种语言教学的意见》、1954年教育部就甘肃临潭初中设藏文课的问题批复西北教育局、1955年教育部就蒙汉文教学等问题批复内蒙古自治区教育厅、1956年教育部给黑龙江省教育厅复文《关于在蒙古族学校中开始推行用本民族语文教学的问题》。1979年，成立民族院校汉语教学研究会，1982年，教育部制定了《全日制民族中小学汉语教学大纲（试行草案）》。由此开始，民族双语教育的政策就被一贯执行和不断巩固起来，新中国建立了以双语教育为

---

❶ 李尚耘. 中华人民共和国民族政策研究［D］. 中央民族大学博士学位论文，2004.
❷ 李尚耘. 中华人民共和国民族政策研究［D］. 中央民族大学博士学位论文，2004.

基本特征的民族教育体系。双语教育体系的建立为民族教科书的发展奠定了基础。

(三) 民族教科书政策的产生

以时间为序，新中国制定民族教科书政策大体经历了以下三个阶段。

1. 奠定基础的阶段

新中国初立，在 1951 年第一次全国民族教育工作会议中对民族教育的性质（"民族的，科学的、大众的教育"）及地位予以规定，提出民族教科书应结合各民族实际情况编写，这为民族教科书政策的制定和落实都设立了基本框架。

1955 年，教育部下发《全国民族教育行政领导问题的意见》，其中再次强调民族教育总体上必须符合国家统一规定，实际操作中可以因地制宜，并对教科书编译工作的职权划分进行了具体安排。

从 1959 年开始，国家开始整合教育、文化、出版等资源开始具体落实详细的民族教科书编写、出版政策。1959 年由教育部、文化部和国家民族事物委员会召开"全国少数民族出版工作会议"。这次会议对教材的指导思想、内容、编译方法都有明确规定。

1974 年，在"文革"艰难的环境下，国务院教科组召开全国少数民族语文教材工作座谈会，针对少数民族语文和汉语教材，提出了具体的编写、编译、印刷、出版、发行等改革意见。1975 年，国务院批转了会议报告，这次报告的内容奠定了民族教科书之后数十年的基本发展原则。对教材的出版方式、类型和分工情况进行了具体的说明。

1980 年年底，国家民委、国家出版局在北京召开全国少数民族文字图书出版工作座谈会。会后，国务院批转会议中通过了《关于大力加强少数民族文字图书出版工作的报告》，该报告再次明确了少数民族文字图书出版工作的方针任务、出版机构的设置与调整、编译队伍的建设、大力扩充民族文字图书印刷生产能力和发行工作，还有如何解决民族文字图书出版经费的问题。

1982 年，教育部颁发了《全日制学校民族中小学汉语文教学大纲（试行草案）》，1987 年国家教委召开会议对其进行了修订。1992 年国家教委颁布了《关于修订〈全日制民族中小学汉语文教学大纲〉的通知》，对民族中小学《汉语》教材中汉语拼音、汉字、词语、语法、课文和练习进行了详细的规定。

1982 年 3 月，全国五省区藏文教材协作小组在西宁第一次召开会议，成立了五省区藏文教材协作领导小组，制定了领导小组工作简则，进行了明确分工，并就编译协作教材的指导思想和必须遵循的原则、语言规范化问题以及编译队伍的建设等进行了专题讨论。❶

2. 独立发展的阶段

从 20 世纪 80 年代中期开始，国家启动成立专业、独立的民族教科书编审机构。1984 年 4 月教育部批复了"关于成立全国朝鲜族中小学教材审定机构问题"，同意聘请朝鲜文教材审查委员会组成人员，1985 年国家教委同意聘请全国朝鲜文教材审查委员会各学科审查组成人员。1985 年 7 月，全国中小学教材审定委员会朝鲜文教材审查委员会成立，并召开了第一次委会（扩大）会议。会议通过了《全国中小学教材审定委员会朝鲜文教材审查委员会工作条例》。

1986 年 4 月 14 日，国家教委批准《关于成立全国中小学教材审定委员会五省区藏文教材审查委员会的报告》，同意五省区藏文教材审查委员会实行由五省区藏文教材协作领导小组和国家教委民族教育司双重领导，以五省区藏文教材协作领导小组为主，全国中小学教材审定委员会在业务上进行指导。❷

1986 年 8 月 14 日，全国中小学教材审定委员会朝鲜文教材审查委员会第二次委员（扩大）会议在黑龙江省牡丹江市召开，会上审议通过了《小学朝鲜语文教材编写纲要》《中学朝鲜语文教材编写纲要》《朝鲜族中小学美术教学大纲》《关于自编朝鲜族中学日语教材的建议》。并第一次提出进行优秀民族教科书（朝鲜文）评选活动，朝鲜族走在了全国民族教科书发展的前列。

1986 年 10 月国家教委批准成立全国蒙古文教材审查委员会，并同

❶　阿尔宾达赉，沙玛·甲加. 中国少数民族文字教材建设概况［M］. 呼和浩特：内蒙古教育出版社，1996：42.

❷　阿尔宾达赉，沙玛·甲加. 中国少数民族文字教材建设概况［M］. 呼和浩特：内蒙古教育出版社，1996：58.

意所推荐的全国蒙古文教材审查委员会组成人员、全国蒙古文教材审查委员会办公室组成人员、全国蒙古文教材审查委员会各学科审查组聘请人员名单。

1995 年 6 月，国家教委民族教育司在四川省西昌市召开云南、四川、贵州三省彝文教学和教材建设会议，对 1980 年《规范彝文》颁发后的彝文文化和教育事业进行了总结，并请求国家教委协调成立"四省区彝文教学与教材建设协作领导小组"和"全国中小学彝文教材审查委员会"，以提高中小学彝文教材的质量。

1989 年，国家教委召开全国民族文字出版工作座谈会议。这次会议分析了民族文字教材建设中存在的问题。例如出版管理体制、经费不足、亏损严重、缺少编译人员等，并针对这些问题提出了建议。

1992 年 10 月 21 日国家教委民族地区教育司关于印发《全国民族教育发展与改革指导纲要（试行）的通知》中第 27 条对民族教材的审定工作、经费划拨、出版发行都给出了具体意见。

3. 深化改革的阶段

在全国教育改革的大趋势的影响下，民族地区的课程与教学计划也有条不紊地进行调整。这种调整必然对教科书的编译、出版、发行产生影响。1992 年 12 月 1 日国家教委批准颁布《五省区义务教育全日制藏族小学初级中学课程计划》《五省区藏族高级中学教学计划调整意见》。同时从 1995 年展开优秀教材的评审工作。1995 年 3 月 16 日，国家教委颁布通知，开展跨省区协作编写的蒙古、朝鲜、藏文中小学优秀教材评奖活动，并制定了《中小学少数民族文字优秀教材评奖办法》（原文详见附录四）。

新一轮基础教育课程改革开始后，国家针对五省区藏族学校教材的政策有所变动。2000 年，教育部办公厅发布《关于人民教育出版社为五省区编写藏族中小学〈汉语〉教材的通知》，确定人民教育出版社牵头成立藏族中小学《汉语》教材编写委员会，全权处理教材编写的人员分工、工作安排等适宜。并对五省区汉语课程计划、课程标准及编写原则、教材的使用对象、教材内容设计、组织领导及有关事宜进行了具体的规定。❶ 并在当年确定由五省区《藏语文》教材编写组编写，四川民族出版社出版一套新的《藏语文》，从 2000 年秋季始，供五省区藏族中小学各起始年级学生使用。❷

在 2002 年 7 月 7 日颁布的《国务院关于深化改革加快发展民族教育的决定》中再次强调："要把双语教学教材建设列入当地教育发展规划，予以重点保障。"

从 2004 年开始，国家对 20 世纪 80 年代中期制定的民族教科书政策根据实际情况进行调整和修订。例如 2004 年 5 月教育部制定了《中小学少数民族文字教材编写审定管理暂行办法》（原文详见附录五），并于 2004 年 8 月 1 日施行。当年 10 月 5 日，教育部转发了全国藏文教材审查委员会办公室修订后的《全国中小学教材审定委员会藏文教材审查委员会工作章程》（原文详见附录六）和《全国中小学教材审定委员会朝鲜文教材审查委员会工作章程》（原文详见附录七）。2006 年教育部制定了《全日制民族中小学汉语课程标准（试行）》，其取代了 2002 年印发的《全日制民族中小学汉语教学大纲（试行）》。2008 年教育部授权青海省教育厅发布经过全国藏文教材审查委员会审查通过的五省区藏族高级中学《藏语文课程标准（实验稿）》。2010 年 3 月教育部授权内蒙古自治区教育厅发布了《蒙古族中小学语文课程标准》和《蒙古语文课程标准》。

至此，新时期的民族教科书政策样貌基本形成，通过对编审、出版、发行等过程的规整和布局，民族教科书成为新中国实践平等、互助民族观的重要工具。

二、新中国民族教科书政策结构与内容

少数民族教科书政策在新中国正式进入大发展时期，逐渐完善的政策结构、渐次丰富的政策内容都为民族教科书的发展奠定了坚实的制度

---

❶ ［EB/OL］http：//www. moe. gov. cn/publicfiles/business/htmlfiles/moe/moe_750/200407/1004. html.

❷ ［EB/OL］http：//www. moe. gov. cn/publicfiles/business/htmlfiles/moe/moe_750/200407/1003. html.

基础。同时，在此制度框架下，无论从数量上，还是从质量上，民族教科书都得到了百年未有的大发展。本研究本着"研究教科书必须见到书"的原则，搜集整理了约 800 本各学段、多学科、多民族语言文字的教科书实物文本，基本覆盖新中国各个时期出版的民族教科书，借助这些教科书文本，我们可以对政策的结构和内容进行对比分析。

（一）教科书发展概况

新中国的民族教科书发展经历了从最初的借用别国中小学教材，之后翻译全国通用中小学各科教材，到至今以全国通用中小学教材作为蓝本进行翻译、自编、编译相结合的三个不同发展阶段。[❶] 在这三个发展阶段中，民族教科书的编审、出版、发行等政策也有所差别。

1. 第一个阶段主要从新中国成立到 1955 年左右

由于每个民族地区情况不一，时间点上可能提前或推后，但根据本研究搜集整理的教科书实物来看，1955 年之后就不再出现翻译别国教材的教科书了。在这个时期，主要借用别国中小学教材，同时也编译部分汉文教材，自编民族语文和汉语文教材由各民族地方的出版社编审合一。这种情况主要发生在新中国的蒙古族教科书、朝鲜族教科书和新疆维吾尔、哈萨克等民族教科书的使用中。在新中国初期，全国范围内的教科书使用还处于艰难的规整时期，加上少数民族语言人才非常缺乏，民族教科书的编辑大都没有起步，只有如蒙古族、新疆各少数民族和朝鲜族教科书有编写的能力。

例如根据《内蒙古自治区人民政府文教部出版中小学于中学教科书》（1949—1950 年）的档案统计，截至 1950 年，内蒙古自治区出版初小蒙古语、算术、常识共 20 册，高小蒙古语、算术、历史、地理、政治常识、自然共 24 册。[❷] 1954 年以前的蒙古语文教材采用的是蒙古国教材。这个时期，不只蒙语文存在这种情况，一些理科教材同样是翻译照搬国外的教材。例如由内蒙古人民出版社 1953 年 1 月出版的《中学几何课本》（第一册）（见图 5-1）即是苏联人 A·Π·基塞列夫编写的。

❶　阿尔宾达赉，沙玛·甲加. 中国少数民族文字教材建设概况 [M]. 呼和浩特：内蒙古教育出版社，1996：2.

❷　中国少数民族教育史编委会. 中国少数民族教育史（第二卷）[M]. 南宁：广西教育出版社，1998：105.

图 5 – 1　Ａ·Π·基塞列夫编，希热博宁布译，
《中学几何课本》（第一册），内蒙古人民出版社，1953 年 1 月

在新疆，解放初期的民族文字教材非常短缺，1950 年省政府从苏
联进口了中小学各种课本 1 034 028 本。1951—1952 年两年内先后译印
发行维吾尔、哈萨克、蒙古三种民族文字的中小学及工农识字课本 41
种，计 686 300 册。❶ 如图 5 – 2 所示的 1951 年 8 月初版的《高小历史》
是唯一一本这时期的哈萨克文历史教科书。1953 年新疆人民出版社编
审了维吾尔、哈萨克、锡伯文的小学课本。1954 年新疆教育厅编成了
《民族中、小学教学大纲（草案）》和审查了一部分民族中小学新编教
材，教学大纲基本上是以中央教育部颁发的各科教学大纲（草案）为
底本，并参考苏联各科教学大纲编写。课本则是在苏联专家的直接帮助
下，由新疆人民出版社负责编写的。1955 年，民族小学课本已全部由
新疆人民出版社编译出版。但初、高中课本大多从苏联购进。❷ 1957 年
完成了初中民文课本的编辑出版工作。❸

❶　中国少数民族教育史编委会. 中国少数民族教育史（第一卷）［M］. 南宁：广西教
育出版社，1998：366.

❷　中国少数民族教育史编委会. 中国少数民族教育史（第一卷）［M］. 南宁：广西教
育出版社，1998：367.

❸　中国少数民族教育史编委会. 中国少数民族教育史（第一卷）［M］. 南宁：广西教
育出版社，1998：370.

图 5 - 2　华北人民政府教育部教科书编审委员会编辑，
新疆人民出版社编译室翻译，《高小历史》（哈萨克文），
新疆人民出版社，1951 年 8 月初版

　　朝鲜族中小学教科书的编辑出版也存在这种现象，在 1947 年延边教育出版社创立初期，当年就出版了中小学《政治》《朝鲜语》《朝鲜历史》三科教材。到 1949 年，小学和初中的各科教材基本都已编辑出版，同时编辑出版了 7 科高中教材。在这些教材中，除政治、中国历史外，大部分教材以朝鲜民主主义人民共和国教科书（朝鲜翻译的苏联教材）为蓝本修订，生物、矿物等一部分自然科学则翻译了日本教材。❶

　　藏族教科书的编写，在青海藏族地区，1950 年省军管会责成文教厅组织人力编译小学藏文课本，1951 年 10 月，省文教厅成立了少数民族教育科，编译藏语文、算术、历史、地理、自然常识等课本。到 1957 年，基本编译完了小学各科的全部课本，六年共编译印制藏文教材 15.8 万册，并编译了部分中学藏文课本。❷ 如图 5 - 3 所示的《高级小学算术课本》即是当时所编。在西藏自治区，1959 年前没有教材编译机构，中小学教材主要参照内地教材，依靠教师自编、自译、自刻、

---

❶ 许青善，等. 中国朝鲜族教育史［M］. 延吉：延边教育出版社，2009：357.
❷ 中国少数民族教育史编委会. 中国少数民族教育史（第二卷）［M］. 南宁：广西教育出版社，1998：369.

自印和边编译边教的办法解决教学急需教材。❶ 其他如云南、甘肃地区使用的藏文教材基本以全国教材为蓝本，靠学校教师根据需要和实际编译。

**图 5 – 3　青海省教育厅译，《高级小学算术课本》（第四册），
青海人民出版社，1956 年 8 月初版**

彝文教科书的编写情况与前者不同。彝族在元、明、清时期统称为"倮倮"，在 1954 年新中国进行民族识别后开始使用"彝族"的称谓，原来使用象形表意文字。为了落实平等、互助的新中国民族政策，国家派出中国科学院民族语言调查工作队，经过大量的调查研究后，在古彝文的基础上制定了《凉山彝语拼音文字方案》，为了普及使用新的彝语，故组织编写了教科书。如图 5 – 4 所示的《语文》当时由中国科学院语言研究所川康工作队和西昌专署合作编写的教科书。四川省教育厅在西康合并后也编译出版了部分藏、彝文小学教材，这套教材后停用。

---

❶ 中国少数民族教育史编委会. 中国少数民族教育史（第二卷）［M］. 南宁：广西教育出版社，1998：369.

图 5 - 4 四川省教育厅彝文编译室、中国科学院少数
民族语言调查第四工作队联合编写，初级小学课本《语文》
（第一册试用本）（彝文），四川民族出版社，1957 年 8 月初版

　　傣文教科书的编写起始于 1952 年。1951 年西南军政委员会基本同意《云南省兄弟民族小学教育计划草案》，要求教材编译可直接报文教部核发。同年文教厅成立兄弟民族语文研究会进行教材编译工作。1952 年西双版纳州在小学开设傣文课，云南省政府同意让西双版纳区编译教材。1954 年正式开始编写傣仂、傣纳文小学课本，到 1956 年共印刷小学语文及算术课本 19 984 册。❶ 如图 5 - 5、图 5 - 6 所示的《算术》和《语文》即当时编写的傣文教科书。

---

　　❶ 中国少数民族教育史编委会. 中国少数民族教育史（第二卷）［M］. 南宁：广西教育出版社，1998：1010.

图 5 - 5　云南省西双版纳自治州教材编译室编，初级小学课本
《算术》（第一册试用本），1956 年 7 月第 2 版

图 5 - 6　云南西双版纳自治州教材编译室编，初级小学课本
《语文》（第一册试用本），1956 年 7 月初版

2. 第二个阶段，翻译全国通用中小学各科教材，时间从 1953 年左右开始，各民族地区时间不统一

这个时期除了民族语文和汉语文教科书外，其他各学科都翻译自全国统编教材，前者主要由各地方教育主管部门审定，当地人民教育出版社（也简称人教社）编写，后者由当地人教社翻译，审定权归中央人教

社。造成这种状况的主要原因是 1952 年 5 月，中央召开第二次全国教材出版工作会议，会议决定今后全国统一使用人教社编辑出版的教材。当时人教社已于 1951 年出版了第一套全国中小学通用教材，到 1956 年秋第二套全国通用的中小学教材已经开始供应。新中国已经稳固地建立"国定制"的教科书制度，对民族教科书的规整也是在这个大背景下进行的。

朝鲜族教科书的这一阶段开始较早，1950—1952 年就开始除了朝鲜语和汉语自编外，其他各科教材统一编译东北人民政府教育部审定的教材。从 1953 年开始，根据第二次全国教材出版工作会议的决定，翻译出版了中央教育部审定的、由人民教育出版社编辑出版的国家统编教材，到 1955 年翻译出版工作全部完成。❶ 这套教材之后一直多次修订出版。1956 年 2 月拟定《小学朝鲜语教学大纲》，并编写出《朝鲜语读本》。1957 年拟定《汉语教学大纲》。1961—1963 年，延边教育出版社拟定《朝鲜语编辑大纲》和《汉语教材编辑方案》，从秋季供应自编的朝鲜、汉语教材，并根据人教社出版的第三套、第四套通用教材进行重新翻译。❷ 如图 5 - 7 所示的《自然》就是翻译的人教社 1964 年版的教材。

图 5 - 7　延边教育出版社翻译，高级小学课本
《自然》（第三册），人民教育出版社，1964 年第 5 版

---

❶ 中国少数民族教育史编委会. 中国少数民族教育史（第一卷）［M］. 南宁：广西教育出版社，1998：551.

❷ 许青善，等. 中国朝鲜族教育史［M］. 延吉：延边教育出版社，2009：358 - 359.

从我们目前整理的蒙文教科书情况来看，从 1956 年开始，除了蒙语与汉语教材由内蒙古自治区自编外，其他各科均翻译人教社的教材。内蒙古从 1954 年开始编写蒙古语文教材，1955 年编写出汉语文课本，至 1958 年编写出了从小学到高中的全套教材。这些教科书由内蒙古教育出版社编辑，由区教育厅审定。❶ 由于中苏、中蒙关系发生变化，必须重新编写蒙汉语教材，1962 年 7 月 7 日，内蒙古自治区教育厅下发《关于进行新编蒙古族中小学教材实验的通知》，要求中小学从 1962 年秋季起试验内蒙古教育出版社编写的蒙汉语文课本甲类、乙类第一册各一本。同年 9 月 5 日，内蒙古教育厅下发《蒙古族中小学蒙汉语文新教材、大纲试验方案（初稿）》，并要求据此重新必须写甲、乙两类中小学蒙汉语文教材。蒙语文课本甲类适用于蒙语文授课的中小学，乙类适用于忘掉了本民族语言、用汉语文授课的中小学。汉语文课本甲类适用于城镇和农村有汉语基础的中小学，乙类适用于牧区、半牧区汉语基础差的中小学。❷ 另外，辽宁省也编译了部分蒙古语教材在辽宁省蒙古族中小学中使用，例如辽宁省昭乌达盟中小学教材编译组、辽宁阜新市教育学院蒙文编译室、阜新市教育局蒙文教材编译室都曾在 1970 年代编写过蒙文教材。图 5-8 就是内蒙古人民出版社翻译的统编《世界地理》。

图 5-8　人教社编，内蒙古人民出版社翻译，初级中学课本
《世界地理》（下册），内蒙古人民出版社，1960 年 2 月第 1 版

---

❶ 中国少数民族教育史编委会. 中国少数民族教育史（第二卷）［M］. 南宁：广西教育出版社，1998：128.

❷ 中国少数民族教育史编委会，中国少数民族教育史（第二卷）［M］. 南宁：广西教育出版社，1998：129.

　　新疆区内的民族教科书全面翻译也是从 1956 年 8 月成立了新疆人民教育出版社开始的。1958 年 2 月，新疆教育厅下发《关于民族文字教学用书与教学参考资料的处理办法》，规定："今后，中、小学应按国家统一规定的教学计划、教学大纲、教材进行教学。除本民族语文及中央没有编写的材料由本区自编外，其余一律翻译中央的大纲、教材。"如图 5-9 所示的《语文》就是自编的民族文教材。并规定："凡翻译中央大纲、教材，不再送厅审查……对于锡、蒙、柯尔克及塔吉克文教材内容审查，由编辑组自行负责审查。"❶ 为了配合全国通用教材的使用，还翻译出版了各学科的教学参考书。到 1978 年，"为使少数民族尽快用上全国通用中小学教材，自治区决定除汉语、语文实行自编外，其他各科教学大纲和课本依照通用教材翻译。到 1983 年春季，维、哈、蒙文小学和维、哈文中学都已译用全国通用教材"❷。据统计，1978—1985年，新疆自治区编译出版维吾尔文教材共 1215 中，计 6293.4 万册。❸

**图 5-9　一年级用《语文》（维吾尔文），
小学暂用课本，1968 年 2 月**

---

❶　中国少数民族教育史编委会. 中国少数民族教育史（第一卷）［M］. 南宁：广西教育出版社，1998：368.

❷　中国少数民族教育史编委会. 中国少数民族教育史（第一卷）［M］. 南宁：广西教育出版社，1998：450.

❸　中国少数民族教育史编委会. 中国少数民族教育史（第一卷）［M］. 南宁：广西教育出版社，1998：451.

　　在藏族地区，1959 年青海成立教育出版社，编译出版藏文课本。1969 年青海省革委会义组建青海省中小学教材编写组，内部专设了藏文组，编译中小学藏文的各科教材，包括藏语文、算术、政治、自然常识等全套藏文课本。1979 年青海省中小学教材组改名为青海教育出版社，1981 年又改名为青海教材编译处。至 1983 年年底，先后编译出版青海藏族中小学所用的各种教材共 236 种。1960 年民主改革后，西藏成立了西藏自治区筹委文教处民族教材编译组。根据筹委会 1959 年提出的教材"编译上要以全国通用教材为蓝本，尽可能充实乡土教材，摒弃宗教迷信色彩"的精神，编译了公办和民办小学两种教材。1965 年完成了西藏历史上第一套教材的编写。1972 年年底，自治区文教局教材编译室开始以北京市五年制小学课本为蓝本，结合西藏实际编译第二套教材，1977 年底编译完成 40 多种教材。1980 年，以"藏语文教材作为编译工作的重点"，根据自治区教育厅《全日制十年制小学语文教学大纲》和《普通中学语文教学大纲》编写了全套小学、中学藏语文课本。1978—1981 年，自治区教材编译中心对这第三套教材进行了修订。1982—1983 年，根据五省区藏文教材协作会议精神，完成了 65 种教材及相关图书的编译及修订任务。❶ 图 5 – 10、图 5 – 11、图 5 – 12 分别代表了这三套教材。

图 5 – 10　西藏自治区筹备委员会文教处，民办小学课本
《语文》（第一册下）暂用本，1962 年初版

---

　　❶　中国少数民族教育史编委会. 中国少数民族教育史（第二卷）［M］. 南宁：广西教育出版社，1998：370.

图 5 – 11　西藏自治区革命委员会文教局编，西藏自治区小学试用课本
《语文》（三年级第一学期），西藏人民出版社，1974 年 7 月

图 5 – 12　中小学通用教材自然常识编写组编，西藏自治区
教材编译处译，全日制十年制学校小学课本《自然常识》
（第一册）（试用课本），西藏人民出版社，1978 年 5 月第 1 次印刷

　　彝文教材在四川 1955 年就以国家出版的现行的四二制小学教科书
为依据进行编写。1978 年又再次确定了此编译原则，并进行了民族语
文教科书的编写。截至 1984 年，共编译出版了小学语文、数学教材和
教学参考书 16 种。另外，贵州民族事务委员会与贵州民族研究所也编

写了一套贵州省彝文的试用课本（见图 5 - 13）。

图 5 - 13　贵州省民族事务委员会、贵州民族研究所编写，
试用课本《彝文》（第三册），1983 年 7 月

　　这个时期大部分少数民族地区都将人民教育出版社编写的统编教材翻译后使用，除了以上人口较多，居住集中的民族外，其他，如侗族（见图 5 - 14）、景颇族（见图 5 - 15）、傈僳族（见图 5 - 16）、壮族（见图 5 - 17）也同时翻译了人教社的版本。

图 5 - 14　贵州民族出版社侗文编译室，《侗语文课本》
（第一册），贵州民族出版社，1958 年 9 月初版

图 5－15　人民教育出版社编写，初级小学课本
《算术》（第二册）（景颇文，试用本），
云南民族出版社，1958 年 2 月初版

图 5－16　人民教育出版社霍得元等编，
云南省教育厅民族教材编译室，《算术》（第一册）
（傈僳文，试用本），1957 年 9 月初版

图 5 - 17　初级小学课本《语文》（第一册）（壮文），
人教社 1955 年第 1 版，1961 年第 7 版，
广西民族出版社，1961 年 7 月版

3. 第三个阶段，民族教科书的编写以全国通用中小学教材作为蓝本，进行翻译、自编和编译。这个阶段从 1985 年左右开始，持续到现在

具体做法是：将全国中小学通用的数学、物理、化学、生物、历史、地理、政治教材直接翻译成本民族文字教材，如图 5 - 18 所示的《数学》即是朝鲜文的数学翻译教材；本民族语文（见图 5 - 19）、汉语文、外语以及本民族历史、地理等学科的教材以自编为主，如图 5 - 20 所示的《汉语》即为蒙古族学生适用的汉语教材；音乐、体育、美术等学科的教材以编译结合的办法出版。❶ 翻译通用的教科书由人教社负责编写，全国中小学教材审定委员会审定；自编和编译的部分，跨省区的由民族教材协作组织编写，朝鲜、蒙古文、藏文教材审查委员会审定；各省区内使用的自编和编译教材由各省区成立的中小学民族文字教材审定机构审定。

---

❶ 阿尔宾达赉，沙玛·甲加. 中国少数民族文字教材建设概况 ［M］. 呼和浩特：内蒙古教育出版社，1996：3.

图 5-18　人教社数学室编，东北朝鲜教育出版社数学编辑室翻译，

六年制小学课本《数学》（第二册）（试用本），1984 年 3 月第 1 版，

东北朝鲜民族教育出版社，1984 年 12 月初版

图 5-19　湘西自治州民族教育科学研究院编写，

《苗文课本》（第一册），湖南人民出版社，2009 年 6 月初版

图 5 - 20　汉文教材编辑部，蒙古族高级中学教科书
《汉语》（二）（试用本），内蒙古教育出版社，2001 年 11 月初版

　　2000 年新课程改革实施后，民族教科书中的一种，专门供给藏族
地区学生使用的《汉语》（见图 5 - 21）教科书由人教社全权处理编写、
审定事宜。各民族地区针对新课程标准都编写了实验版的教科书（见
图 5 - 22）。

图 5 - 21　课程与教材研究所少数民族汉语课程教材研究开发中心编著，
九年义务教育六年制小学教科书《汉语》（第二册）（藏族地区用），
人民教育出版社，2001 年初版

图 5 – 22　云南省中小学教材审定委员会审定，义务教育课程标准实验教科书
《语文》（三年级上册）（汉白文对照），人教社 2003 年 12 月
第 1 版翻译，云南民族出版社，2006 年 7 月初版

通过这三个阶段的发展，新中国的民族教科书逐渐形成了完整的、丰富多彩的、有自己鲜明特色的教科书体系。而这个体系的形成与教科书的编审政策、印行政策、经费政策有密不可分的联系。

（二）编审政策

1. 编审机构

新中国民族教科书的编审机构有一个不断发展演变的过程，国家根据民族教育现况和政府行政管理能力的发展进行不断的调整。早在1955 年教育部颁发的《全国民族教育行政领导问题的意见》中就提出"民族语言教材的编译工作，列入民族教育机构或设专人掌管的职权范围之内"❶。1974 年，在全国少数民族语文教材工作座谈会的会议报告中也提出"统一或分别建立协作小组，制定规划协作分工，交流经验"，并设立了蒙古文、藏文、朝鲜文和哈萨克文的协作小组。❷

---

❶　李尚耘. 中华人民共和国民族政策研究［D］. 中央民族大学博士学位论文，2004.

❷　阿尔宾达贲，沙玛·甲加. 中国少数民族文字教材建设概况［M］. 呼和浩特：内蒙古教育出版社，1996：36.

目前的编写机构主要分为两层：地方的编译机构共有延边教育出版社、内蒙古教育出版社、新疆教育出版社、西藏自治区教材编译局、青海民族教材编译中心、四川民族出版社、贵州民族出版社、云南民族出版社等。在中央一级，人民教育出版社的少数民族汉语课程教材研究开发中心负责汉语教材的编写。

审查机构也有两类，第一类是经教育部批准的三个跨省区的审查机构，1985 年成立了朝鲜文教材审查委员会，1986 年成立了全国藏文教材审查委员会，1986 年全国蒙古文教材审查委员会成立，它们主要负责跨省、自治区试用课程教材的审查。三个跨省区的审查委员会主要职责有以下四方面：第一，审查全国朝鲜文、藏文、蒙古文中小学各学科的教学大纲和教科书，指导各学科审查组的工作，听取审查组关于学科的审查报告，并讨论解决教学大纲和审查中的有关疑难问题；第二，向国家教委民族教育司和所在省、区教育行政部门主管领导报告工作；第三，对中小学文字教材建设和改革提出意见、建议；第四，评审优秀中小学民族文字教科书。❶

第二类是相关省、区教育行政主管部门成立本省、自治区中小学民族文字教材审查委员会，对本省民族教科书进行审查。审查机构的职责主要包括三项内容：第一，负责聘任各学科审查组成员；第二，负责本学科教材的审查；第三，向审查委员会提出审查报告。❷

2. 编审人员

在一个以"集体主义"为核心价值观的社会主义国家，教科书的编写人员大多隐没于编写机构中，"教科书不是纯个人化的创作，而是一种集体创作活动"❸。在解放初期的民族教科书版权页上，偶尔还能看到编著者的名字，随着民族教科书进入第二个发展阶段，我们再也看不到个人署名，取而代之的是"延边教育出版社朝鲜语编辑室""内蒙古人民教育出版社教材编辑部""内蒙古自治区教材编写组""西藏自

❶　阿尔宾达赉，沙玛·甲加. 中国少数民族文字教材建设概况［M］. 呼和浩特：内蒙古教育出版社，1996：109.

❷　阿尔宾达赉，沙玛·甲加. 中国少数民族文字教材建设概况［M］. 呼和浩特：内蒙古教育出版社，1996：109

❸　吴小鸥，向黎. 艰难的规整——解放初期教科书之研究［J］. 湖南师范大学教育科学学报，2009（5）：11 – 15.

治区革命委员会文教局""西藏自治区教科委教材编译局""青海民族教材编译处""课程教材研究所少数民族语言研发中心""新疆人民出版社""云南省教育厅民族教材编译室"等集体机构的署名，民族教科书的编写呈现"群创作"状态。

关于审查委员会的人员，按照各委员会章程规定三年一届的原则，藏文教材审查委员会和朝鲜文教材审查委员会从1985年成立到目前为止都已经历11届，蒙古文教材审查委员会从1987年成立到目前为止经历10届。

以第一届审查委员名单为例，在1985年7月国家教委下发《关于同意聘请全国朝鲜文教材审查委员会各学科审查组组成人员的通知》附件中，对中、小学各学科的审查工作都安排了专人负责，共计10个审查小组，40人。1986年4月，在国家教委下发《关于五省区藏文教材审查委员会组成人员的通知》，设置五省区藏文教材审查委员会主任委员1人，副主任委员2人，委员共11人。1986年10月，国家教委下发《关于成立全国蒙古文教材审查委员会的批复》，同意成立全国蒙古文教材审查委员会，包括"全国蒙古文教材审查委员会""全国蒙古文教材审查委员会办公室"和"全国蒙古文教材审查委员会各学科审查组聘请人员"三个基本组织机构。设立主任1名、副主任3人、委员14人。在聘请的9个审查组中，覆盖各中小学各学科，共计47人，这些人员分别来自内蒙古教育出版社、内蒙古师范大学、新疆师范大学、新疆教育出版社、内蒙古师范大学附中、内蒙古乌盟师范、内蒙古音乐协会、内蒙古广播文工团、内蒙古教育厅、内蒙古美术协会等机构。

从上述朝鲜文、藏文、蒙古文的三个审查机构的人员组成来看，民族教材审查委员数量充足，人员结构中部分负责教科书意识形态审查，部分负责教科书的专业内容审查，多数负责具体审查工作的人员都有相当学科背景与学术水平。

在1993年7月国家教委批复了全国朝鲜文、藏文、蒙古文教材审查委员会的换届报告。在此次换届之后，三个跨省区的审查委员会从人员、组织结构上开始统一，均设主任委员1人，副主任委员2~3人，委员21人左右。人员分布也更加合理，由来自教育行政主管部门、民族高校教育教学专家、出版社编辑人员和一线教师共同组成。委员任期由原来的 3 年延长至 4 年。委员会下设了学科审查小组，由该学科专家、中小学教育教学研究人员及教师组成。

除了以上三个专门的民族语言教科书审查组织外，新疆维吾尔自治区、云南、湖南、贵州、广西等省份都将民族教科书的审查工作统一交于省内的普通教科书审查机构。

3. 编审标准

在 1996 年出版，由国家教委民族教育司教材处负责编辑的《中国少数民族文字教材建设概况》一书中，以官方的形式总结新中国民族教材编写的基本方针，即"遵循大纲、联系实际、编译结合"，并作了具体论述。

遵循大纲：我国是一个统一的多民族的社会主义国家，少数民族中小学教材内容，首先必须遵循国家教委制定的中小学各科教学大纲的基本内容，完成中小学教学任务；

联系实际：教材的内容，还要从民族和地区特点出发，充分注意少数民族地区的生产方式和生活环境，要体现少数民族优秀文化传统，必须遵循少数民族语言文字规律，从教材内容到形式都要充分体现民族和地区特点；

编译结合：具体编写方法上采取编译结合的办法。如：理科、政、史、地等学科的教材采取直译全国通用教材，语文及线图教材以自编为主。❶

这三点基本原则明确了新中国民族教科书的编写标准，各地区民族教科书、包括协作教材都以此为指导制定了具体的编译原则。

进入 21 世纪，面对新课程改革的逐步深入和民族教科书的发展新形势，2004 年 6 月，教育部颁行《中小学少数民族文字教材编写审定管理暂行办法》（详见附录五），为进一步加强中小学少数民族文字教材建设和完善编写审查管理制度、提高教材的编审质量打下了良好的基础。该办法以全国《中小学教材编写审定管理暂行办法》为根据，对编写采取核准与备案制，实行教育部和省、自治区教育行政部门的两级

---

❶　阿尔宾达赉，沙玛·甲加. 中国少数民族文字教材建设概况［M］. 呼和浩特：内蒙古教育出版社，1996：2.

管理。对审查委员会委员、学科审查组成员提出了具体的条件；并提出建立民族文字教材审查委员库，明确了教材审查的原则。

（一）符合国家有关法律、法规和政策，贯彻国家的教育方针，体现教育面向现代化、面向世界、面向未来的要求。

（二）体现基础教育的性质、任务和培养目标，符合国家颁布的中小学课程方案和学科课程标准的各项要求。

（三）符合学生身心发展的规律，联系学生的生活经验，反应社会、科技发展的趋势，具有自己的风格和特色。

（四）符合国家颁发的有关技术质量标准。

2004年，跨省区的朝鲜文、藏文和蒙古文的教材审查委员会工作章程和编写审定管理暂行办法也颁布了，其中对各自语言文字教材的编审提出了具体的要求，例如朝鲜文教材编写要求、藏文和蒙古文教材编写要求与此大同小异，其中对教材内容、教材体系、文字插图、作业和练习都有非常详细的规定。

同时，从1995年开始，国家开始每4年一次，组织中小学少数民族文字优秀教材的评奖活动，这极大地促进了民族教科书向更高的编审水平发展。《中小学少数民族文字优秀教材评奖办法》（详见附录四）将优秀教材分为"自编"和"翻译"两类。其对自编教材在内容、教材体系、教材中的联系和作业、教材的图文都有具体的要求，与《中小学少数民族文字教材编写审定管理暂行办法》大致相同；对翻译教材有如下三点要求。

（一）语言文字要规范，通俗易懂，符合不同年龄段学生的语言特点。

（二）要忠实于原文，同时不拘泥于原文，自然流畅，符合少数民族学生的思维规律。

（三）翻译准确，不漏译。

4. 编审的程序与周期

从2004年起，跨省区的民族教科书编写采取核准与备案制，例如朝鲜文教材必须是经东北三省中小学朝鲜文教材编译出版协作小组批准立项，才能送审。藏文教材则规定必须是经教育行政部门批准编写，并且这些教材必须全套经过一轮以上教学实验。蒙古文的送审教科书也必须先立项，并对送审的时间明确规定。将教材分为自编、翻译两种分别审查；规定了教材审阅程序，审查报告的撰写内容，规定了"通讯"和"会议"两种审查方式，及审查会议的详细人数分配，作出"通过""复审""重新送审"三种审查结论等内容。

（三）印行政策

新中国的民族教科书出版工作一直由教育部、国家民族事务委员会和国家新闻出版总署联合管理与指导。在教育部历次组织的少数民族文字教材工作座谈会中都对民族文字教材的出版工作作出总结和建议。从1975 年开始，国家出版事业管理局就在召开的关于少数民族文字图书翻译出版规划座谈会中提出了民族教材"分工协作"的出版意见。1980 年 11 月在北京召开了全国少数民族文字图书出版工作座谈会，提出大力扩充民族文字图书印刷生产能力，做好民族文字图书发行工作。1996 年中宣部、国家民委、新闻出版署联合出版工作会议，对包括中小学教科书在内的民族文字图书提供了一系列的优惠政策，包括免收民族文字图书条码费、书号使用不受限制、设立扶持民族图书出版的民族图书出版基金、出版少数民族文字图书报刊实行先征后返的税收政策。❶ 在 2007 年国家联合下发的《关于进一步加大对少数民族文字出版事业的扶持力度的通知》明确了少数民族文字出版机构是公益组织的性质，这为民族教材的出版工作提供了良好的发展平台。

目前民族教科书的出版发行过程一般包括以下四步程序。

第一步，由教材编译部门联合省、区教研室提供给本省、区民教处或基教处本年度的用书目录单，经批准后直接将目录单传送本省或外省新华书店总店；

第二步，本省、区或外省的新华书店依据用书目录单，制作教材征订单发往教材出版单位—教育出版社或民族出版社，出版社将教材统一发往省级的新华书店总店；

第三步，各省新华书店通过各县级新华书店将教材征订单发往各级学校填写，各级学校将本年度该校使用的教材订单发给当地教育行政部

---

❶ 周庆生. 市场经济条件下少数民族文字图书出版状况报告 ［J］. 民族学刊，2010（1）：88－94.

门审批，同意审批后的订单再返还给县级新华书店；

第四步，各省、区的新华书店总店根据审批后的订单下发教材至县级新华书店，各级学校到书店领取教材即可。

（四）经费政策

新中国十分重视民族教科书的经费问题，由于民族教科书种类多，印数少，定价低，编译、审查、出版的成本普遍较高，因此，教育部对跨省区协作的民族教科书提供专项补助性经费，各省区也都划拨有专门的教科书编译、审查、出版的补助性经费。

在 1980 年国家民委和国家出版事业管理局发布的《关于大力加强少数民族文字图书出版工作的报告》中指出："民族出版经费应逐年有所增加。民族文字图书出版的亏损，按现行财政体制，由地方财政解决。"❶

国家教委办公厅还在 1991 年专门下发了《关于中小学民族文字教材审查经费使用管理办法的几点意见》，对民族教科书的经费划拨和使用情况进行了规范。

2007 年 10 月，中共中央宣传部、国家民委、财政部、国家税务总局、新闻出版总署联合发文《关于进一步加大对少数民族文字出版事业扶持力度的通知》，认为："继续实行补贴少数民族文字中小学教材出版发行的政策，对少数民族文字中小学教材出版发行出现的亏损，由中央和地方财政各承担一般，每年年底据实结算。"

在目前民族教科书的经费使用中主要涉及以下三个方面。

第一，编译经费。由于编译民族教科书的机构主要包括两类。第一类编译机构是教育行政部门，如西藏自治区教材编译局、青海民族教材编译中心等，这些单位属于国家全额财政拨款的事业单位，因此编译经费都来源于财政拨款。第二类是一些民族教科书的出版机构，如四川民族出版社、贵州民族出版社、新疆教育出版社等，这些机构的编译经费通常由出版社从日常经费中划拨。

第二，出版经费。目前多数民族教科书的出版进入市场化运作，自负盈亏的出版机构占大多数。这些出版社一般是民族文字与汉文教科书

---

❶ 阿尔宾达赉，沙玛·甲加. 中国少数民族文字教材建设概况［M］. 呼和浩特：内蒙古教育出版社，1996：33.

一起出版，采取"以汉养民"的模式对民族教科书出版带来的亏损进行弥补。还有一部分民族教科书的出版采取部分补贴的形式，例如新疆教育出版社采取中小学教材的出版"定额补贴、计划控制、超亏不补、减亏 5 : 5 分成"❶的管理办法。还有一部分出版数量特别少，出版的经费完全由财政拨款支持，例如出版壮文、傣文、纳西文、傈僳文等教材的出版都采用完全补贴的方式。

第三，审查经费。1985 年国家教委员设立了民族文字教材审查补助性专项经费，重点用于跨省、区统一使用的蒙古文、朝鲜文和藏文教材的审查，经费开支主要用于审查会议费、付审读费、购置必要的参考资料。目前这笔费用主要由教育部民族教育司教材处进行划拨。另外，审查经费实行预算申报制度，并鼓励各省、区教育行政主管部门根据实际情况予以地方性的财政补贴。

第三节　民族教科书政策的特点及影响

少数民族教科书政策在新中国成立初期确立了全新的政策目标，在将近 70 年的发展过程中通过不断充实政策内容、完善政策结构，以及在实践中灵活调适，已经形成了与中国多元一体民族格局现实国情相契合的政策体系。这个日趋精进的政策体系在维护国家统一、整合多元族群、构建以中华文化为核心的多元文化体系中发挥了至关重要的作用。

一、新中国民族教科书政策的目标及特点

（一）政策目标

早在新中国成立初期，民族教科书政策的目标就已确定：

第一，通过编写民族教科书保障各民族使用、发展其语言文字的自由权利，充分体现民族平等；

第二，通过建立民族教科书政策使各民族在社会主义时期共同繁荣

---

❶　阿尔宾达赉，沙玛·甲加. 中国少数民族文字教材建设概况［M］. 呼和浩特：内蒙古教育出版社，1996：139.

发展民族文化教育事业;

第三,以民族教科书政策为桥梁,建立平等、团结、互助共同发展的新型社会主义民族关系。

这三个目标紧密联系、层层递进。

(二) 政策目标的主观价值取向:多元一体民族观

如前所述,"多元一体"的民族观念深植于新中国的民族政策中。从建国初期开始,政府受苏联政府处理国内民族问题方式的影响,在马克思主义民族观的指导下,认为国内的阶级界线是最重要和最根本的,阶级斗争才是社会中最根本和核心的社会矛盾,将民族不平等定性为阶级不平等,列宁曾明确表示"消除民族隔绝,用阶级对抗代替民族对抗"❶。于是,在革命的话语中,广大少数民族群众被划入被压迫阶级,而这种划分视角的前提条件是必须承认国内民族的多样化状态。

值得注意的是费孝通在提出"多元一体"民族理论,并被视为官方民族观时,"多元"是置于"一体"之前的,这意味着新中国政府将"多元"平等民族政策视为所有民族政策之前提。于是,作为与南京国民政府持截然不同民族观的新中国,将民族政策之延伸——民族教科书政策充分展示了这种"多元"的政策导向。从帮助少数民族创制文字,到以国家名义成立专业出版机构,编写教科书,给予印行、出版及资金的补助,多达21个民族的29种文字和11个被正式列入中小学课程计划的民族课程,无不体现政府将民族教科书政策作为平衡中央与地方、主体民族与少数民族利益与权利的手段。民族教科书的政策目标正是表达了多元、平等、一体的主观价值取向。

(三) 政策目标的客观背景压力:中华共同文化建构

民族教科书在"多元一体"政策导向下发展迅速,相比于南京中央政府总共2套民族教科书的出版情况,截至1994年新中国已经编译出版了中小学各科教材累计3 000多种,总印数达1亿多册,❷ 又经过20多年,民族教科书的发展无论从数量和种类上都是史无前例的。但

❶ 马戎. 对苏联民族政策实践效果的反思 [J]. 西北民族研究,2010,4 (5):26.
❷ 阿尔宾达赉,沙玛·甲加. 中国少数民族文字教材建设概况 [M]. 呼和浩特:内蒙古教育出版社,1996:1.

同时"多元一体"价值观中包含的"多元"侧面使民族教科书及政策在快速发展的同时也面临一个必然的客观压力，即由"多元"趋向带来的一体文化整合的困难。从近代中华民族作为一个自觉的民族实体被国人建构出来，从学术界到不同政府都着力为这个民族实体"想象"一个核心特征——中华共同文化。只有这个核心特征建构起来，中华民族这个民族实体才能真正得以确立，"多元一体"的另一个"一体"侧面才能够树立起来。如果民族教科书在"多元"化的导向中不能很好地处理中华共同文化的建构问题，那么这种教科书政策就极易变成人为清晰民族边界的手段，而民族教科书也很可能会沦为民族分裂主义的孵化器。

正如亨廷顿在其著作《我们是谁》中表达的忧虑一样：多元文化主义对国家认同构成挑战和伤害。从新中国建立这种有"多元"侧面的民族教科书政策开始，民族主义所具有的双面性影响就潜伏其中。到目前为止，新中国的民族教科书政策还都在围绕制度层面进行外围的政策完善，基本未触及民族教科书中文化建构的核心问题。长期以来无论是学术界还是政府行政主管部门都将中华文化的建构责任放在汉文教科书的编写中，认为民族教科书的主要功能就是传承少数民族文化，还有部分少数民族学者站在族群利益的角度而非国家利益的角度评论目前的教科书政策。这是一种令人担忧的认识状况。

民族教科书中中华共同文化的缺失，其表面恶果是使少数民族学生对本民族文化产生刻板、固化的印象，深层问题是滋长了狭隘的"民族保守主义"，少数民族学生无法了解本民族文化与中华共同文化的连接点，与其他民族学生在情感上更加隔膜，难以理解中华民族是个同气相求的民族共同体。从某种角度来看，在少数民族教科书中强调中华文化的建构具有更加重要的价值与意义。所以，中华共同文化的建构会一直是具有"多元"侧面趋向的民族教科书政策的客观压力。

二、新中国民族教科书政策的特点

（一）编审政策灵活调适

1. 从"国定制"到"审定制"，依据实际不断调整的编审制度

新中国民族教科书的编审制度经历了新中国成立初期的"国定制"

到目前的"审定制"的过程。在民族教科书发展的三个阶段中,"借鉴"的第一阶段和"直接翻译"的第二阶段都采取"国定制","翻译、自编、编译"相结合的第三个阶段开始采用"审定制"。这种编审制度的安排和调整是符合民族教科书发展的现实情况与未来趋势的。

第一,政策运行政治环境的转变,是新中国将民族教科书编审制度由"国定"灵活调为"审定"的主要依据。

新中国成立初期的民族教科书采取"国定制"是符合当时的政治、文化、教育的大环境的。首先,新中国成立初期,巩固新生政权、整合国内族群是国家和政府的最大政治诉求,"夺取全国胜利,只是万里长征走完了第一步……革命以后的路程更长,工作更伟大、更艰苦"❶。"国定制"的民族教科书政策能够以最稳妥的方式满足政府的诉求。1949 年新中国成立时,政府面对的是族群关系紧张的局面,历史形成的民族隔阂在南京国民政府执行不恰当民族政策的情况下愈加严重。南京国民政府制定以"一元民族观"为基础的民族政策,在政策实施过程中不时表露的"大汉族"主义倾向,不但未能成功达到族际整合的目标,反而因在边疆民族地区强行推广"国语统一事项"、汉族礼仪、三民主义等政策而引起强烈反弹,民族关系恶化。

如何弥补被撕裂的民族关系,消弭族群隔阂是新中国政府必须着重解决的问题,而且新生政权也确实将解决民族问题作为政府工作的重心。为了得到国内所有族群对新生政权的认同,巩固政权的合法性,带领各族人民进行统一、独立的民族国家的建构,新中国确立了以"平等、互助"为基本原则的民族政策,并将反对阶级压迫的马克思主义民族思想传播给少数民族。这些政治倾向和价值观的认同都必须依赖一定的工具,而教科书的工具性作用能够以无声无息的方式完成价值观传递、意识形态控制的目的。教科书不但是获得政权合法性的手段,更是达成国家意志的重要工具,但发挥工具作用的前提是必须掌握工具。因此,不管是国外翻译的教科书,还是自编的民族语文教科书都必须采取国定制。政府必须将教科书的编审权利、发行权利控制在手。作为政府意志代表的中宣部部长陆定一在新中国成立之初就提出:"教

---

❶　毛泽东选集(第 4 卷)[M]. 北京:人民出版社,1991:1438.

科书要由国家办。"❶ 并在 1950 年的全国出版会议上将"教科书统一供
应"作为新中国出版工作的重心。国家通过对各教育组织、出版机构的
改造，逐步形成了"统一课程标准和教学计划""统一中小学教科用
书""统一编审出版机构"的教科书管理制度。各民族地方，内蒙古、
新疆等地的教育主管部门编写教学大纲、审查民族教科书的工作次第展
开。整个过程非常迅速，只是几年的时间民族地区的中小学已经可以使
用民族语文的教材。甚至在延边朝鲜族自治州！由于延边教育出版社创
立较早，1949 年新中国成立时，朝鲜族小学和初中使用的教科书就已
经编辑完成。而藏文教科书则在 1950 年由青海省文教厅开始组织人力
编写。民族教科书的"统编通用"对于国家稳定、族群整合、统一意
识形态具有重要的作用。

　　经过新中国成立初期民族政策一段时间的实施，以平等、团结、互
助为特征的新型民族关系逐步建立起来，国内族群整合的政治目标也初
步达到，随着民族间沟通交流的增多，民族关系朝着良性发展的方向迈
进。随着社会主义建设的全面展开，尤其是改革开放以后，市场经济的
发展让民族文化的多元性有了充分展示的舞台，自由市场宽松、活跃的
氛围使多元民族文化能够充分的对话交流。强调民族文化的异质性成为
人们的共识，国内民族关系的内涵不断扩展。有了几十年政治整合、族
际整合经验的政府也在不断调整民族政策，稳定的国内环境、自信的治
理态度、都为民族教科书从"国定"到"审定"的转变提供了前提条件。

　　第二，文化环境的变化也促进了民族教科书从"国定"到"审定"
的调整。

　　从新中国成立初期的少数民族文化发展情况看，当时共产党因受唯
物史观、达尔文历史观和中国传统儒家文化的影响，认为边疆地区的少
数民族文化是非常落后的，并认为正是文化等各方面的落后导致了被压
迫、被剥削。马克思主义的民族观深刻地影响了共产党的民族观，就如
列宁所说："在民族问题上，夺得国家政权的无产阶级的政策与资产阶
级民主制在形式上宣布民族平等不同……不仅要帮助以前受压迫的民族

---

❶　中央教育科学研究所. 中华人民共和国教育大事记［M］. 北京：教育科学出版社，
1984：5.

的劳动群众达到事实上的平等，而且要帮助他们发展语言和图书报刊，以便消除资本主义时代遗留下来的不信任和隔阂的一切痕迹。"❶ 就是抱着这样的斗争、解放的民族观，中国共产党认为其有责任和义务帮助少数民族改变因文化落后而被压迫的局面，教育就是达成此目的的重要手段。

　　文字是文化的基本表象，对新中国时期少数民族文化的变革来讲，我们不能不提"创制民族文字"的政策，而这个政策也对新中国民族教科书政策造成的影响最大，正是因为多样化的民族语言才有了多样化的民族教科书样貌，政府才必须在民族语言如此多样化的情况下采取民族教科书的"国定制"，由国家作为教科书内容的选择主体。1951 年，中央政府提出"帮助尚无文字的民族创立文字，帮助文字不完备的民族逐渐充实其文字"。1956 年，经过前期的人员和其他准备后，由中国科学院民族语言研究所联合中央民族事务委员会，向少数民族语言主要分布的 16 个省区派出了 7 个、共 700 多人的大型少数民族语言文字调查工作队，经过长达 4 年全面的摸排，共调查出原有 42 个民族语言，并先后为多个民族创制了 16 种文字。一个政府，以实现实质性的民族平等为目的，动用公共权力与资源为国内少数民族创制文字，这在世界各国都是极其少见的。新中国政府不但创制民族文字，为了帮助其充分享受使用自己民族语言文字的自由，还利用各种方式传播普及新文字的使用，出版民族教科书就是一个重要的途径。如图 5–4 所示的《语文》（彝文）教科书就是 1957 年由语言调查第四工作队与四川省教育厅彝文编译室共同合作编写而成。从这个角度看，国家通过行使公共权力为少数民族创制文字，不但控制了民族教科书的语言使用权，更是通过教科书"国定制"控制了教科书的内容选择权。

　　进入 20 世纪 80 年代，国内文化环境、民族文化关系都朝向更加多元、开放的方向发展。在政府的推动和帮助下，少数民族文化告别文革时期停滞不前的状况，进入异彩纷呈的高速发展阶段。不同族群之间相互了解的愿望也随着宽松的文化氛围逐步递增，少数民族群体希望通过教科书展现自我文化风俗习惯、张扬民族文化权利。于是，在国家统一

---

❶ 列宁全集（第 36 卷）[M]．北京：人民出版社，1985：101．

教科书编审标准下，编写有自己民族特色的教科书成为少数民族群体的文化利益诉求。多元化的文化诉求、民主表达族群文化利益的愿望是民族教科书在 20 世纪 80 年代由"国定制"转变为"审定制"的文化大背景。

第三，民族教育的发展促进了民族教科书由"国定"到"审定"制度的转变。

新中国成立时，国内民族教育总体发展落后，少数民族地区文盲率为 95%。❶ 据 1950 年统计，在全国高等学校、中专和中小学在校生中，少数民族学生分别仅占 0.9%、0.4%、和 2%，远低于当时少数民族人口所占的 6% 的比例。❷ 另外，民族教育发展也不均衡，一些人口数量较多的民族，如蒙古、朝鲜等族的学校教育虽不及全国其他地方水平，但在少数民族群体中属于发展较好的，而西南、东北等地社会还处于原始公社制度的一些民族，如独龙族、布朗族、怒族等都还不存在学校教育；一些存在宗教教育的民族，如藏族、回族等，所受教育还停留在宗教知识学习的阶段。新中国接手这样的民族教育烂摊子，必须重头开始规划发展，而编写教科书是迫在眉睫的问题。当然，这也是政府的义务，新中国成立初期少数民族教科书的编审必须由国家承担。尽管如此，新中国成立初期的民族文字教材也是异常短缺，很多民族教科书还是借鉴翻译了国外的教科书，例如图 5－1 所示的《中学几何课本》是由苏联教材翻译的蒙古文教科书，朝鲜文教科书也大部分翻译自朝鲜民主主义人民共和国的教科书，一些理科教材则翻译日本教科书。因此，新中国政府站在发展民族教育、提高民族智识的角度，采取有计划的、行政的方式，专门组织人力进行民族教科书的编写工作，举全国之力，自编自审，并规划设置专门的民族教育出版机构出版发行，从历史的角度看，作为特定历史时期的产物，这些民族教科书政策为民族教科书及民族教育的发展提供了保障。

在"国定制"的政策下，民族教科书伴随着民族教育蓬勃发展，经过了近 40 年的实践，两者无论从数字显示，还是现实情况都有了翻

❶ 程方平. 中国民族问题报告 [M]. 北京：中国社会科学出版社，2002：12.
❷ 王丽萍. 新中国民族教育政策的理论与实践 [D]. 中央民族大学硕士学位论文，2007.

天覆地的变化。经教育部统计"文化大革命前，内蒙每年出书一百五十万册左右。目前（1980 年引者注）已增加到三百万册。延边地区达到四百多万册。新疆每年出版多种民族文字教材达三百多种"❶。"截至1988 年 3 月，已编译、出版、发行藏文各科教学大纲、教材、教参，初、高中的各科教学大纲、教材及部分教参共 222 种，计 1662 万字，编译出版了中师心理学、教育学两本书，审定小学藏语文课本 5 种 18册。"❷ 如此庞大的品种和数量已经与建国初期不可同日而语，民族教科书进入了一个新的发展阶段和发展平台。加上随着改革开放的深入，统编通用的民族教科书越来越不适应民族地区经济发展的特殊性，"国定制"在民族地区的实践中逐渐暴露出一些弊端。于是，在 40 年的民族教科书发展经验的基础上，在教科书多样化的诉求下，"国定制"具备了转向"审定制"的条件。

　　2. 跨省区协作编审与各省独立编审相结合的机构设置

　　新中国民族教科书编审政策的灵活性还体现在编审机构的设置上。新中国初建，为了落实民族政策，进行了一项重要的政治工作：民族识别。民族教科书政策的管理机构设置正是建立在民族识别基础上的。1950—1954 年第一个阶段共识别了 38 个少数民族，1954—1978 年的第二个阶段共识别了 16 个少数民族，1987 年确认了最后一个少数民族——基诺族。至此共有 55 个少数民族被识别。在这 55 个少数民族中也存在多样化，有人口较多、民族历史传承久，文化保存较完整的民族，例如蒙古、藏、回、维吾尔、朝鲜等民族，也有刚刚被识别的人口非常少的民族，如门巴、珞巴、鄂伦春族等民族；有的民族有独立的语言文字体系，包括口语与书面语，也有的民族只有口语而没有书面语，或者书面语没有被广泛使用的；还有一些民族，使用同一种语言但分布在几个省、自治区内，如藏族、蒙古族、回族、维吾尔族等。这样复杂的民族、语言、地区分布为民族教科书的管理机构设置增加了巨大的难度。

---

　　❶ 阿尔宾达赉，沙玛·甲加. 中国少数民族文字教材建设概况 [M]. 呼和浩特：内蒙古教育出版社，1996：71.

　　❷ 阿尔宾达赉，沙玛·甲加. 中国少数民族文字教材建设概况 [M]. 呼和浩特：内蒙古教育出版社，1996：23.

　　行政管理机构的设置是为了高效地达成管理目标，当然是在最低的成本运作基础上。从我们整理的教科书目录来看，在人教社出版统编教材之前，也就是民族教科书发展的第一个阶段时，民族教科书编审机构设置较为平均，每个省份都有民族教科书编写机构，有些是单独的"民族出版社"，有些则附设在普通教科书出版社中，成立民族教科书编辑室。教科书的审定也主要由当地教育主管部门进行。当民族教科书发展到第二个阶段时，这种均分独立的编审机构开始发生转变。因为这个时期的民族教科书除了民族语文和汉语文教科书外，全部翻译自人教社出版的全国统编教材，而后者在出版前已经通过人教社的审定，因此编写审定工作的重心是民族语文教科书和汉语文教科书。1974 年，国务院教科组召开民族语文教材工作座谈会，主要针对以上两种教科书的编写审定问题提出改革意见。其中最重要就是民族教科书的"分工协作"问题，"统一或分别建立协作小组，制定规划写作分工"，其中包括"八省蒙文协作""五省藏文协作""三省朝文协作"。并在 1984 年陆续成立了单独的协作审定机构，自此，民族教科书的编审机构正式形成跨省协作编审与各省独立编审相结合的形式。

　　正如 1980 年教育部在少数民族文字教材工作座谈会中的总结所讲，经过 6 年多的运行，这种复合式的教科书编审取得了比较显著的成效，在民族教科书的经营管理上、编译人才培养、出版数量与品种上都取得了长足的进步。同时国家也制定了专门针对协作审定机构的政策文件，以规范这些机构的业务工作。对于其他没有进行协作的编审的省份，由本省中小学教材审定委员会进行民族教科书的审定工作，如云南省中小学教材审定委员会就承担了省内独龙族、白族、傣族、景颇族等少数民族教科书的审定工作。这样的编审机构安排是国家根据少数民族的多样性采取的灵活政策措施，为民族教科书的多样化发展提供了制度性的保障，在精简机构、提高编审效率的情况下保证了民族教科书与普通教科书同水平层次的发展。

　　3. 合理、流动的编审人员制度

　　如前所述，在新中国民族教科书发展的三个阶段中，编写教科书人员的个体是隐没于出版集体之后的，因此我们很难看到这些对新中国民族教育、教科书发展具有重大贡献的个体姓名。在本研究收集整理的

800 本左右的民族教科书实物中，只有内蒙古人民出版社在 1956—1960 年出版的部分教材的版权页中出现过编译人员的姓名，如表 5 - 1 所示。因此只能从几个教材协作编审机构的名单中推测新中国的编审人员制度。

表 5 - 1　1956—1960 年部分蒙古文教材信息表

科目	类目	作者	出版社	版次
高小体育教材		宝马莉编译	内蒙古人民出版社	1956 年 10 月
新蒙文自学读本		内蒙古自治区人民委员会、蒙古字文改革委员会	内蒙古人民出版社	1956 年 5 月
人体解剖生理学		方宗熙等编，志伦译	内蒙古人民出版社	1956 年 9 月第 1 版
中学历史（一）	高级中学课本	丘汉生、陈乐素等编，齐达拉图译	内蒙古人民出版社	1957 年 8 月第 1 版
中国经济地理	高级中学课本	中国人大经济地理教研室人教社编，博和文都苏、仁亲忠爱译	内蒙古人民出版社	1957 年 2 月第 1 版
物理（下）	高级中学课本	人教社编，内蒙古人教社译	内蒙古人民出版社	1957 年 8 月第 1 版
化学（一）	高级中学课本	许印章等编，志伦译	内蒙古人民出版社	1957 年 8 月第 1 版
化学（下）	高级中学课本	周芬等编，志伦译	内蒙古人民出版社	1956 年 7 月第 1 版
代数（一）	高级中学课本	余元庆等编，宝迪译	内蒙古人民出版社	1958 年 7 月第 1 版
物理学（第三册第二分册）	高级中学课本	人教社编，艾日布宝迪译	内蒙古人民出版社	1959 年 2 月第 2 版
算术（上）	初级中学课本	魏群、张重恩等编，期日古郎译	内蒙古人民出版社	1956 年 8 月第 1 版
蒙语（一）	初级中学课本	德乐格尔等编	内蒙古人民出版社	1958 年 8 月第 1 版
植物学（上册）	初级中学课本	徐晋明、李培实编，倭克泰译	内蒙古人民出版社	1958 年 7 月第 1 版

续表

科目	类目	作者	出版社	版次
植物学（下册）	初级中学课本	人教社编，倭克泰译	内蒙古人民出版社	1959 年 11 月第 2 版
动物学（下册）	初级中学课本	郑铭夫、叶佩仪编，阿仁高娃译	内蒙古人民出版社	1959 年 2 月第 2 版
文学（第六册）	初级中学课本	内蒙古人民出版社编	内蒙古人民出版社	1960 年 2 月第 1 版
世界地理（下册）	初级中学课本	人教社编，内蒙古人民出版社翻译	内蒙古人民出版社	1960 年 2 月第 1 版
代数（第一分册暂用本册）	初级中学课本	人教社编，宝迪译	内蒙古人民出版社	1960 年 1 月第 1 版

首先，每个教材协作组织都设置了领导机构，机构中人员安排是较为合理的，并且颁布了领导机构工作简则，规定了协作小组的性质、组织职责，甚至有详细的办公地点和会议召开安排。小组内设：组长、副组长、组员。小组的组长与副组长由相关教材使用较多的省区教育厅的主要领导组成，组员由其他省区的领导及相关省区的教材编译部门领导组成，并且尽量由少数民族人员担任。例如表 5 - 2 所示的人员名单，是 1982 年批准的五省区藏文教材协作领导小组成员名单。青海省虽不是藏族主要的聚居区，但其是最早编译藏文教科书的省份，有丰富的教科书编译经验，因此安排其教育厅主要领导承担组长职务是比较合适的。青海省与西藏自治区是最大的两个藏族聚居区，教科书使用量也最多，组长与副组长的任命可以充分调动这两个省区的教材编译力量和积极性。在组员中安排了青海和西藏两省区专门管理民族教材的单位领导，旨在能够使协作审教材的工作在实际操作的过程中顺利进行。另外，从民族成分来看，少数民族占绝大多数，充分展现了新中国民族平等的政策。1986 年国家教委对协作领导小组人员又进行了扩大，变化最大的是组长、副组长的任命，两个职务全部提升，组长由青海副省长担任，副组长加入国家教委民族司司长、国家民委教育司司长、西藏自

治区副主席、四川省副省长。❶ 如表5－2所示。这次扩大充分显现了国家对民族教科书编审出版工作的重视。

表5－2　1982年五省、自治区藏文教材协作领导小组名单❷

职务	姓名	行政职务	民族
组长	扎西东周	青海省教育厅副厅长	藏族
副组长	多吉欧珠	西藏教育厅副厅长	藏族
组员	李绍唐	甘肃省教育厅副厅长	藏族
	田清玉	四川省教育厅副厅长	汉族
	刀育才	云南省教育厅副厅长	傣族
	罗桑宗哲	青海省民族教材编译处副处长	藏族
	罗桑贡嘎	西藏教育厅教材处副处长	藏族

其次，从朝鲜文教材审查委员会、蒙古教材审查委员会的人员组成来看，委员会人员主要有两个部分：一是审查委员会人员，主要负责审查领导工作；二是审查委员会各学科审查组聘请人员。在1980年教育部转发《少数民族文字教材工作座谈会纪要》的通知中就提出要"培养一支又红又专，兼通汉语文和本民族语文的编译队伍"❸。我们以1986年10月国家教委批复的全国蒙古文教材审查委员会各学科审查组聘请人员名单为例来说明，学科审查人员安排是比较合理的。如表5－3所示（由于单纯人名并不具备可分析特征，因此表中略省去姓名项）。在此表中，共分9个学科审查组，有中小学学科8组，幼儿学科1组，分组详细合理，基本含括了所有学科；审查组共聘请47人，人数分配基本持平，其中社会学科审查组人数最多，蒙古语文学科审查组次多，这两组人员人数分配说明民族语文比较受重视，且人才济济；从单位来源看，分配较为合理，且按不同单位进行名额分配，主要以大学研究人员和专业出版社为主，还照顾到了一线教师和一些专业协会人员也参与

❶　阿尔宾达赉，沙玛·甲加. 中国少数民族文字教材建设概况［M］. 呼和浩特：内蒙古教育出版社，1996：57.

❷　阿尔宾达赉，沙玛·甲加. 中国少数民族文字教材建设概况［M］. 呼和浩特：内蒙古教育出版社，1996：45－46.

❸　阿尔宾达赉，沙玛·甲加. 中国少数民族文字教材建设概况［M］. 呼和浩特：内蒙古教育出版社，1996：25.

其中；从民族成分来看，汉族共 9 人，占总人数的 21%，其余 4/5 全部为少数民族。

表 5 – 3　1986 年全国蒙古文教材审查委员会各学科审查组聘请人员情况一览表

组别	人数	单位来源	民族成份
蒙古语文学科审查组	6 人	内蒙古教育出版社 2 人、内蒙古蒙专 1 人、内师大 1 人、新疆师大 1 人、新疆教育出版社 1 人、内蒙民族师院暂缺 1 人	蒙古族 4 人、维吾尔族 2 人
汉语文学科审查组	4 人	内蒙古教育出版社 2 人、内蒙古蒙专 1 人、内师大附中 1 人	汉族 4 人
外语学科审查组	3 人	内蒙古教育厅教研室 1 人、内蒙古教育出版社 1 人、内蒙古乌盟师范 1 人	蒙古族 2 人、汉族 1 人
社会学科审查组	9 人	中央民族语文翻译局 1 人、内蒙古教育出版社 4 人、内师大 3 人、内蒙古民族师院 1 人暂缺	蒙古族 7 人、汉族 1 人
自然学科审查组	6 人	内师大生物系副教授博士 1 人、内师大生物系讲师 1 人、内师大 1 人、内蒙古教育出版社 3 人	蒙古族 6 人
音乐学科审查组	5 人	内师大 2 人、内蒙古教育出版社 1 人、内蒙古音乐协会 1 人、内蒙古广播文工团 1 人（作曲家）	蒙古族 4 人、汉族 1 人
体育学科审查组	4 人	内师大 1 人、教育厅 1 人、内蒙古体委 1 人、内蒙古民族师院 1 人	蒙古族 4 人
美术学科审查组	5 人	内师大 1 人、内蒙古美协 1 人、内蒙古教育出版社 3 人	蒙古族 3 人、汉族 2 人
幼儿教材学科审查组	5 人	待定	
总计	47 人		41 人

另外，根据教材协作委员会审查委员会章程规定，审查委员由教育教学专家、教师、教育行政领导干部共同组成，任期四年，可以连续聘任，每届更换人数不超过 1/3。主任、副主任任期最长不超过三届。合理、流动性的人员设置是民族教科书编审的一个重要的特征，它保证了民族教科书的出品质量。

4. 统一要求与实际相结合的编审标准

编审标准是民族教科书进行编审的基本依据。新中国民族教科书的编审标准根据不同时期的社会发展状况、民族教育发展状况不断进行调整，在整个发展过程中体现了以下两个特点。

第一，总体上呈现不断规范的趋势。新中国成立初期，教育部只是大体规定了民族地区的教科书、教学计划、教学大纲的编写要以全国统一规定为基础，并没有详细为民族教科书的编写提供明确的标准。在1959 年召开的全国少数民族出版工作会议中开始出现编写标准的详细规定："少数民族文字教材的编译，必须以党和国家的教育方针为指导思想。在教材的政治内容上要用社会主义、共产主义和爱国主义思想教育学生。各少数民族地区的中小学和示范学校应译用或采用全国通用的教科书，另外自编本民族语文教材和民族学校汉语教材及民族补充教材。"❶

目前最新的编审标准是 2004 年教育部颁布的《中小学少数民族文字教材编写审定管理暂行办法》、2004 年教育部颁布的《全国中小学教材审定委员会藏文教材审查委员会章程》、2004 年颁布的《全国中小学教材审定委员会朝鲜文教材审查委员会工作章程》、2006 年教育部颁布的《全日制民族中小学汉语课程标准（试行)》，这几个规章制度都对民族教科书的编审标准进行了详细的规定。

第二，从内容上看，统一要求与实际结合的灵活编审标准。这是新中国民族教科书编审最突出的特点。从新中国成立初期开始，国家就开始提出民族教育在全国大标准的要求下，必须因地制宜。

总体上，新中国刚成立，民族语文编译人才奇缺，除了政治、历史等科目，大部分民族教科书都从蒙古、苏联、朝鲜、日本等国直接编译过来；等到 1952 年新中国自编第一套通用教材出版，国家立即调整了民族教科书编审政策，除了民族语文与汉语文外，都必须编译国家统编教材，因此在我们收集的教科书实物中看到，民族教科书除了语言与统编教材不一样外，封面、插图，甚至习题设置都与统编通用教材并无区别，地方民族出版社只是做了文字翻译的工作而已。第三个阶段，积累了一定编写经验，培养了高质量的编译人才队伍，并赖于教科书审定制度的建立，大部分教科书开始结合本地区社会发展和本民族文化传统，开始采取自编与编译结合的方法。总的来说，新中国教科书编审政策的

---

❶ 阿尔宾达贲，沙玛·甲加. 中国少数民族文字教材建设概况［M］. 呼和浩特：内蒙古教育出版社，1996：33.

发展是一个实事求是、灵活调试的过程。

（二）印行政策协调布局

民族教科书的印行政策是一本民族教科书能否从教材编译机构顺利到达每个学生手中的制度保障，这个过程需要编译部门、出版社、发行商、学校的协调分工、密切配合才能圆满完成。

首先，政府在教科书的印刷和发行环节中起到了积极的协调作用。新中国非常重视民族教科书的出版与发行，国家出版事业管理局（后改为国家新闻出版总署）先后多次单独或与各部委联合召开关于少数民族文字图书翻译出版规划座谈会，对民族教材的出版发行进行工作指导，例如在 1975 年召开关于少数民族文字图书翻译出版规划座谈会，1980年 11 月联合国家民委、国家出版局在北京召开全国少数民族文字图书出版工作座谈会。教育部还专门就四川省出版局《关于做好三州教材发运工作的通知》作出回复，号召各省、区都向四川省出版局的发行运转工作学习，该通知甚至还详细地要求"各州文化局责成州书店要把国家出版局分配给州书店的大小汽车，首先保证用在发运课本、图书上，所需汽油，请州里协助解决"❶。由于民族教科书的印行涉及多个部门，因此，政府在其中居中调节能够让民族教科书的出版工作有条不紊地进行。

其次，民族教科书从编辑、审定、印刷、发行都有其特殊性，新中国在管理民族教科书的印行上充分把握了这种特殊性，形成了一个统一印刷、就近发行的印发布局。它最突出的特点就是在建国初期就在各少数民族聚居地——各省、自治区内设立专门负责印制发行民族教科书的出版社。这些点状分布的出版社形成了一个民族教科书发行的密布网络，很好地解决了边疆地区因路途遥远，教科书运输不便的难题，既节省了印刷发行的成本，又使这些公办的出版社不打折扣地落实政府的民族教科书政策。因此，经过多年发展，尽管民族教育出版社在民族教材出版发行上亏损连连，但政府依然会在违背市场竞争机制的条件下，用"以汉养民"❷ 或分担亏损的方法支持这些出版社的民族教科书出版

---

❶　阿尔宾达赉，沙玛·甲加. 中国少数民族文字教材建设概况［M］. 呼和浩特：内蒙古教育出版社，1996：40.

❷　即用出版汉文中小学教材的盈利补贴出版民族文字中小学教材的亏损。

工作。

但是，我们也应看到目前民族教科书印行政策也存在矛盾和不足的地方，尤其是在市场经济不断发展、民族教育深化改革的情况下，统一印行的方式也会阻碍民族教科书的多样化发展，而多样化是今后教科书发展的必定趋势。政府要根据具体的调研，对下一步的印行工作试行改革。

（三）经费政策重点倾斜

新中国历来重视民族教育的发展，将其作为实践平等、互助的马克思主义民族理论的一项政治任务，因此对民族教育经费投入一直相当重视。在第一次全国民族教育会议报告中就指出，政府要在一般开支标准之外给予少数民族教育经费的特别倾斜，另拨专款。

从 1951 年起，在国家经济的逐步恢复阶段就从中央财政中给民族教育发展划拨专项补助费，每年都增加。1951 年为 151.2 万元，到 1955 年达到 10 819.9 万元。[❶] 从 1956 年起，此项补助费不单独核拨，将其纳入地方划拨的教育事业经费中。1980 年 7 月，教育部、国家民委发出《关于从民族地区补助费中适当安排少数民族教育经费的建议》[❷]，建议从少数民族补助费中安排一定款项用于解决少数民族教育的特殊需要。从 1990 年开始，中央财政每年为支持少数民族地区教育发展划拨 2 000 万元专款。而且从 2001 年开始，国家开始实施"两免一补"政策，中央财政负责给贫困地区家庭经济困难的中小学生免费提供教科书，众多边远民族地区的少数民族学生都享受到了这个优惠政策。以西藏自治区为例，由于 1982 年藏文教材协作领导小组工作会议提出"西藏、青海实行民族语文字教材免费供应"的倡议，从 1985 年开始对义务教育阶段的农牧民子女实行"包吃、包住、包学习费用"的"三包"政策。2011 年后，将非义务教育阶段的学前、高中都纳入"三包"范围，资金投入超过 10 亿元，50 万多学生受益。[❸] 对教科书费用的免除不但惠

---

❶　国家教委民族地区教育司. 少数民族教育工作文献选编 [M]. 呼和浩特：内蒙古教育出版社，1989：38.

❷　国家民委办公厅、政法司、政策研究室. 中华人民共和国民族政策法规选编 [M]. 北京：中国民航出版社，1997：438.

❸　[EB/OL] http：//www. mzb. com. cn/zgmzb/html/2011 - 04/12/content_ 76596. htm.

及少数民族学生，当地的民族教科书出版、发行机构更是最大的受益者。这种民族教育经费由国家专项投入和地方政府财政共同支出的模式对民族教科书的发展是有利的，必要的资金倾斜可以解决由民族教科书印行的特殊性引起的超常规经费短缺问题。

但是，在经费投入上，无论是编译经费，还是审查、出版经费都仍长期处于短缺的状态。特别是在国家财政体制改革后，民族教育经费列入地方包干基数，用于顶替自治地方正常预算收入，地方的民族教育经费也比照办理，民族地方本身财政收入就比较低，加上各民族地方对民族教科书的财政补贴也不尽一致，民族教育经费又转变为民族地方教育经费，从而使国家对民族教育的扶持受到极大削弱，因此经费不足就成为民族教科书发展的最大桎梏。因此建立以中央财政为主的民族教科书经费投入体制是十分必要的。

三、新中国民族教科书政策的功能影响

（一）政治功能：族际政治整合的新途径

1949 年 10 月 1 日，新中国成立，其作为清末以来历任政府都渴望而未能建立的实质性统一国家，它拥有真正的、强大的、全国统一的政府统治力。在这样的前提条件下，通过建立以"国定制""审定制"为特征的民族教科书编审制度，通过翻译、发行"一纲一本"统一全国的中小学教科书，将民族平等、互助、共同发展的民族观和以新生政权为政治认同标的的意识形态集中灌输于少数民族学生。

政治整合是"两个或更多的政治单位扩大他们彼此的合作与联系的过程。先前两个单位在政治上的结合常被看成是现代化过程中符合需要或符合逻辑的最终产物"❶。族群政治整合从本质上看，它是将"政治整合"的政治学的概念引入民族学领域，对族际关系的延伸性研究。族群政治整合是以国家统一为目标，在多民族国家内把多个民族整合在国家政治共同体中，它关乎整个国家的前途和命运。新中国，这个具有中

---

❶ ［美］杰克·普拉诺，等. 胡杰，译. 政治学分析词典［M］. 北京：中国社会科学出版社，1986：114.

央集权制传统的国家，在马克思主义平等民族观念的指导下，政府通过制定相关政策，赋予少数民族合法的民族身份，尊重其语言使用权利，它制定的民族教科书政策很好地平衡了中央与民族地方、主体民族与少数民族之间的文化和政治利益诉求。新中国制定的民族教育政策为地方和族群公共利益提供了近代以来最广阔的发展空间，这种尊重差异、包容多样的政策价值取向换来的成果是，通过民族教科书政策的不断成长与完善，大量编写水平较高的民族教科书不断涌现，并通过其教诲性等基本特征对族际关系进行调整与稳固，从而开辟了一条族群政治整合、对抗分裂趋向的新途径，帮助中国在建立统一的现代民族国家道路上稳步向前。

（二）文化功能：重塑以中华共同文化为核心的多元文化体系

清末传统中国以儒家伦理道德为基础的"天下"政治制度的崩塌，以儒学为中心、通过其"核心辐射"的文化整合方式建构的古代文化格局也随之瓦解。近代以来，无数学者和政治家都试图重建一个强有力的文化向心力，以抵抗各种离心势力。"中华民族"即是以此为目标由官方进行民族"想象"的产物。但真正将这个"民族"树立起来的是新中国的政府，它尊重中国是各多民族国家的基本国情，承认各民族文化传统的合法性，继承中国古代"多元互动"的方式建构中华民族的文化认同。而新中国少数民族教科书政策在这种国家层面的"政治文化"认同中发挥了重要的影响。从 1949 年开始直至"文革"结束，国家通过制定以消灭阶级差别，实现民族平等为目标的民族教科书政策，建构了多元文化体系；但同时我们也应注意到，在改革开放后，意识形态领域"去革命化"的现实也造成了"一定程度上出现了主体文化和信仰的真空"❶，如何在多元文化体系中确立一个核心文化认同是迫在眉睫的工作，而少数民族教科书政策应承担起沟通各民族文化，建立一个更具包容性的核心文化认同的责任。

---

❶ 马戎. 中国民族史和中华共同文化 [M]. 北京：社会科学文献出版社，2012：197.

第六章　中国百年少数民族教科书政策的反思与启示

　　各美其美，美人之美，美美与共，天下大同。

——费孝通

　　百年民族教科书政策是中国人从传统部族帝国进入现代中国后，用不同视角理解族群关系、站在不同立场实践族群观念的结果。在经过比较系统地梳理中国百年少数民族教科书政策的萌芽、成型、发展的历程，并对每个发展阶段之政策目标、政策过程（内容结构），政策成效（特点影响）进行分条析缕后，可以清晰地看出，在纵向的时间里，民族教科书的本体发展是一个连续的、动态的过程；而在横向空间中，百余年的民族教科书政策过程是断裂的、独立的存在。这是少数民族教科书政策从发轫到现在最突出的特点。在这看似矛盾，实则合理的发展过程中，有两个至关重要的问题需要再深究，这也事关本研究的重要结论：第一，民族教科书政策在百余年的发展过程中有哪些经验和教训，第二，在反思收获与不足后，民族教科书的未来应该走向哪里？因为，从某种角度看，所有的历史都是当代史，更是未来史。

第一节　　政策目标政治整合与文化整合的一贯性

一、百年民族教科书政策继承了古代文教政策的认同整合思想

　　无论"天下"中国还是"民族国家"的中国都是在多元一体民族格局下对各族群集体生活进行的"整体性"治理的措施，政治实体虽然不同，但都是以解决各族群之间利益冲突，达成统一的意义与归属感为根本功能追求。因此，从本质上看，百年民族教科书政策与古代文教政策是异曲同工的。民族教科书政策在百年的历史发展中所体现出的对族群文化、政治认同的整合目标与古代文教政策是完全一致的。这种一致性主要体现在以下两个方面。

（一）在政治认同上，以建构政体一统为目标

　　中国古代民族文教政策目标是以"德化"为手段促进多元民族文化的沟通与融会，其最终目的是通过民族文教政策广播儒家伦理价值标

准，形成文化主义的一统"天下"。不管这个"天下"是否有明确的地理边界，只要认同儒家义礼，都是"天下"的一分子。以文化为基础达成夷夏一统是历朝历代统治者的最高政治追求，也是获得所有族群广泛认同的基础。中国古代民族文教政策目标所蕴含的"大一统"政治诉求虽然不能像现代民族国家那样必须"寸土必争"，但将所有族群纳入文化意义的"天下"是各朝代共同的政治理想。这种文化意义的统一体就是"正统"，只有统一的王朝才能代表"中国"的"正统"。

　　百年民族教科书政策也是民族国家对治下所有民族进行政治整合的手段，也是以政体一统为目标的。清末民初，文化主义"天下"被打破，中国人建立新的政治实体"民族国家"。这是一种与"天下"完全不同的政治实体，它有明确的边界，有稳定的政治格局。如果"天下"还是一种理想的"四海臣服""九州认同"，允许部分治下族群"有限自治"的话，那么"民族国家"就是具有严格政治意义的统一体，决不允许任何族群做出影响政治一统的分裂行为。所以，当中华民国北京政府从晚清政府手中接过基本完整的中国版图和人口时，一百多年来无论面临怎样的动荡和分裂危机，不同政府都以保持统一为国家核心利益，不容置疑。少数民族教科书政策正是在这样的背景中产生的，为了重建、稳固政体的统一，在各族群间建立稳定的"统一秩序"，国家以教科书作为建构政体认同的工具。

　　清末民初的政府通过"专门化"导向的民族教科书政策，为部分人口较多、边防压力较大的少数民族编写了教科书，希望通过教科书对少数民族文化利益的分配，以获得这些意欲分裂国家的少数民族的政治认同；南京国民政府的民族教科书政策以"深植国家统一观念，巩固国防"为主要目标，新中国政府的民族教科书政策"以民族教科书政策为桥梁，建立平等、团结互助共同发展的新型社会主义民族关系"为目标也同样是为了取得政权的广泛认同。因此，在政体认同上，百年少数民族教科书政策的目标与中国古代文教政策是一脉相承的，都以建立统一国家为主要目标。

　　（二）在文化认同上，以建构核心共同文化为目标

　　无论是政策内容，还是政策的实施方法，中国古代文教政策都以儒家价值体系为标准。古代文教政策在各族群中传播代表华夏汉文化的儒家义礼，通过"核心辐射"的方式对各族群文化进行整合和构建，形成中华民族共同文化和价值观。这种以中原华夏文化为代表的核心文化对周边不同文化区系的汉族、非汉族都产生了吸引力和向心力。"崇儒兴学"形成的强大的文化内聚力成为不同起源、不同文化传统、不同心理特征的各个族群能够相互依存的黏合剂。另外，这种共同核心文化内聚力不是由主体汉民族单向度输出的，它的形成是在经历了千百年汉或非汉执政主体的王朝制定的民族文教政策以"多元互动"的方式后构建的。中华共同文化是融合的文化，来自中原农耕文明与草原游牧文明的互动与交流。这种核心文化的开放性决定了它不排斥原有民族的传统文化，是多元文化交融的结果。少数民族文教政策在这个核心共同文化的形成过程中起到了决定性的作用，因此古代文教政策在建构文化认同上是比较成功的。

然而，近代民族主义思潮的涌入打破了这种文化认同的局面，共同文化的核心元素——儒家文化在更强势的西方科学文化面前迅速失落，百年民族教科书政策就是在这样的情况下诞生的。它试图接续古代文教政策的功能，重新建构断裂的中华文化认同。但历经百年，这种共同文化的建构困难重重。清末民初的政府希望通过国民教育和"普通化"教科书统一国民意识形态，南京国民政府则采取了更为极端的做法，以"边疆教育"替代"民族教育"，希望通过否定民族教科书政策来否定少数民族文化权利，以"同化"为手段建立统一的文化认同；新中国以实质性的民族平等为原则，编写了大量的民族教科书，在繁荣民族文化的同时，却也陷入文化多元的泥沼，尤其是当改革开放意识形态"去革命化"后，建构中华共同文化认同的任务就摆在眼前。当前国家提出在各民族间建立社会主义核心价值观就是在这样的背景中发生的，这对民族教科书政策的制定也具有积极的指导意义。

二、百年民族教科书政策以民族教育现代化为目标进行文化整合

现代教育是国家对公民实施的统一性教育，它以统一的学校组织、课程标准、教科书、教育评价对公民进行共同价值观的形塑。百年民族

教科书政策奠定了中国民族教育现代化基础，并以此为目标对多族群文化进行整合。

现代意义的民族教科书产生于清末民初的新式学堂中。它不像用汉文编写的普通教科书，从 19 世纪中期即开始复杂的积累过程，民族教科书的产生过程简单，也迟滞于普通教科书。在它产生之前，少数民族地区的世俗教育由于政府不重视、与宗教教育相抵牾等众多因素的影响，极不发达，教学用书更是单一化的儒家经典。自雍正八年规定四川建昌府义学，其熟番子弟来学者应熟读《圣谕广训》，雍正十年，规定在湖南苗童义学宣讲。从此之后，《圣谕广训》成为民族地区社学、义学的规定课程。另外《四书》《小学》《孝经》也是学塾中常见学习内容。这种情况一直持续到清末新政兴学中《满蒙汉三文合璧教科书》与《简易识字读本》《国民必读课本》在民族地方学堂中开始使用。由此，民族教科书历经百年与普通教科书一起开始了现代化的过程，从内容体例到文字插图，从装帧到排版，不断切磋优化。发展至今日，无论是数量、质量、品种都有了翻天覆地的变化。尤其在新中国时期，在政府"民族平等、互助"的民族观影响下，民族教科书的发展得到最大程度的扩张。

在民族教育由传统到现代化的转型、发展过程中，民族教科书政策起到了巨大的促进作用。民族教科书政策在清末民初萌芽、南京国民政府时期成型、新中国时期发展，在自身不断成长的过程中，利用其所隐含的权力之手，推动、形塑着民族教育与民族教科书。它通过编审政策控制民族教科书的文本形式与内容，利用经费政策影响民族教科书的发展速度与规模，借助印行政策规范民族教科书的印刷与流通。民族教科书之所以能有今天的发展成就，能让每个少数民族的学生都能"人手一册，课前到书"，终究是民族教科书政策百余年的发展和积累的结果。民族教科书政策在推动教科书的发展过程中，也见证了民族教育由传统到现代的转型，并促进民族教育的跨越式发展。传统民族教育是宗教教育、儒家文化教育和民族特色文化教育，其教育理念、教育内容、教育方法、手段上都与现代教育无法比拟。民族教科书发轫于现代教育的学堂中，它所承载的平等、民主的价值观、丰富实用的学习内容、互动的讲授方式使传统民族教育迅速被边缘化。以民族教科书的发展为支持，中国现代民族教育才有今天如此辉煌的成就。

我们暂不讨论造成民族地区教育与内地教育之间差距的复杂原因，也不评论这种看似补偿性的政策措施造成的影响好坏，单从民族教科书，这样一个少数民族学生必读、深读的文本角度来看，关于它的政策制定与实施或许能够成为缩小两者之间差距的方法与手段。以往我们对民族教育发展的规划总是侧重宏观性的内容，例如扩大学校规模、增加教育投资等，当然，这种宏观的发展措施是必要且必须的，但可否从加强民族教科书及其政策的制定和实施入手，开辟一条促进民族教育发展的微观的、可操作性高的、更具经济性的途径，促进民族教育能够跟得上现代教育的步伐，整合于现代教育发展的进程中。

三、百年民族教科书政策以形成民族"集体记忆"为目标进行族群整合

费孝通先生说过，"中华民族作为一个自觉的民族实体，是在近百年来中国和西方列强对抗中出现的"❶。这句话实际包含两层意思，第一，用现代西方民族主义对"民族"的界定，中华民族在近代之前并非一个民族实体，至少不像汉族、藏族等民族那样具有明显的民族特征。第二，中华民族是国人在原有"自在"基础上用百余年的时间不断被建构、形塑出来的。这个论断更像民族学研究中关于"民族"是什么的"建构论"解释流派，意即在相对承认民族具有客观性的基础上，认为民族是具有建构过程的。这种论断不仅是费孝通先生学术研究的成果，更是无可辩驳的历史事实。百余年来从孙中山建构"国族"开始，中国人一直都想将中华民族建构成个一个符合民族主义定义的"民族"，一个和国家等身大的民族。这种追求与中国传统的"大一统"情节相互连结，彼此驱动，成为中国现代历史的主旋律。

建构的过程就是增进认同的过程。那么这里就有两个问题需要回答，第一，什么是认同？第二，认同什么？首先，认同是一个心理过程。在心理学解释里，认同指体认与模仿他人或团体之态度行为，使其

---

❶ 费孝通. 中华民族的多元一体格局 [J]. 北京大学学报，1988（4）：1-19.

成为个人人格一部分的心理历程。[1] 认同包括个人和社会两种认同。简金斯（R・Jcnkins）认为：社会认同使群体成员在主观上所具有的群体归属感和对某一社会成员的全体归类划分。文化认同作为社会成员对自己的族群归属的认知与情感依附，是一种重要的社会认同形式。一个文化群体的自我认同建构的确立，集体记忆是一个重要的机制。[2]

百年来国人建构中华民族，就是希望通过某种途径使生活在中国的各个族群能够形成统一的态度和行为，而态度和行为就是一种文化，由共同的"集体记忆"排列组合成的中华民族共同文化。因此，建构中华民族就是增进各族群对中华民族"集体记忆"的认同过程。而这种"集体记忆"的最佳载体就是教科书。少数民族教科书政策主要从两个方面加载"集体记忆"，巩固族群认同。

（一）通过政策本体建构"集体记忆"巩固族群认同

百年少数民族教科书政策的发展历史就是中华民族的"集体记忆"。对于中国境内各民族群体来说，少数民族教科书政策是他们共同感知过的事情，思考过的问题，体验的情感或从事过的活动，[3] 都会在各民族群体中留下不同程度的印象，其中一些部分通过代际传承保存下去，成为中华民族的集体记忆。一本本双语教科书、一次次翻阅研读、一段段新奇的阅读体验都是集体记忆的方式。从满是宗教教义的教学内容到丰富实用的现代科学知识，从阿訇、喇嘛的耳提面命到学校老师的谆谆教诲，从陌生隔膜到熟悉亲近，民族教科书政策成为百年来少数民族群体和汉族群体共同经历的活动和体验过的情感过程。这种"集体记忆"会深深地镌刻在各族群个体的心理发展过程中。

（二）通过教科书文本重构"集体记忆"巩固族群认同

如果说民族教科书政策建构的是近百年来中华民族的集体记忆，那民族教科书文本则通过重构来形成"集体记忆"。首先，民族教科书文本重构了我们过去的态度。"积极的记忆构建的确可以美化我们

---

❶ ［EB/OL］http：//baike. baidu. com/link？url = btiXGLdJOFumvom0bat9zZBIp9uHfdcF5MYLsLFsNzgVa7usmFrny9pxgv6BDUFAg53ajs1 – xLxssLklAvI7HK.

❷ 沈爱君，梅琼林. 华文媒体与中华文化认同之建构——以《世界日报》为例［J］. 学术交流，2011（7）：198 – 202.

❸ 彭聃龄. 普通心理学［M］. 北京：北京师范大学出版社，2004：206.

的回忆。"❶ 历史上的各族群关系并非我们认为的"大同世界",和睦美满,"非我族类,其心必异"就是最好的语言学明证。但是民族教科书的编写有选择性地隐去了"不愉快"的情感体验。1931 年颁布的《三民主义教育实施原则》认为蒙藏教育各级学校实用的教科书应特别注意描述"中国民族之融合的历史""边疆和内地之地理的关系"。这种经过刻意"美化"的教科书内容,重构了我们对民族关系以往的认识和态度。其次,民族教科书文本重构了我们过去的行为。不可否认,中华大地上的各族群之间的相互记忆并非总是融合互助的,摩擦、冲突,甚至是激烈、残酷的战争也是各族群在历史上相处的方式,但是民族教科书展现的"记忆"能使我们改变自己的过去。还是在《三民注意教育实施原则》中要求民族教科书描述"边疆各民族人民和国民革命的关系",其实外蒙古的分裂正是发生在国民革命时期,这样破坏国家统一的行为在教科书中都被"空无化"了。最后,民族教科书文本重构了我们的经历。态度和行为都是原子化的,民族教科书更进一步地重构了一个连续性的"经历"。"记忆往往是存储在一个相互连结的网络中,为了提取其中的某一份记忆,我们需要激活某一个引导线索。"从这个角度来看,任何一本民族教科书及其内容都可成为中华民族共同记忆,这个网络中的引导线索。❷

　　由此而来,民族教科书政策就可以从本体和文本两个角度形塑中华民族的"集体记忆",进而巩固族群认同。

四、百年民族教科书政策以形成国家认同为目标进行政治整合

　　国家认同是现代社会认同的类型之一,它强调的是对"法律—政治"共同体的归属感。"主权国家之间的关系构建了世界政治格局。"从近代开始,传统中华帝国崩解,中国要向加入世界格局,必须按照西方国家"nation – state"模式建立现代民族国家。国家建构的首要任务就

---

❶　[美] 戴维·迈尔斯,等. 张智勇,等,译. 社会心理学 [M]. 北京:人民邮电出版社,2011:77.

❷　[美] 戴维·迈尔斯,等. 张智勇,等,译. 社会心理学 [M]. 北京:人民邮电出版社,2011:78.

是主权建构，使境内不同族群忠诚于这个政治实体。当然，这样的认同可能不是热爱，而是更倾向于赞许和承认，这是一个以国家认同的方式来达成统治合法化的过程。百年民族教科书政策至少从两个方面促进了少数民族群体对国家的认同感。

（一）建立民族教科书的编审制度，以公共政策的方式回应少数民族文化权利诉求

在一个多民族国家里，一个民族利益的诉求一般可以概括为三部分：存在的宪法肯定、语言和文化的保护、政治权利的分享。因此，争取本民族语言文字的教育权与受教育权历来是一个民族基本的权利诉求，从这个意义上来看，所有的教育都应是民族教育。教科书作为民族特质固化的载体，保存着民族的文字，守护着本民族语言和文化的生存和发展，如果国家可以满足这样的利益诉求，那么就会形成国家认同。清末，《满蒙汉三文合璧教科书》出版发行，这时的晚清政府可能只是认为"现在筹办蒙务，首重兴学，亟宜先取浅近教科书籍妥速移译，务期词句明显，意义恰当，以为开通蒙智之资"❶，还未有打算将民族教科书的编写作为国家政策的一部分，并进而形成稳定的制度。直到进入南京国民政府时期，国家开始正式制定完整的民族教科书政策，尤其是设立编写机构、配备编写人员，虽然只是针对人口较多的蒙古、藏、回等少数民族编写了教科书，但也让民族教科书的编写成为一种常态。在新中国时期，针对少数民族编写的教科书越来越多，管理政策也愈加完善。权利的分享，利益的分配、协调必然带来国家忠诚度的提高。

（二）建立民族教科书印刷、发行、经费保障制度，以配套服务控制国家认同

服务会形成控制，尤其是免费而优质的服务更会造成依赖。从这个角度来看，依照我们前述所总结的百年来少数民族印行、经费政策来看，晚清政府、南京国民政府、新中国政府都是遵循这个路径在走：免费向边远贫困地区提供民族教科书，在开启民智的同时，灌输国家观念，进行国家认同的控制。就如晚清云南学务行局总理李曰垓所说：

---

❶　锡良. 谕哲里木盟十旗兴学劝业文［M］//于逢春. 国民统合之路：近代中国民族国家构筑视野下的内蒙古东部蒙旗教育. 哈尔滨：黑龙江教育出版社，2012：129.

"即教育毫无实际估以土塾为界碑，亦保全土地之一法。"❶ 土塾有此作用，难道教科书就没有吗？当边疆地区少数民族的学生都人手一本国家免费提供的教科书时，国家认同感必定油然而生。

第二节　政策过程的非连续性影响目标的达成

在百年民族教科书政策的发展过程中其目标是一贯的，即在多族群国家中达到文化相融与政治一体，但是由于不同政府面临的社会环境不同、执政党所持民族观念也差异巨大，因此导致政策在几个发展阶段的实施过程中产生了断裂，这影响到了政策目标的达成。以下主要分析是什么原因造成了这样的非连续性过程，并给出解决非连续性政策实施的建议。

一、百年民族教科书政策过程非连续性的原因

（一）政策制定者的主观价值取向差异导致非连续性的政策过程

在经过百余年历史的梳理后，我们发现，作为现代民族国家一种积极主动的教育均质化的干预措施，少数民族教科书及政策从产生之初，就一直伴随着中国人构建"民族"与"国家"的过程，因此也始终笼罩于民族主义的社会思潮之下。中国的 20 世纪就是民族主义的世纪，民族主义这种西方文化的舶来品在 20 世纪出现过三次重大的全球性浪潮，而每一次中国都无可避免地被波及。民族主义更是作为意识形态介入民族教科书及政策中。从清末"驱除鞑虏、恢复中华"的种族民族主义开始，辛亥革命打破中国传统儒家"天下"，中国由传统"部族国家"走向现代"民族国家"，"服制"式统治格局的崩塌，中央与边疆民族貌合神离。国人在"一民族一国家"的民族主义理论下对传统民族关系进行解构，重建"民族主权"之下的"国族"——中华民族，一个新的民族群——少数民族也在"排满"与"建国"的语境中出现。

---

❶ 中国少数民族教育史编委会. 中国少数民族教育史（第 4 卷）[M]. 昆明：云南教育出版社，2002：321.

这个过程深深地影响民族教科书政策。

在整个民族教科书政策的发展历史中，在民族主义的话语下，有两种相对应的民族主义倾向影响到民族教科书政策目标的主观价值取向。第一种，以"人人平等"、领土因素、公民权利为基础的"自由主义"倾向的民族主义。这种以共同政治认同为基础的民族主义提倡尊重个人权利，认为国家是"一个平等的共同体，公民以权利为轴心，通过爱国主义联合起来，共享一套政治体系和价值"❶。这种类别的民族主义主要影响了民族教科书政策的萌芽和成型，尤其对南京国民政府的民族教科书政策影响巨大。国民党执政的南京政府秉持"一元"民族观，将国家与民族分离，将"民族"话语转化为"边疆"话语，排除"国族"之外的任何对民族群体的法律或政策的官方认可，拒绝应用以民族为标准进行权利、资源和责任的分配。因此，我们看到，南京国民政府时期的"民族教育"消隐，"边疆教育"取而代之。教育部国立编译馆和国立边疆文化教育馆编写了仅有的两套民族教科书，编写的主要目标是"灌输科学常识，并间以政治材料，捍卫国家之历史人物，以启迪知识，养成国家观念为鹄的"❷。我们也看到，清末民初少数民族教科书产生的"复线"发展特征发生了严重的偏离现象，"普通化"的路径被极大扩张，而"专门化"的路径严重萎缩，几乎消隐不见。

这种自由民族主义对民族教科书政策的发展产生的不良影响是显而易见的。

首先，表面影响是使民族教科书政策的实施效果大打折扣。政策、特别是公共政策，在制定和实施过程中是随着不同参与者的互动产生和执行的，自上而下的、不考虑少数民族权利主张和意愿的、一厢情愿式的政策制定与执行只会让政策的目标在实际操作中发生严重的偏离，所以，南京国民政府希望通过对边疆少数民族进行"国民教育"，依靠提高民族智识深植国家统一观念，以此巩固国防的目标是难以达到的，因为这种民族教科书政策是没有互动的。

其次，更深层的恶劣影响是，以公民权、人权、领土为标识的"自

<hr />

❶　青觉. 民族政治辑刊（第一辑）［M］. 北京：社会科学文献出版社，2013：342.
❷　中国第二历史档案馆中华民国史档案资料汇编（第五辑第一编教育（二））［M］. 南京：江苏人民出版社，1981：867.

由民族主义"虽然提出"人人平等"的口号，但没有回答什么样的民族语言政策恰当地表达了平等、为哪个少数民族编写教科书才是公平的等，总之一句话，这种平等是一种形式主义的，没有任何实质平等的结果。安东尼·阿巴拉斯特也认为：要所有社会能够在一代一代的地抚育孩子和实施教育的整个领域保持中立，这几乎是不可能的。❶ 在主体民族占多数的情况下，国家的多数主义决策程序使少数民族群体的权利更易于遭受多数群体的严重不公正的侵害，更容易加剧不同民族之间文化的冲突，而冲突的结局使国家的文化体系建构朝向单一、平面化方向发展。并且，这种"自由民族主义"根本无法抵御来自民族独立与自觉的冲击，因为公民身份、领土边界是随时可以发生变动的。

第二种与"自由民族主义"相对应的是"社群民族主义"（也有称族群民族主义）。这种类别的民族主义的核心特点是用族群（ethnicity）界定民族（nation）。很多政治学家都容易用"族群民族主义"来描述非西方国家的民族主义。这种民族主义的拓展和衍生是用多民族国家主义描述一个族群多样化的集体民族主义观念，尤其是如苏联、中国这样从传统多部族帝国转型而来的多民族国家。"社群民族主义"以民族认同为基础，在多民族国家中强调"民族平等"，寄希望于以族际之间的平等来消除对少数民族的歧视，弥补不公对待。这种类别的民族主义主要影响了新中国时期的少数民族教科书政策的发展。新中国的少数民族教科书政策就是建立在"各民族一律平等"的民族观之上的。新中国从建国之初就以这种民族观为基础编写多种语言文字的教科书，使所有民族都有使用、发展其语言文字的自由权利，希望通过制定平等发展的民族教科书政策来建立团结、互助、共同发展的社会主义新型民族关系。这样的政策目标愿望是良好的，也是正义的。但这种"多元"民族政策展现的是"二元"的结构，即关于"汉族"与"非汉族"的结构。新中国民族教科书政策的初衷是通过教科书的编写提高少数民族群体的文化地位，落实马克思主义的阶级平等原则。但在实际操作中因为过度重视民族的"群体性"，"人为地将原本动态、流变、情景化及可

---

❶ ［英］安东尼·阿巴拉斯特. 曹海军，等，译. 西方自由主义的兴衰［M］. 长春：吉林人民出版社，2004：449.

以由社会成员工具性建构与利用的族群边界，凝固在国家政策制度安排之中"，❶ 忽视个体的权利与价值，这不仅从侧面强化了少数族群对本族群的归属感，更加大了国家层面民族整合的难度。甚至在后现代的语境解读中，"只见群体，不见个体"的新中国少数民族教科书政策不再是主流对边缘的关怀、多数对少数的支援，而是可能代表着某种歧视性的文化立场，以及以主位替代客位的强制与专制。❷

　　这种"自由主义"与"社群主义"的差异也影响到国共两党对"中华民族"的建构角度与方式，更进一步造成民族教科书政策在两个时期巨大的价值取向差异。由于至少在 1938 年 10 月中共《论新阶段》的报告之前，国共两党在国家建构、民族问题上的看法是有重大分歧的，所以对构建"中华民族"的过程、结构都是两种完全不同的"想象"。从辛亥革命到《中华民国临时约法》被废除，经历南北议和、政权转让、两次复辟、南北冲突和军阀割据之后，孙中山和国民党都坚持仿效美国，以汉族为中心同化周边其他族群，构建一个统一、强大的中华民族，更愿将蒙、藏看作地区，理想是单一制统一国家。而此时的中国共产党与共产国际意见一致，主张"民族自决"权，从马克思主义民族观的角度出发，将国内民族关系与国外民族关系放在同一平台上看待，将国内的"非汉民族"与帝国主义侵略的殖民地并列或等同，隐指他们受压迫，目的是鼓动民族解放，在中国实行民族联邦。1922 年 7 月，中共二大认为蒙古、西藏、新疆"这些地方不独在历史上为异种民族久远聚居区域，而且在经济上与中国本部各省根本不同"，因此一方面推翻军阀，另一方面"尊重边疆人民的自主"，最后联合成中华联邦共和国。❸ 此时的共产党并不认同国民党关于国族——"中华民族"的建构，直至 1938 年年底中共在讨论"中华民族"和"少数民族"的关系时，才认为中华民族由汉族和几十个少数民族共同组成。❹ 这种民族观念转换的原因很复杂，受共产党和共产国际的关系变化和 1937 年之

❶　青觉. 民族政治辑刊（第一辑）［M］. 北京：社会科学文献出版社，2013：115.
❷　青觉. 民族政治辑刊（第一辑）［M］. 北京：社会科学文献出版社，2013：116.
❸　中共中央统战部. 民族问题文献汇编［M］. 北京：中共中央党校出版社，1991：17.
❹　中共中央统战部. 民族问题文献汇编［M］. 北京：中共中央党校出版社，1991：807 – 808.

后国内外局势恶化的影响。国共两党在中华民族建构上的分歧明确影响到了之后 1927 年和 1949 年的两个中央政府民族政策。中华民族建构观念直接对各自执政的中央政府教育政策产生了深刻影响。

从发展民族教育和教科书的角度来看，民族教科书政策在最重要的两个阶段发生了断裂，作为一项公共政策，我们抛却执政主体不同的客观原因，这样的断裂对其发展是非常不利的。所有的公共政策从问题构建到政策制定，再到实施和评估，整个过程中的每个环节都会消耗社会资源，断裂的政策过程一定会影响政策目标的达成。当我们从百年的历史长程来看，民族教科书在南京国民政府和新中国时期如果能一以贯之的发展，那么因政策实践产生的错位就不会浪费太多的社会资源，民族教科书政策发展的速度和成果也可能会更快更多。

（二）政策制定者面临的客观环境压力左右了教科书的利益分配

现代公共政策在分析教育政策时，最常用的分析模型是"团体理论"。这种理论认为："任一特定时间的公共政策，都是团体竞争达到平衡的结果。这种平衡是由利益团体的相对影响力决定的。任何利益团体所具有的相对影响力的变化，都有可能导致公共政策发生变化；政策会朝向影响力增强的团体所期望的方向发展，而背离影响力减弱的团体的愿望。"❶ 回首少数民族教科书政策的发展，我们完全可以看到团体利益的竞争对不同政府制定民族教科书政策所产生的影响与压力。从近代开始，几乎所有的中央政府在制定民族教科书政策时都面临着中央与地方利益的分配、主体民族与非主体民族的利益分配、非主体民族内部的利益分配的问题。各种团体都意图使自己的文化进入学校的课程，成为教科书的合法、普遍性的文化，尤其在有中央集权传统的中国，制度的惯性与特点更是刺激了竞争的白热化。

从清末的教科书政策的酝酿开始，由于中央权威赢弱，急于扩张政府的统治权威，利用"新政"一边对存在离心倾向的少数民族地区进行改土归流式的地域整合，一边在民族地区推行国民教育，进行教育"均质化"。代表中央政府利益的"普通化"教科书政策具有压倒性优

❶ ［美］托马斯·R·戴伊. 谢明，译. 理解公共政策 ［M］. 北京：中国人民大学出版社，2011：18.

势，为体现少数民族利益的"专门化"教科书提供了极其狭小的发展空间。并且，在"专门化"的民族教科书政策安排中也明显偏向有影响力的少数民族团体，如蒙藏。这种情形在民族教科书成型期更有极端的体现，国民党虽然表面统一了中国，但边疆民族地区各自为政的情形非常普遍，即使在内地，"认庙不认神"的地方势力也不在少数。在这种政治环境的压力下，南京国民政府在制定教育政策时，首先以蒙藏为重点，以"三民主义"为原则构建中央政治权威。抗战爆发，内忧外患更是刺激了中央政府以"边疆教育"取代"民族教育"，采取"国定制"的民族教科书政策，将少数民族主张其文化的权利压缩至最小范围，作为少数民族文化的外壳——民族语言甚至被界定为"方言俚语"。新中国成立后，作为近代以来最具有强力统治权威的政府，在进行民族教科书政策中的利益分配时，以拯救被压迫阶级的心态，在学校教育中给予少数民族文化发展更多的空间，积极发展民族教育，编写各种民族文字的教科书。由此，我们发现，在少数民族教科书政策发展的百余年历程中，中央权威暗弱、政局动荡时，政府的民族教科书政策容易导向"普通化"的一元方向，国家利益会被放大，这种趋向意味着过分强调民族教科书政策中的中央政府和主体民族的利益，忽视地方及非主体民族的利益诉求；而当国家权威稳固、政局平稳时，政府更易于采取自信、开放的态度强调中央与民族地方、主体民族与非主体民族的利益均衡。总之，政府权威的强化程度严重左右着民族教科书政策中的利益分配。但是，这种"左右"是否具有"正义性"呢？

二、民族教科书政策过程一贯性实施的建议

（一）建立以"和而不同"为主观价值取向的政策目标

观点决定视野，价值赋予意义。在对民族教科书政策目标的价值取向进行历史回顾和反思后，紧接着的问题就是，我们打算建立什么样价值取向的民族教科书政策，什么样的政策是有价值的，这考验着政策制定者的视野，并决定着政策所具有的意义。

"在公共政策中，每个人或组织会摒弃与其功能和关注无关的价值，

容纳与其责任与承担一致及其能力可追求的价值。"❶ 在民族教科书政策制定和实施过程中，主要有政策设计者——政府、政策被影响者——少数民族群体与个体、主体民族群体与个体三个主要参与者。政策的价值观虽然是主观的，但并非无迹可循，上述三者所扮演的角色和承担的职能规约了民族教科书政策目标的价值取向。正如公共选择理论的代表布坎南认为的："政治是解决个人利益冲突的过程。"民族教科书政策作为一项公共政策，确定其目标的价值取向的过程既是是国家行使政治权力的过程，也是少数民族群体及地方、国家、主体民族群体及地方之间权力与利益的冲突与妥协的过程。

首先，民族是人类社会中比较稳定的群体形态，他们由于生存环境和经济状况的差异，而逐渐形成文化和心理特征的差异，正是这些差异构成了每个民族的特征，也构成了一个民族团结自身、维护自身利益的一个重要内容。在一个多民族国家里，不同族群有着差异化的权利诉求，包括允许族群存在的法律承认、语言及文化的保护和政治权利的分享等。这些诉求需要民族国家通过法律、政策的制定予以倾斜和保护，由于诉求的利益指向一般都是拥挤和稀缺的公共产品，因此民族间的利益长短之争就此起彼伏。从最狭义的角度理解，民族利益诉求的重要部分——语言和文化的保护都与教育直接相关，而且一般情况下将这种利益诉求转化为"民族语言使用权""民族母语教育权"等。因此，这是民族教科书政策目标价值取向中"不同"的主要现实基础。政府有责任用保护少数族群的权利来补充基于公民权利所带来的政策的非正义性，因为以"人人平等"为标准制定的任何公共政策都极易滑向"多数"对"少数"权利的侵害。因此在多民族国家中，政府有责任建立既包含赋予每个个体而不考虑其成员身份的普遍性权利，又包含特定的群体上有差别的权利或少数族群文化的"特殊地位"。❷ 具体到少数民族教科书政策中，政府要明确：中华各族文化都有其文化根性，课程与教科书政策应成为一种有效的制度性安排。在保证每一个公民在平等、

---

❶ ［加］梁鹤年. 丁进锋，译. 政策规划与评估方法［M］. 北京：中国人民大学出版社，2009：9.

❷ ［加］威尔·金里卡. 杨立峰，译. 多元文化公民权［M］. 上海：上海译文出版社，2009：7.

自愿的基础上选择课程与教科书，又要为少数民族文化的发展留出课程设置的空间，也就是提供"自助餐"式的多样化的学校课程准入，选择是少数民族的权利，而提供是政府的义务。

其次，作为政策设计者的政府，它不但掌握由国家公民让渡其自然权利而获得的公权力，也是"最大最有力量的利益集团之一"。国家在民族教科书政策的目标价值取向的选择过程中，既是各利益集团的冲突调节者和制衡者，又是代表冲突中利益的一方。国家的利益主要体现在主权、安全、统一和领土完整等。首先，作为利益的分配者，国家不可能如"自由主义"所认为的，政府能够代表国家在利益冲突中保持中立，这种"中立"只是一种虚妄的假象。如库尔萨斯指出，行政和教育体系是以一种语言、一种历史、一个民族的利益为优先地位的。但国家的主权、领土安全、统一的利益诉求不但需要主体民族的承认与满足，还必须充分考虑全社会的利益需求，这样才能维护其统治的合法性、巩固其统治基础。其次，国家作为利益的代表者，不管它最终代表哪个利益集团，对国家主权和统一稳定的追求是必然的。作为国际法的基本单位，公共权力的组织，国家要制定公共秩序维系权威，通过行使公共权力来构建国家的文化体系，对其治下的所有公民产生有效影响。不能因保护某一群体利益而影响连结所有公民的文化纽带。中国与西方国家不同，它在漫长的历史发展中形成了"多元一体"的民族格局，传统中国文化对"大一统"的执着追求，作为政治思想遗产对中国现代民族国家的建设有巨大的影响力。近代中国受西方侵略势力的挤压，国家分裂的危险如影随行，因此，当传统政治思想观与近代受压迫历史一经结合，建设富强统一的现代化民族国家就成为所有族群共同的利益所向。在《中共中央关于构建社会主义和谐社会若干重大问题的决定》中提出："坚持以社会主义核心价值体系引领社会思潮，尊重差异、包容多样，最大限度地形成社会思想共识。"因此，"合而不同"就成为表达民族教科书政策目标价值取向最合适的词汇。

（二）以有利于中华民族长远发展的角度协调各族群的教科书利益分配

教科书是一种公共品，一种精神文化的公共稀缺品。在多民族国家内部，各族群之间存在对这样的公共品基于利益驱动的竞争。国家在面对这种客观现实时，只能在各族群之间做平衡，在族群与国家之间做协调，对教科书所蕴含的利益诉求进行分配。教科书政策的目标正是在这样的主客观压力下进行的利益分配。目标异常重要，因为它事关政策的性质问题，事关政策的伦理价值追求。政策的规划和评估有四个阶段：第一，确定事项，确立价值；第二，价值转化为政策目标；第三，制定手段并调动资源以实现目标；第四，按照政策目标去评估政策实施的结果。❶ 政策目标涉及全部规划与评估的四个阶段，整个阶段都围绕政策目标进行。从纵向的历史发展来看，少数民族教科书政策在百余年的发展中以教科书整合族群、整合国家的总的发展目标是明确的；而从不同历史时期来看，不同执政主体针对具体社会发展状况制定的阶段性政策目标又显著存在差异，而这种差异性的根源来自民族教科书政策的主观价值取向与客观现实环境。

当我们把研究的视野扩大，研究的时间跨度拉长时，就会发现，少数民族教科书政策只有百余年的历史，中国建立现代民族国家也只有一个多世纪的时间，但中华民族作为一个"自在"的民族实体、中华文化的多元格局确是存在了几千年。自古朝代更迭、国家分合、各种政治势力来来去去，中华民族的血脉却绵延不绝，中华文化更是源远流长。无论是"帝国"还是"民族国家"都有责任让这种丰富、多彩、多样性的文化格局传承发展下去。"最近 200 年的历史表明，国家可以因民族热情而建，因民族耻辱而毁，甚至完全消失；但民族文化几乎无法摧毁，被压抑和受羞辱的民族意识成为具有致命杀伤力的爆炸性力量。"❷ 少数民族教科书政策要想继承中国传统文教政策的政治、文化的功能，现代政府在用其"看不见的手"进行各民族文化利益分配时，不应成为各民族文化融合与沟通的绊脚石，更不应成为破坏中华多元文化格局的始作俑者。

另外，从民族国家的建构角度来看，民族国家的"认同的构筑可分为三个层面：第一层面是'族群认同'，指的是一个人由于客观的血缘连带或主观认定的族裔身份而对特定族群产生的一体感；第二层面是

---

❶ ［加］梁鹤年. 丁进锋，译. 政策规划与评估方法［M］. 北京：中国人民大学出版社，2009：27.

❷ ［英］休·希顿-沃森. 吴洪英，黄群，译. 民族与国家——对民族起源与民族主义政治的探讨［M］. 北京：中央民族大学出版社，2009：616.

'文化认同'，指的是一群人由于分享了共同的历史传统、习俗规范以及无数的集体记忆，从而形成对某一共同体的归属感；第三层面是，'制度认同'，指的是一个人基于对特定的政治、经济、社会制度有所肯定产生的'政治认同'"❶。第一个层面由于其客观历史性，对其建构可暂不考虑；第三个层面的"制度认同"是民族国家建构的终极目标，但目标的达成必须以第二层"文化认同"为基础。因此中国要建立稳固的政治认同，确保国家统一，着力点应在第二层——中华文化的认同建构上。建立以中华文化为核心的多元文化体系，既有利于国家政体的稳定，也利于中华文化的发展，这两者之间可互长互进。因此，政府作为民族教科书政策的制定者，应以有利于中华文化的传承与创新、利于中华民族的长远发展为目的，回应民族教科书政策中的各种利益诉求。

第三节　政策内容与结构影响政策功能的释放

公共政策，是政府为实现某些目的进行的一系列的决定和行动。它包括三个部分：目标、内容和结果。回望少数民族教科书政策的发展历程，清末民初萌芽的民族教科书政策内容与结构是模糊的，在南京国民政府时期基本形成以编审政策为主体内容，包括经费与印行政策的完整的政策结构。新中国时期，民族教科书政策结构与内容进一步完善和发展。结构与内容是民族教科书政策的核心，它向我们展现了政府为达到目标都做了些什么。由于民族教科书政策的结构与内容都具现实性，已经存在，因此主要以当下民族教科书政策的内容与结构进行反思。

一、民族教科书"单一化""复制化"的编审政策影响其教育功能的释放

（一）"单一化"的编写政策与少数民族文化的多样性存在矛盾

民族教科书在新中国期间得到了前所未有的大发展，历经借鉴国外

---

❶　江宜桦. 自由主义、民族主义与国家认同［M］. 台北：扬智文化事业股份有限公司，1998：233.

教科书、翻译统编教科书，直至现在的"翻译、编译和自编"教科书的三个过程，每一个过程都是跨越性的。依据历史评判应置于历史情景的原则，这三个过程为民族教科书及其政策的进一步发展奠定了基础，积累了丰富的历史经验。目前，少数民族教科书的编写按照"翻译、编译和自编相结合的办法出版中小学各学科教材"❶。数学、物理、化学、生物、历史、地理、政治课程使用的教科书直接翻译自全国通用教材，民族语文、汉语文、外语及本民族历史、地理等学科的教科书以自编为主；音乐、体育、美术等学科则采取编译结合的方式。

"单一化"的教科书编写政策是指国家制定的少数民族教科书编写政策对所有少数民族通用，忽视少数民族群体内部结构的多样化。这种编写原则有两个前提假设：第一，中国境内的民族类型结构是二元结构的，即汉族与少数民族，教材编写对象只需要考虑这两者之间的差异即可；第二，语言文字是民族教科书区别于普通教科书的唯一特征。这两个前提假设有一个共同特征，即"单一化"。第一个前提的基本态度是所有少数民族使用的教科书都应按照上述原则编写；第二个前提的基本态度是无论任何内容，应以语言为大，即民族教科书作为一种文本，其编写的第一原则是语言，语言对民族教科书概念是质的规定。

民族教科书编写政策形式的"单一化"与我国少数民族结构的多样性是不符合的，所有的少数民族教科书都采用"翻译""编译""自编"相结合的编写政策也与民族文化的多样性相矛盾。这里我们借鉴北京大学马戎教授关于当代中国各民族类型归纳的研究成果❷，说明，即使同为少数民族群体，情况也各是不同。马戎教授把少数民族归纳为：

（1）藏族：人口规模较大，高度聚居，有独立语言文字，藏传佛教特点突出。这一类中还包括信仰藏传佛教、与藏族联系密切的门巴族、珞巴族、土族、裕固族。（本类共5族）

（2）回族：人口规模较大，多数散居、部分聚居，通用汉语文，普遍信仰伊斯兰教。撒拉族、东乡族、保安族可大致归为此类。（本类

❶　阿尔宾达赍，沙玛·甲加. 中国少数民族文字教材建设概况［M］. 呼和浩特：内蒙古教育出版社，1996：3.

❷　马戎. 族群、民族与国家构建：当代中国民族问题［M］. 北京：社会科学文献出版社，2012：163.

共4族）

（3）满族：人口规模较大，通用汉语，散居。与其关系密切、通用汉语的赫哲族、锡伯族可归入此类。（本类共3族）

（4）蒙古族：人口规模较大，有独立语言文字，境外建有独立民族国家。鄂伦春、鄂温克、达斡尔族可归为这一类。（本类共4族）

（5）朝鲜族：人口有一定规模，有独立语言文字，人口相对聚居，境外有独立民族国家。（1族）

（6）维吾尔族：人口规模较大，聚居，有独立语言文字，信仰伊斯兰教，族内通婚。（1族）

（7）新疆的其他4个穆斯林族群：哈萨克、乌兹别克、塔吉克、柯尔克孜，人口聚居、信仰伊斯兰教、有独立语言文字，同族源群体在境外建立有独立故国家。新疆的塔塔尔族、俄罗斯族混居其中，归为一类。（本类共6族）

（8）南方各族群（除了以上7大类的24族之外的31族）：人口规模不易，本族聚居又与他族混居，大多有自己的语言，没有文字或虽有文字但没有普遍使用，主要从事农业，有自己信仰，社会、经济、文化发展基本环境相似，今后的基本发展态势相近，可归为一类。❶

从以上的分类可以看出，尽管同为非主体民族，但民族之间的差异性也是巨大的。国家在进行课程安排、制定教科书政策时，不能以同一套编写做法规范所有民族地区的教科书编写和使用。可在广泛的实地调查基础上，本着实事求是的科学态度，有的放矢地制定民族教科书政策。举个例子，比如在南方各族群中，虽然大都有本民族语言，但很多语言都只有口语，书面语言大都是在新中国初期由国家帮助创设的文字，我们暂不评论新中国成立初期通过行政手段为各少数民族创建文字的措施是否符合语言发展规律，客观情况是，这些当初"无根无源"的文字在实际使用中很难传承下去，一代人之后就消亡了。❷ 南方多数少数民族语言都存在这种情况，例如傣族、纳西族、白族、景颇族等少

---

❶　马戎. 族群、民族与国家构建：当代中国民族问题［M］. 北京：社会科学文献出版社，2012：163.

❷　笔者曾访谈过几位湖南湘西土家族苗族自治州首府吉首市的文化部门的工作者，年龄都在55岁左右，会讲苗语的只有一人，没有一人会写苗文，而他们的子女既不会写，也不会讲。

数民族，政府是否还有必要编写这些在民族地区原本就不存在的书面语言文字的教科书呢？民族语言不止文字，也有口语，保护各民族语言文字的平等权利，也可以在学校开设口语课程进行落实，例如开设德昂口语、独龙语口语、阿昌语口语、苗语口语等课程，民族教科书文本适当的"隐形"并非不可取。

其次，民族教科书编写"单一化"语言导向既不符合民族教科书发展的历史，也违背了民族教科书内容的"二元"基本属性。民族教科书从清末民初产生之时就表现了"普通化"与"专门化"的复线发展路径；南京国民政府时期，由于各种原因，专门化路径萎缩，尤其在国定教科书出版之后；新中国时期，专门为不同少数民族编写、翻译、编译多套、多学科的民族语言文字教科书，"专门化"路径得到很好的恢复。但我们也看到，目前关于民族教科书概念的内涵与外延界定都非常模糊，政府制定的民族教科书的编审、出版、发行、经费政策仅限于民族语言文字的教科书，很少关注民族教科书文本内容结构的"二元性"问题。在实际的编写做法上，多数教科书翻译或改变自全国统编教材，自主开发的教科书非常少，认为只要是用藏文翻译的物理教科书就是民族教科书，维吾尔语翻译的数学教科书就是民族教科书，对民族教科书的认识还只是停留在文本语言的表层上，没有从深层次上认识到民族教科书的第一属性是"复合民族传统文化与国民统一文化"的文本内容。

其实早在1980年6月教育部民族教育司召开的少数民族文字教材工作座谈会中，就曾认为"编译民族文字教材要从各个民族地区的特点出发，逐步做到多样化"，"教材编译工作不能停留于翻译统编教材。从长远看，民族教材要立足于自己编写，这是民族文字教材编译工作的发展方向"❶。如今，时间已经过去了36年，社会的经济、文化环境、民族情势发生了巨大的变化，就如新中国时期动态调整不同阶段的民族教科书编写做法一样，我们目前的民族教科书政策和民族教科书一起，也需要从形式向内容的跨越，从表面向内涵的发展。

---

❶ 阿尔宾达赉，沙玛·甲加. 中国少数民族文字教材建设概况［M］. 呼和浩特：内蒙古教育出版社，1996：24.

（二）"复制化"审定政策与少数民族文化的特殊性存在矛盾

当前关于民族文字教材建立了编审分离的审定制度，颁布了《中小学少数民族文字教材编写审定管理暂行办法》《全国中小学教材审定委员会朝鲜文教材审查委员会工作章程》《全国中小学教材审定委员会藏文教材审查委员会章程》《全国蒙古文中小学教材审查委员会工作章程》。将这些文件中的民族教材审查原则与 2011 年 6 月教育部颁布的《中小学教材编写审定管理暂行办法》中的审查原则对比，我们发现两者竟然一字不差，民族文字教材的审查原则完全复制了全国统编教材的审查标准。

首先，这样做的好处是可以保证民族教材的编写和使用能够在整体上与全国质量水平保持一致。新中国的民族教科书经历了将近 70 年的发展，积累了丰富的编写经验，教科书无论从质量还是数量上都得到了迅猛的发展。国家设立多个的编写机构，培养了一批业务能力强的高素质编译人员，这些都保证了民族教科书的编写质量。但同时我们也要承认，由于长期停留在"翻译""编抄"汉文教科书的阶段，所以在编写水平上，民族教科书确实要比汉文教科书的编写水平要差一些。这也是人民教育出版社在 2000 开始出版五省区藏族中小学用《汉语》教材的原因。如图 6 - 1 所示，这套教科书无论从封面设计、印刷排版还是内容选择、结构体例安排都代表了少数民族教科书设计的国家级水平。但

图 6 - 1　课程教材研究所少数民族汉语课程研究开发中心编，
《汉语》（第七册），人民教育出版社，2004 年

这样高水平的民族教科书太少了，甚至按照当前国家民族教科书的评奖制度，这套教科书都不能以民族教科书的身份参加评选，这是非常遗憾的。国家可以帮助民族地区编写教科书，但是地方一级的民族文字教科书最终还要每个地方的编写机构亲力亲为。

要想与汉文教科书保持同一发展水平，目前"复制化"的民族教科书编审标准肯定是不可取的。这种表面上的统一要求，只能带来形式化的"翻译"和"编抄"，难以真正提高民族教科书的编写水平。

另外，关于民族教科书的研究匮乏也是造成"复制化"审定政策的原因之一。对比汉文教科书庞大的研究队伍、与国际接轨的高水平研究成果，民族教科书寂寥的研究人员，零星的研究成果怎么可能提高教科书的编写质量，为教科书政策的制定者提供有价值的编审政策建议呢？没有丰富、高水平研究成果的支持，民族教科书的发展后劲不足，前途暗淡，又或者迟早沦为汉语教科书的另一个翻译版本。其实早在1985年全国中小学教材委员会朝鲜文教材审查委员会成立大会上，就提出"朝鲜文教材建设有近40年的历史，有丰富的经验。但是课程、教材、教法方面的理论研究远远落后于教材建设的需要。会议认为，根据需要把延边教育出版社同时办成课程、教材、教法研究中心是最适宜的"。延边教育出版社是新中国最早的民族教科书编译机构，也是目前全国编译水平较高的出版社之一，这与其理论研究的自觉意识是有很大关系的。

另外，民族教科书编审标准的"复制化"现象其实暗含着一种政策导向，即认为民族教科书除了文字和统编教材存在差别外，文本的内容并无二致。这样的"复制化"审定标准是由忽略了少数民族文化的特殊性造成的。从某种角度来看，这也是民族教科书发展朝向"普通化"路径倾斜的一种政策信号。我们认为民族教科书最重要的第一属性是文本的内容，只有复合了民族文化与国民统一文化的民族教科书才能充分发挥保存与传承民族文化，建构中华共同文化认同的功能。教科书中语言的平等权利并不能掩盖文本内容实质性的不公，这才是民族教科书审定标准"复制化"的最严重的不足。

（三）建立多样化的民族教科书自编审定制度，引导出品高质量民族教科书

公共政策是有时间纬度的。政策是为了处理某一个危机，由个人和团体提出规避或解决危机的办法。这个危机的特点、范围、所处环境会发生变化，同时参与政策制定的个人和团体的对问题的认知也会发生变化，因此，政策制定是一个动态的变化过程，会随时间发生演变，因为政策"参与者的组成、他们所持的价值、对事实的认知、拥有的资源与权利，都在不断变化"❶。政策制定者必须不断地根据环境的变化，调节政策的目标和手段。

编写政策与审定政策作为民族教科书政策的核心内容，当前的政策已执行多年，这期间国内外环境发生了很大变化，民族关系也呈现出一些新现象与新问题，"21世纪的世界已不再是马列主义创始人当年面对的世界了，帝国主义没有像列宁预计的那样走向腐朽和没落"，"当前我国民族政策的执行者和执行的对象，已不再是50年前这些制度与政策设计时的执行者和执行对象了，自那时以来，已有两代人出生和成长起来。"❷ 民族教科书政策作为一项处理民族问题的公共政策，它所面对的内外部环境、政策参与者构成、所持价值与态度，拥有资源和权利都发生了改变，因此必须根据客观形势的变化对其进行实事求是的调整。

如果说我们之前针对不同民族教科书采取"一刀切"的编写和审定的制度安排，以单一语言标准管理民族教科书的编写和审定，是政府根据政策制定的"必要性"和"充分性"角度调动现有的物质、人力、政治、信息、时间等资源所采取的行动，那么现在就需要政府依据新的民族教科书政策目标，从有利于中华民族长远发展的角度，对这些资源进行重新规整与配置，采取合适的行动。就目前来看，同时着眼于民族教科书发展的未来，我们认为应该逐步建立多样化的民族教科书自编审定制度。

"多样化"是指，民族教科书的编审制度应根据不同少数民族的历史文化传统、当下的语言、民族教科书使用状况，并尊重民族自身意愿进行有针对性的制定，不再以统一的标准进行民族教科书编审政策的制

❶　[加]梁鹤年. 丁进锋，译. 政策规划与评估方法［M］. 北京：中国人民大学出版社，2009：38.

❷　马戎. 族群、民族与国家构建：当代中国民族问题［M］. 北京：社会科学文献出版社，2012：4.

定与实施。这种多样化的基础来源于"多元化"的民族格局与多元化的民族观。我们上述提及过目前我国的民族政策具有实质性的"民汉二元"结构，这样的政策导向，一方面是造成汉族与少数民族的二元区隔，另一方面是忽视少数民族群体的差异性。因此，我们要改变以往"只见群体、不见个体"的政策导向，真正站在多元民族格局和多元文化的立场，解放思想，解除民族教科书"大一统"的政策桎梏，针对不同少数民族各自的情况制定多样化的民族教科书编审政策。例如，对于蒙古、藏、维吾尔、朝鲜等有独立语言文字，且书面语言使用普遍的，人口较多的少数民族，他们的民族教科书政策制定与实施可以划归一类；对于南方一些书面语言没有得到广泛推广，使用不普遍的少数民族，其教科书政策可以划归为一类；对于书面语言使用广泛，但人口较少的民族，也可以划归为一类进行政策设计，总之，今后的民族教科书政策应充分尊重各少数民族的实际情况，展现多样化的形态与结构。

民族教科书之所以区别于普通教科书，民族语言文字只是表面现象，两者本质的差别在于教科书的文本内容上，这涉及我们如何界定民族教科书的范围上，这也是关于民族教科书概念的范畴与属性的讨论。本书认为民族教科书是一种在民族学校中使用的、专门针对少数民族编写、审定、出版、发行的一类教科书，它的阅读主体具有少数民族身份，它以复合少数民族文化和国民统一文化内容为概念第一属性，以民族语言为概念第二属性，这是民族教科书的性质也是它的未来。

民族教科书的编审应有自己的独立性，可以参考、借鉴全国统编教科书的编审，但"翻译""编译"统编教科书的编写方法不应再被考虑，自编将是未来民族教科书的发展方向。不但本民族语文、汉语文需要自编，物理、化学、生物、历史、地理、音乐、美术、体育等学科的教科书也应自主编写。早在 1982 年教育部颁发关于试行《全日制学校民族中小学汉语文教学大纲（试行草案）》的通知中就有提出"对教材的编写要多做调查研究，编教材不只是简单编辑，甚至'编抄'，而应有计划的'编研'"❶。1985 年全国中小学教材审定委员会朝鲜文教材

---

❶ 阿尔宾达赉，沙玛·甲加. 中国少数民族文字教材建设概况 [M]. 呼和浩特：内蒙古教育出版社，1996：48.

审查委员会成立大会中，也提到自编教材的问题，会议认为："由于聚居地区和散居地区朝鲜族学生双语的口语基础不同，编写不同程度的朝鲜语文、汉语文教材势在必行。会议建议，责成延边教育出版社和有关单位抓紧编写，以适应不同的要求。"❶ 但鉴于当时民族教科书刚刚建立教材审定机构，审查工作也是处在起步阶段，外围环境和条件都还不具备，教育部以该提议涉及其他民族地区，在国家颁布修订的新教学大纲前，仍依据原大纲进行编写。又经过了 30 年的时间，民族教科书的编写水平和经验都有了长足的进步和丰富的积累，在成熟的条件下，按照每个地区不同的社会发展和需求给予民族地方教科书自编权力是符合政策的目标的。

这种以阅读主体民族身份为教科书划分标准，将形成的一种新的教科书类型。民族教科书是"为了学习的教科书"，它的编写首先要考虑的就是教科书的阅读对象，"教科书可以有多种功能，并随着教科书使用者、学科以及教科书的编写背景不同而变化"❷。要使民族教科书完成它所被赋予的价值、被期待的功能目标，就必须在教科书编写中充分考虑由阅读者的民族身份差异所带来的影响。

教科书本质上是一种文本，学生阅读教科书、解读教科书就是一个意义生成的过程。无论是海德格尔的阅读"前结构"理论，还是伽达默尔解释学中的"成见"理论，都认为阅读主体不可能以"中立"的、不带任何偏见的态度对文本进行纯粹客观的解读，任何主体对文本的解读都只是站在自己的立场去理解和解释，"成见'构成了理解的'前结构"。民族教科书的阅读主体所具有的民族身份就是这种"成见"，少数民族学生在阅读教科书时就是带着民族身份所赋予的眼光、视界、本民族的文化传统等这些"成见"进行阅读的。因此，如果教科书的编写是"专门针对学校学习的"，那么民族教科书必然会走向自编的发展方向。就历史发展来看，历经百年，民族教科书经历了一本到多本、一科到多科、一个学段到多个学段的发展历程，从本研究收集整理的教科

---

❶ 阿尔宾达赉，沙玛·甲加. 中国少数民族文字教材建设概况 [M]. 呼和浩特：内蒙古教育出版社，1996：57.

❷ [比] 弗朗索瓦－玛丽·热拉尔，易克萨维耶·罗日叶. 汪凌，周振平，译. 为了学习的教科书：编写、评估和使用 [M]. 上海：华东师范大学出版社，2009：55.

书实物中也能清晰看出这种量的变化。量的积累过程已经完成。就现实发展状况来看，民族教科书存在内容脱离少数民族学生实际生活、欠缺中华共同文化的建构等问题，这些都是无法回避的，展望民族教科书的未来，提高民族教科书的质量是解决这些实践中的问题的唯一方式。如果民族教科书的发展还一味停留在增加编写数量，扩大出版规模这样的目标追求上，那它隐藏的一些危险效应及负面功能就会因质量的停滞不前而暴露出来。这绝非危言耸听，笔者作为从事民族教育工作的一线人员，在与中小学少数民族学生和教师的沟通和交流中已经能够觉察出一些危险信号。

作为形塑国家公民和中华民族成员最有利的工具，小小的、不起眼的、与少数民族儿童朝夕相伴的民族教科书应该受到党和国家的高度关注，并将这种关注转化为具体的教科书政策。就目前来看，民族教科书遇到的最大问题就是如何进一步提高编写质量。具体编写教科书是编写人员的工作，而站在国家的宏观角度就是要制定调控政策以激励质量的提高。首先，制定具体、可操作性强的优秀民族教科书评选、奖励制度。这个措施国家已经从 1995 年开始实行，颁布了《中小学少数民族文字优秀教材评奖办法》。这对民族教科书质量的提高有很大作用。但同时，也存在一些问题，例如该评奖办法只针对跨省区协作编写的蒙古、朝鲜、藏文教科书，经过 20 年的发展，很明显这个范围需要再扩大。另外，这个政策遗漏了一类重要的少数民族教科书，那就是对少数民族学生未来发展具有重要价值的《汉语》教科书，它主要针对少数民族学生的心理发展特征编写，又普遍在民族中小学使用，它的质量高低影响重大。因此有必要将其纳入评奖的范围。其次，国家要在科研管理政策中向民族教科书研究倾斜。奖励办法是一种外部刺激，而能够真正从内部提高民族教科书的编写质量还需科学研究的支持。民族教科书研究不仅能够为民族教科书的编写提供理论指导，更可以为政府的民族教科书政策制定提供智力支持。

二、民族教科书"专门化"或"普通化"的政策导向影响其族群整合功能的释放

南京国民政府教育部采取了民族教科书政策"普通化"的导向。

从 1932 年开始编写民族教科书，到 1949 年共完整编辑了两套，前后相隔 15 年的时间。当我们排除战乱、时代差距等客观因素，并结合南京政府的民族观、政治理念，可以清晰地看出，这并不是偶然、随意的事件，而是政府为了整合族群，建立"国族"的目标而故意为之。如果说只编写蒙、藏、回等文字的民族教科书是为了满足这些民族的文化权利诉求，还不如说是政府迫于这些有潜在分裂倾向与能力的、人口数量较多的民族利益集团的压力。我们假想，如果不存在这些"实力"少数民族的压力影响，没有列强外部侵略势力的挤压，纯粹按照国民政府的想法，这些教科书的命运也多半会像杨镜岷编写送审的《夷语会话边民三字经》及《汉夷语对照边民三字经》一样被政府自己设置的编写标准给"过滤"掉。当然，历史不容假设，南京政府的做法完全符合教科书政策制定过程中国家与利益集团之间存在权利和利益的冲突与妥协法则。总之，南京政府教育部之所以编写数量极少的民族教科书，其主要目的是希望通过减少民族教科书的品种类型，用"均质化"的方式达到建立"国族"，从而实现整合族群。从之后的影响看来，这样"普通化"的教科书政策导向没有达成族群整合的目标，反而将原本就存在隔膜的民族关系进一步撕裂。

新中国成立后，政府的民族教科书政策则偏向了"专门化"的路径。政府基于民族平等互助的原则，为少数民族改编、创制文字，编写多种语言文字的教科书，很多原来都没有书面语言文字的民族享受到了自由使用本民族文字的权利。政府还在创制文字的基础上，编写了教科书。这对新中国的国家统一、政权稳定、少数民族群众的脱盲是有积极意义的。就如当时曾参加过少数民族文字创制工作的著名民族语言学家戴庆厦教授所讲："为少数民族创制文字，既是党和政府的意愿，又是少数民族的要求。"❶ 那么，当时代变迁、全球化浪潮袭来，这些原来创制的民族文字有没有继续鼓励发展的必要，是否编写教科书的问题，既需要政府和少数民族群众协商，也需要政府通过事实求是的客观研究，进行科学规划。

---

❶ 巴战龙. 中国少数民族新创文字的历史与未来——访著名民族语言学家戴庆厦教授[J]. 中央民族大学学报（哲学社会科学版），2003（6）：122 - 125.

因此，百年少数民族教科书的发展历史告诉我们，一方面，教科书政策的"专门化"导向既具有保存传承民族文化的正向功能，但同时也存在阻碍民族自然整合、刻意清晰民族边界的危险，而"边界清晰化"是民族冲突的潜在阶段。❶ 另一方面，教科书政策的"普通化"导向旨在整合族群，却也可能导致族群间更加疏远、隔膜。这两种由清末民初萌芽的民族教科书政策导向都会在某种情形下，或凝聚、或分裂民族关系，影响族群整合。如何避免两种导向产生的负面效应，需要政府以实事求是的态度，审时度势进行规划。

三、民族教科书经费与印行政策影响其政治功能的释放

从民族教科书的百余年历史来看，由于其特殊的文字印刷、较少的使用数量造成印刷发行成本比汉文教科书要高，这是民族教科书的形态造成的必然结果，如果我们坚持文化的自然多样性、民族教科书的必要性，那就必须要承担这种高成本。那么，谁来承担就是个问题。本着谁受益谁承担的原则，国家与个体是民族教科书的最主要的受益者，因此应联合分担教科书的印行费用。但是，从现实情况看不能成行。其中原因有二。首先，使用者很难承担。民族教科书的使用者大多位于边疆经济极不发达地区，经济困顿的客观情况使家长多不愿意承担教科书的费用，加之民族地区的群众对教育的重要性认识不足，"上学如当差"的旧观念也在主观上影响了家长负担教科书费用的积极性。其次，现代民族教育是国家在民族地区推行的义务教育，按照教育经济学理论的研究认为，相比个体，义务教育的最大收益者是国家，尤其民族教育与普通教育相比含有更多社会政治需要，民族教科书对一个国家的稳定、民族的融合价值突出，因此国家对民族教育与教科书的投入不仅是理所应当，更是应有之义。

清末东三省编辑印行《满蒙汉三文合璧教科书》，在译者荣德给东三省总督锡良就教科书发放的情况汇报中说："令将译出满蒙汉三文合

---

❶ 严庆. 冲突与整合：民族政治关系模式研究 [M]. 北京：社会科学文献出版社，2011：90.

璧教科书四册现行石印二万册，劝学文五千册，共两万五千册，以备颁发奉、吉、江三省蒙旗。"如上显示"颁发"一样，在全部的《东三省总督锡良丰田驯服程的全发放教科书札》❶中只字未提书费之事，全部以"颁发""分发""发给"等字眼描述教科书的发放过程，"如禀咨各处，仍赴蒙务局请领"，我们推测这些教科书是免费下发给各学堂的。再如本论文第四章所述，南京国民政府时期的民族教科书，从编写到发放一直都由教育部亲管，所需经费全部来自教育部的筹措核拨。新中国也对民族教科书编写出版费用进行了补助与倾斜，编写、出版、印行机构都是国家财政划拨的事业单位，并在1985年免费提供教科书给藏区农牧民子女，2001年全面开始义务教育阶段的教科书免费发放。因此，从中我们可以看出，从民族教科书的产生开始，它的经费就一直以国家为负担主体，这对民族教科书的发展是十分有利的，只有印行与经费的配套支持，民族教科书才有持续发展的可能。

　　现代国家对治下不同群体的利益诉求进行回应无外乎两种方式：第一，给予权力的分配；第二，给予金钱的支持。具体在民族教科书政策中，国家既要在肯定民族教科书的价值，予以教科书编写、出版的权力，又要在这个过程中提供资金的支持。如上所述，民族教科书百余年的发展过程中，政府都从资金上给予特别的倾斜，这才使其能够延续发展至今。国家在民族教科书的编写、审定、印刷出版、发行的各个环节都要投入资金，从设立编审机构到培养编审人才，从编审活动经费到纸张印刷、交通运输经费，都需要国家划拨。依据目前的国家财政政策，目前的民族教科书各项经费核算都在相关省区，从各省教育经费和少数民族事业专项经费中支取。这样的经费政策虽然能在基本上保证民族教科书正常出版发行，但不足的情况仍很普遍，尤其对于各省协作编写出版的教科书，由于需要各省共同承担，对于承担的比例要协商分配，资金来源的复杂加大了教科书资金筹措的难度。因此，鉴于民族教科书的重要价值与功能，建议将经费的核拨从地方提升到中央层级，由中央机构代表国家统一规划民族教科书的专项经费管理。另外，受民族教科书

　　❶　《东三省总督锡良奉天巡抚程德全发放教科书札》，宣统二年二月石印本，转引自于逢春. 国民统合之路：近代中国民族国家构筑视野下德内蒙古东部蒙旗教育［M］. 哈尔滨：黑龙江教育出版社，2012：126－127.

的特殊印刷、发行条件制约，是不可能按照市场经济规律来规划其印刷和发行的，换句话说民族教科书的印行是在"赔本赚吆喝"，看待它更应从政治的角度。因此，目前的点网结合的发行方式是合适的，如果能形成专供印行的制度将更有利于国家管理。

教育是国家主权的一部分，民族教科书也不例外。在百年的历史发展中，民族教科书也作为不同政府行使国家主权的工具。工具的使用需要国家投入资金的支持。晚清云南学务行局总理李曰垓的"保全土地之一法"声尤在耳，南京国民政府也通过各种途径、大费周章地将国立边疆文化教育馆编写的《语文常识课本》分发往边疆各地；新中国则在还没有完全建立中央政权的 1947 年 3 月 24 日就在吉林省延吉市设立了延边教育出版社，专门编写出版朝鲜族文字的教科书。民族教科书在百年的发展中产生的维护国家统一，宣示政治主权的政治整合功能是普通汉语教科书所不具备的。通过在边疆民族地区印刷发行民族教科书，在这些地区行使教育权力，对一个民族国家来讲这是至关重要的，它关乎民族国家一些核心的利益，例如领土、边界、安全等。

如今，虽然国内外政治环境相对稳定，民族冲突和矛盾还尚未凸显，但从未雨绸缪的角度，政府应进一步利用政策调整教科书的编写机构、布置印刷机构、维护发行网点，加上教科书免费制度的配合，从而控制教科书的地区分布，使每一个边疆少数民族公民都能在学校里读到高质量的中华人民共和国编写的少数民族教科书。

附　　录

附录一

《蒙藏教育实施计划》节选

1931 年 3 月南京政府教育部制定

"实施教育行政办法"：第七条

凡以蒙藏文编译关于党义或科学的图书的，应特别奖励，以资劝勉。办法大要如下：

甲、凡以蒙藏文翻译或编纂各种学术上作品，送请教育部和蒙藏委员会审查资格的，除照著作权法规定办理外，并依本办法给奖。

乙、奖励分为三等，由教育部蒙藏委员会会同核定：

1. 给予奖金，并由教育部和蒙藏委员会会呈国民政府明令嘉奖；

2. 给予奖金；

3. 给予奖状；

"实施普通教育办法"：第六条

丙、蒙藏各项中等学校及小学校的课本，除应采用全国统一的教材外，并宜酌量蒙藏社会情况与其需要，另选适用教材编入；中等下学校的课本，尤应译印汉蒙文及汉藏文合璧本。

丁、蒙藏地方各学校学生，得由学校酌量供给膳宿图书等费用。

"编印教育图书杂志报章办法"：

第一，根据三民主义，按照蒙藏情形编印蒙汉文和藏汉文合璧的各级学校教科图书，并兼有教材性质或补充性质的民众读物。办法大要如下：

甲、由教育部编审处聘请精通汉蒙文和汉藏文而又熟悉蒙藏情形的人员，以内地中小学现用的教材为蓝本，积极编译蒙藏中等以下学校的课本和补充读物。

乙、由教育部奖励编译蒙藏文中小学应用的教材和民众读物，送部审定。

丙、教育部译印的和审定的中小学教材及民众读物，应设法鼓励书店印行。

附录二

国立编译馆关于杨镜岷《边民三字经》及《边民千字课》审查意见致教育部呈函

中华民国三十二年二月九日

呈文

字第 0112 号

案奉

钧部训令蒙字第三二五八号内开：以西康省立冕宁小学校长杨钰如呈送杨镜岷编《边民三字经》及《边民千字课》，遵令修改呈送到部，令饬审查具报等因，并附抄发前次指示要点。奉此遵经审查完竣，理合抄具审查意见一份，备文呈请钧部鉴核转饬遵照。

谨呈

教育部

附审查意见一份、原书六册（另寄）

兼国立编译馆馆长陈立夫（章）

中华民国三十二年二月九日

国立编译馆关防

边民千字课及三字经审查意见

（甲）对于夷人语文

（一）夷人文字应否提倡。按夷人为中华民族之一部分，其文化程度落后，文字尚未完备，虽有此种文学形体，而能读书识字者恐亦不多。一种未曾产生经典及文学的文字，一种不曾以之编印若干书籍的文字，究竟有提倡价值与否，此问题应先为决定。以审者意见，则觉似应本"书同文"之义，不去提倡夷人文字，因此种文字与蒙藏文不同，尚未发展到那种程度也。

（二）夷人语言。因夷人为中华民族之一部分而所居在中国版图之内，对于夷语似应视为一种方言，在统一国语之原则下，使其相对地自然发展。

（三）对夷人教育应以汉字为标准，先普及汉字，扫除文盲。汉字是中华民族的统一文字，求其普及自是最要。

（四）拟请从速邀请专家制定夷语注音意字母，以记其原来语音，注于汉字左边，汉字右边仍注国语注音字母，务使夷人识汉字读汉字。如夷语中无相同之音，则迳以国语授之，不应另比附似是而非之夷音。如夷语无相同之意，则以汉字汉词（两字以上之词，应以词为单位）为主，宁多方详解其意义，不能以意似相近而实非夷字迳译之。如夷称西藏为 lamamudi，绝不应以之译西康，西藏与西康乃不能混同的两个地名，西康为中国之一个省，西藏为一个地方，此意如何可以混淆。又中华民国是吾国国名，亦不宜创编新夷字称之为"花中"，夷语所无者宜迳以汉语授之，以扩充其语汇也。

（乙）关于杨著千字课及三字经

（五）此二者皆三字为句，体裁未甚合适。因断句整齐，声调铿锵，有匀称之美，乃汉字韵文特色。夷文每字音节多寡不定，如亦三字为句，势必生截硬砍，有削足适履之病。即汉字本身，若必求三字为句，其中亦有不妥处。如"我中华、居东半""倮㑩尺，异口腔""音出入、望南匦""按索骥、有迳通"之类，皆因为三字所限，以致文字不顺。

（六）两者皆标"注音倮文国语对译"，而实皆汉语、夷语混合编制。或上句夷文下句汉文，或上句汉文下句夷文；或上二句夷文下二句汉文，或上二句汉文下二句夷文；或一句中前为汉文后为夷文，或一句中前为夷文后为汉文；或逐字对译，或仅译二句之一句或半句。如千字课首八句中之苍苍碧落莽之地毂云者，则所译夷文含意定不相符。此两者编制体裁混淆杂乱，不易索解。

（七）作者对于国语注音富豪未甚通彻，且对于汉字读音有不正确处，可以于下数点看出：

（1）作者在凡例中言国语必声、介、韵、三母连缀始称完全，是根本不了解介母对于字音之关系，有齿呼、合口呼、撮口呼，三者皆不同于开口呼。呼乃口形之变化，口形不同音即相异。国语中有介母者，有无介母者，注音只求正确，不是每字三母连缀，求所谓完全也。此以注音富豪注音而悉除去介母，云是以省麻烦，实则于应有介母之字音未记正确。

（2）作者于夷字下注汉字同音字，夷字旁注注音符号，间时有岐异，如梭与ㄙㄛ、历与ㄌㄧ、那与ㄌㄚ、镞与ㄑㄨ、淤与ㄩ、威与ㄟ，皆同注一音，令人无所适从，足证作者虽用注音符号而对之却分析不清，舌齿音、舌面音、卷舌音相混，功能分别亦不明晰，如以英文字母比较，即S与SH与HS、L与N、Ë与ü、ǒ与Ë……皆不清楚。

（3）作者用本地方音读汉字，又以方音汉字注夷音，则注音符号自不能与汉字一律。若再对国语注音符号未读正确（这在未研究语言、未离开过乡音者，是最常有现象，连长念成年长，长短念成藏短，你念成里，程念成陈，之念成基或兹，好念成吼，是常常听到的）。似以此种情形来准夷语，自然是迷离惝恍了。

（八）以国语注音符号注夷音，必须先假定夷人读音与国语是一致的才能成功，否则夷音中除国语注音符号能以注出者外，另依照方言注音符号办法制造新夷语注音符号，此未注意此点，恐只用国语注音符号，定有未正确处。

（九）此类边民读本，应是以汉文为主，汉字旁右边注国语注音符号，左边注夷语注音符号，或另列一行用夷语注音符号拼成的文字，此是一类，专供夷人学汉语之用。另外再编夷语读本，即以制定之夷语注音符号作为字母，拼成文字，按夷人语言编成读本，供夷人自习及汉人学夷语之用。

（十）此事应由专家办理，办法由部制定。

（十一）杨著二书似不合用。

国立编译馆关于审查杨镜岷
《新编边民三字经》意见致教育部呈文

中华民国三十二年二月十五日

呈文

字第 0133 号

案奉

钧部训令蒙字第五三九三零内开：以准西康省政府咨送冕山乡杨镜

岷新编边民学校用含倮语对照三字经二册，令饬详加审查报部，以凭核办。此令。等因。附发原件二册。奉此遵已审查完竣，理合检同原件，缮具审查意见，具文呈请钧部鉴核咨转。

谨呈

教育部

附呈边民三字经二册，审查意见一份

兼国立编译馆馆长陈立夫（章）

中华民国三十二年二月十五日

国立编译馆关防

国立编译馆《边民三字经》审查意见

《边民三字经》杨镜岷作

（一）据本书作者编辑大意，谓专供课教夷童之用，名为《汉夷语对照边民三字经》，兹考书内所采之编辑方法乃混合编制，汉语夷语交错成文，并非对照，文意又为对汉人习夷语者而开（如"海日疏"，不做"疏日海"），极似最初习洋泾浜英语者所传口诀，如"来是喀姆，去是勾，是是也司不是诺"之类，不合作教材之用。

（二）以极多不常见之生涩汉字，又加口旁，以译夷语，势必有以下数弊：

（1）无端增添许多怪形的新字；

（2）新字除注音外无意义可言；

（3）以此种加口旁之生字代表另一种语音多不正确，因发夷语发音有非汉字所能注出者。

（4）在标准国语尚未能充分通行时，此种汉字各地读法相异，声母、韵母及四声皆不完全一致，则以汉字注夷音读时便多分歧。例如本书中"阿"字究应读ㄚ，读ㄛ，抑读ㄇㄛ，"咔"字究应读ㄑㄧㄚ，抑读ㄎㄚ，阴阳上去当似何地为准，皆是问题也。

（三）汉语为单音字编为整齐的韵文，自有匀称之美，易诵易记，此乃汉语优点。至于夷语每字音节多少不等，若亦必采用三字为句（三音节为一句），定多削足适履之痛，此书中已屡有所见。

（四）夷语相当落后，汉字中所有之词，有许多为夷语所无。此种情形，正应授以纯粹汉字，以推测其思想，不宜因夷语所无之词或字，便避而不用，也不宜竟择一似是而非之夷语含混移译，尤其教授儿童更不当为此。书中首页第一狠的狠字是以汉字去迁就夷语，中华二字译为汉人（汉胖），西康省三字译为炉底倮格（打箭炉），意皆含混。中华民国、西康省皆宜迳以汉语授之。

（五）窃觉现在视夷语应作一种方言看待，另制夷语注音字母注于汉字左边，汉字右则注国语，使夷人能明以字母书写其语，亦能以其语去学汉文，比较使夷童多记一些无意义、无用途之加口旁的生汉字合理也。

教育部关于杨镜岷所编课本不予给证发行决定致杨钰如代电

中华民国三十二年三月十五日

代电 蒙 12330 号

西康省立冕宁边民小学校长杨钰如：案查该校先后送请审查杨镜岷编《注音倮文国语对译边民千字课》《夷语会话边民三字经》及《汉夷语对照边民三字经》三书，经分别令交国立编译馆审核结果，以各书编辑均系国语方言交错成文，体裁未尽合用。其中《边民千字课》一书，前经本部指示修改，而国语注音仍欠正确，所请给证发行，碍难照准。惟该民编纂经年，煞费苦心，准予一次赠送稿酬编辑补助费壹仟元，仰即转知具令报部为要。原书发还。教育部。印。

附编辑补助费壹仟元，边民课本共八册

（中华民国三十二年三月十五日）

教育部蒙藏教育司签注意见

查西康冕宁杨镜岷编《注音倮文国语对译边民千字课》《夷语会话边民三字经》及《汉夷语对照边民三字经》三书，经先后令交国立编译馆审查，以各书缺点甚多，不便作小学教科用书。其中《边民千字课》一书，曾先经本部审核指示数点，令其修正，惟因作者能力所限，仍未能臻于完善。兹就审查结果拟具办法两点，条陈于后：

一、夷人文字未尽完善，应用不多，无提倡必要。且各书对国语注音有欠正确，编排用句亦多不合要领，拟均不准发行。

二、杨君编撰各书，煞费苦心，对沟通边地文化，颇具热忱。且其家境清寒，期间笔纸膏炭亦所费不赀，拟一次酬赠国币一千元，以示体恤。

以上两点是否有当，理合签请核实。

谨呈

部长、次长

骆美英、张书阁、蒋子奇谨签

附呈原卷三件

批示：如拟。陈立夫

附录三

《边疆教育实施原则》节选
1935 年南京政府教育部颁布

六、课程

1. 各级学校之课程，应根据内地各级学校课程之标准，并斟酌边疆各民族情形编订之。

2. 小学校之教科图书，用蒙藏文、汉文合编之。中等以上学校之教材图书，以用汉文编订为原则。

3. 各级学校之教材应特别注意下列各点：

（1）中国民族之融合的历史；

（2）边疆和内地之地理的关系；

（3）帝国主义侵略中国边疆各民族之历史及事实；

（4）帝国主义侵略世界各国弱小民族之残酷的历史及事实；

（5）边疆各民族人民和国民革命的关系；

（6）边疆各民族人民地方自治和民权主义的关系；

（7）边疆各民族人民经济事业和民生主义的关系；

（8）其他有关边疆各民族人民特殊环境之教材。

《推广边疆教育实施办法》节选
1935 年南京政府教育部颁布

（甲）编辑民族适用之小学教科书

（1）要点：其内容要点注意民族生活之现状，灌输科学常识，并间以政治材料，捍卫国家之历史人物，以启迪知识，养成国家观念为鹄的。

（2）办法：先编国语、公民、常识（包括历史、地理、自然等科）三种，均以国语为主，旁注蒙回藏苗等文字。

（丁）经费

（1）以上三种工作，计教科书编辑翻译与印刷（第一年国语、公民、常识暂各先印五万册，共十五万册）等费六万二千元，小学三十六所，每年经常费十万八千元（每所每年三千元），师范学校五所，每年经费共十八万元（每所每年三万六千元），总共每年三十五万元。

（2）建议政府列入二十四年度中央预算。

附录四

《中小学少数民族文字优秀教材评奖办法》

1995 年 3 月 16 日国家教委颁发

为了检阅中小学少数民族文字教材建设的成就，表彰先进，1995年进行首次中小学民族文字优秀教材评奖工作。

具体评奖办法如下：

一、评奖范围

（一）1987 年以后编译出版的中小学各学科民族文字教材〔包括课本、教学参考书（教师用）、教学挂图、图册〕以及教科书的装帧设计（包括封面、版面、插图、装订形式等）。

（二）各出版社选优申报教材品种总数 6% 的教材。

二、评奖条件

优秀获奖教材要符合下列条件。

自编教材

（一）教材内容

1. 坚持四项基本原则，符合党和国家制定的民族政策，符合义务教育法，符合课程计划、教学大纲所规定的要求。

2. 教材内容要有利于对学生进行思想品德教育。

3. 体现民族特点，符合民族学生的特点和规律，有利于继承和发扬本民族的优秀文化传统，增强民族自尊心和民族自豪感。

4. 要从学生熟悉的环境和事物出发，做到理论与实践相结合，结合基础知识、基本训练以及实验等教学实践活动，培养学生分析问题和解决问题的能力。

5. 观点正确，材料、数据符合事实。分量适当、难易适度、梯度合理、易学易教。

6. 选材要符合本学科的知识规律。

7. 符合国情，体现时代精神。

（二）教材体系

1. 符合儿童、青少年身心发展规律。按照不同年龄阶段学生的生理和心理特点，建立适合学生学习的知识体系、基本训练体系和培养能力的体系。

2. 要把学生认识规律和学科的知识结构结合起来，安排教学内容的顺序层次和逻辑关系。

3. 有利于实现本学科的教学目标，使学生在获得知识的过程中培养能力、发展智力、养成良好的思想、情感、意志和品格，养成科学的态度和方法。

4. 注意本学科各部分内容间的相互衔接和与其他学科内容间的联系。

（三）教材中的练习和作业

1. 练习和作业内容要体现教学目的和要求，分量要适当，不加重学生的负担。

2. 练习和作业的安排要明确、具体、有层次、适应不同程度学生的需要。

3. 练习和作业的内容，形成多样化。要重视观察、实验、动手制作和社会调查，要因地制宜，讲求实效，尽可能利用简便易行的器材和已有的条件。

4. 练习和作业要注意联系学生的生活实际和生产实际，引用的事例和数据要准确。

（四）教材的文图

1. 文字准确、流畅、符合规范要求，符合不同年龄段学生的语言特点，不使用方言土语。

2. 文图配合恰当。

3. 引文、摘录要准确。

4. 装帧设计质量，要符合《图书质量管理规定》。

翻译教材

（一）语言文字要规范，通俗易懂，符合不同年龄段学生的语言特点。

（二）要忠实于原文，同时不拘泥于原文，自然流畅，符合少数民族学生的思维规律。

（三）翻译准确，不漏译。

三、组织领导

（一）优秀教材的评奖工作，要在国家教育委员会的统一领导下进行。要成立少数民族文字优秀教材评奖领导小组。

（二）中小学民族文字教材文种多，因此，要按文种聘请有关专家学者成立优秀教材评奖委员会，分别评审本民族文字的优秀教材。

（三）由教材审定委员会办公室具体负责优秀教材评奖工作。

四、申报和审批

（一）在有关报刊上刊登评奖中小学民族文字优秀教材的消息，广泛征求师生的意见。并向有关民族中小学发出信函，由师生推荐中小学优秀教材。

（二）由各出版社编辑室推荐，在社内组织自评。具体办法由各出版社自行制定，但必须经社务委员会同意。

（三）由教材审查委员会办公室汇总申报的教材后，送优秀教材评奖委员会进行初审。初审的教材，再次征求师生、编辑、出版部门的意见。

（四）经过初审、复议的教材，由中小学民族文字优秀教材评奖委员会以无记名投票，评出中小学民族文字优秀获奖教材。

（五）由中小学民族文字优秀教材评奖委员会评出的结果，经国家教育委员会批准后公布，并由国家教育委员会统一授奖。

（六）申报及评奖工作必须采取严肃认真和实事求是的科学态度，凡发现有弄虚作假或其他不正之风，经调查核查后，立即取消评奖资格。

五、奖励

（一）中小学民族文字优秀教材的奖励，采用荣誉奖和物质奖相结合的方式。

（二）获奖优秀教材的责任编辑及其他有关人员，由出版单位根据其在本书编辑出版工作中的贡献，给予一定的奖励。

（三）荣誉奖和奖金，归编著教材的个人或集体所得，任何个人或单位不得提成和扣留。

附录五

中小学少数民族文字教材编写审定管理暂行办法

教育部办公厅 2004 年 6 月发布

第一章 总 则

第一条　为进一步加强中小学少数民族文字教材建设，完善中小学民族文字教材编写审查的管理，提高教材的编审质量，根据《中小学教材编写审定管理暂行办法》，制定本办法。

第二条　本办法所称中小学少数民族文字教材是指民族中小学用于课堂教学的教科书（含电子音像教材、图书），以及必要的教学辅助资料。

第三条　国家鼓励和支持有条件的单位、团体和个人编写符合少数民族中小学教育教学改革需要的高质量、有特色的民族文字教材。

第四条　民族文字教材编写的条件，按照教育部《中小学教材编写审定管理暂行办法》执行。

第五条　民族文字教材编写实行核准与备案制。社会组织和个人在编写国家课程和供跨省、自治区使用的课程教材，应当事先报该教材使用省、自治区教育行政部门核准立项，并报教育部民族文字教材管理部门备案。

第六条　民族文字教材审查，实行教育部和省、自治区教育行政部门两级管理。教育部负责跨省、自治区使用的民族文字教材审查管理，省、自治区教育行政部门负责本省、自治区使用的课程教材审查管理。

第二章 教材审查

第七条　教育部成立跨省、自治区使用的全国中小学民族文字教材审查委员会，负责跨省、自治区使用课程教材的审查。全国中小学民族文字民文教材审查委员会委员由教育部聘任，每届任期 4 年。各审查委员会由 15 人组成。

第八条　有关省、自治区教育行政部门成立本省、自治区中小学民族文字教材审查委员会，负责本省、自治区使用课程教材的审查。有关省、自治区中小学民族文字教材审查委员会委员由有关省、自治区教育行政部门聘任。

第九条　全国中小学民族文字教材审查委员会和有关省、自治区中小学民族文字教材审查委员会，负责聘任各学科审查组成员，负责本学科教材的审查，向审查委员会提出审查报告。

第十条　审查委员会委员、学科审查组成员的条件应当是：

（一）坚持党的基本路线，热爱社会主义祖国，具有良好的职业道德，作风正派，能团结协作，秉公办事；

（二）全面贯彻国家的教育方针，熟悉教学大纲，了解中小学教育及教育改革的实际和发展趋势；

（三）具有高级专业技术职务，学术造诣较深，兼通民族语文和汉语文，有坚实的理论基础和较丰富的教学实践经验，对民族教材有一定的研究；

（四）身体健康，能坚持参加教材审查工作；审查委员会委员年龄在 70 岁以下，学科教材审查组成员年龄在 65 岁以下。

第十一条　全国及省、自治区民族中小学民族文字教材审查委员会，应建立委员信息库。负责审查教材的委员应按随机抽取的原则，从信息库中选定。委员应按照各审查委员会章程，依据教材审查的程序、方式、标准的规定，公正客观地进行，遵循有关的工作纪律。

第十二条　审查工作的主要任务是审定地方自编及编译相结合的民族中小学课堂使用的教材。翻译教材的审查，重点是统一和规范各学科的名词术语。

第十三条　为推动民族文字教材建设，保证教材的质量，国家设立民族文字教材审查补助性专项经费，重点用于跨省区使用的民族文字教材的审查。经费的使用和管理按照《关于中小学民族文字教材审查经费使用管理办法的几点意见》（教民厅〔1991〕14 号）执行。

第十四条　全国中小学民族文字教材审查委员会主任、副主任由审查委员推荐数名候选人，经有关省区教育行政部门审查后，由教育部聘任。主任、副主任可以连任，但最长任期不得超过三届。

第十五条　全国中小学民族文字教材审查委员会的换届由任期将满

的委员会推荐提出下一届委员会的名单，经各有关省、自治区教育行政部门审查后，由教育部聘任。

第十六条　全国及省、自治区中小学民族文字教材审查委员会下设办公室，负责组织全国及省、自治区中小学民族教材的审查工作和协调各学科教材审查组的工作，处理教材审查中的日常事务。

第三章　教材审查原则

第十七条　教材审定原则是：

（一）符合国家有关法律、法规和政策，贯彻国家的教育方针，体现教育面向现代化、面向世界、面向未来的要求。

（二）体现基础教育的性质、任务和培养目标，符合国家颁布的中小学课程方案和学科课程标准的各项要求。

（三）符合学生身心发展的规律，联系学生的生活经验，反映社会、科技发展的趋势，具有自己的风格和特色。

（四）符合国家颁发的有关技术质量标准。

第四章　管　　理

第十八条　为了鼓励民族文字教材的编译出版，每4年进行一次优秀民族文字教材评奖活动。优秀教材评奖办法按照《关于开展中小学少数民族文字优秀教材评奖活动的通知》（教民〔1995〕1号）进行评选。教育部、有关省、自治区教育行政部门对优秀的民族文字教材编译者给予表彰鼓励。

第十九条　在教材审查中违反《关于中小学民族文字教材审查经费使用管理办法的几点意见》的，扣减下一年度审查经费并追究其领导责任。

第五章　附　　则

第二十条　本办法自2004年8月1日起施行。

附录六

全国中小学教材审定委员会藏文教材审查委员会章程

教育部 2004 年 10 月颁发

第一章　总　　则

第一条　为进一步加强五省区中小学藏文教材建设，规范中小学藏文教材审查工作，提高教材审查质量。根据国家教育部 2004 年教民厅 5 号文件印发的《中小学少数民族文字教材编写审定管理暂行办法》的有关规定，结合全国藏文教材审查工作实际，特制定本章程。

第二条　全国中小学教材审定委员会藏文教材审查委员会（以下简称全国藏文教材审查委员会）是教育部领导下的藏文教材审查机构。其主要任务是审查中小学（包括民族师范学校）各学科藏文课程标准（教学大纲）、各学科教材以及其他教学辅助资料。

第三条　全国藏文教材审查委员会可根据使用情况和反馈信息组织进行中小学藏文优秀教科书的评选工作。

第四条　全国藏文教材审查委员会接受全国中小学教材审定委员会的业务指导。

第二章　组织机构和职责

第五条　审查委员会由教育教学研究、教材编译、教育管理等方面的专家学者以及具有丰富教学经验的教师共 15 人组成。审查委员会设主任委员 1 人，副主任委员若干人。审查委员会委员由教育部聘任，每届任期四年，可以连聘连任。主任委员和副主任委员任期不得超过三届，每届更换委员人数一般不超过 1/3。

第六条　全国藏文教材审查委员会下设学科审查组。各学科审查组设组长 1 人，成员若干人。学科审查组成员由全国藏文教材审查委员会聘任，任期四年，可连任，每届更换成员人数一般不超过 1/3。各学科审查会议由审查委员会召集，根据审查任务和轻重缓急安排审查会议事宜。

第七条　审查委员会下设办公室，与五协办合署办公。审查委员会办公室设主任一人。

第八条 审查委员会委员、学科审查组成员的条件:

(一)坚持党的基本路线,热爱社会主义祖国,维护祖国统一和民族团结,具有良好的职业道德和创新意识,作风正派,能团结协作,秉公办事;

(二)全面理解和贯彻党的教育方针,熟悉课程标准(教学大纲),了解中小学教育及教育改革的实际和发展趋势;

(三)一般应具有高级以上专业技术职务,学术造诣较深,兼通藏、汉两种语言文字,有坚实的理论基础和较丰富的教学实践经验,对中小学民族教材有一定的研究;

(四)身体健康,能坚持参加教材审查工作;审查委员会委员年龄应在70岁以下,学科教材审查组成员年龄应在65岁以下。

第九条 审查委员会委员和学科审查小组成员原则上由有关省区教育行政部门负责推荐。

根据审查工作实际需要,特聘有关专业人员进行审查工作。

第十条 审查委员会职责:

(一)负责审议五省区中小学各学科藏文课程标准(教学大纲);

(二)负责审查五省区中小学各学科藏文教材;

(三)指导和审议各学科审查组的工作;

(四)受教育部委托,对五省区教育行政部门推荐的优秀藏文教材进行评议;

(五)负责审查各学科名词术语;

(六)对国内外中小学"双语"教材建设及使用情况进行调查研究,及时向教材编译部门提出工作意见和建议。

第十一条 学科审查组职责:

(一)审议学科课程标准(教学大纲),审查学科教材,向审查委员会提出审议意见和审查报告;

(二)对本学科藏文教材建设和使用情况进行调查研究,向审查委员会提出建议;

(三)完成教育行政部门、审查委员会交办的其他工作。

第十二条 审查委员会办公室职责:

（一）负责处理审查委员会日常工作，做好审查会议的筹备和安排；

（二）制订审查工作计划，负责审查经费管理；

（三）组织藏文教材审查工作，协调各学科审查组的工作；

（四）组织审查委员对教材建设进行调查研究；

（五）逐步建立和完善审查委员信息库。

第三章　审查原则和审查标准

第十三条　教材审查原则：

（一）符合国家的有关法律、法规、方针、政策，贯彻国家的教育方针，体现教育面向现代化、面向世界、面向未来的要求；

（二）体现基础教育的性质、任务和学科教学目标，符合国家颁布的中小学课程方案和学科课程的各项要求；

（三）符合素质教育的课程设置和课程标准（教学大纲）；

（四）遵循教育教学规律，体现自身的风格和特色；

（五）符合国家颁布的有关技术质量标准。

第十四条　教材内容要求：

（一）有利于对学生进行爱国主义、集体主义、社会主义教育以及辩证唯物主义和历史唯物主义教育，有利于弘扬本民族优秀文化传统，培养学生良好的思想品德、坚强意志和健康的心理素质；

（二）内容科学，观点正确，材料、数据准确、可靠，编写顺序合理；

（三）符合国情，体现时代精神、民族特色和地区特点，反映教育改革的成果和科学技术发展的成就；

（四）根据学生的接受能力，做到理论联系实际，体现创新意识，提高学生操作能力；

（五）教材的容量、深度、广度和难易程度适当，内容精练、深入浅出、可读性强、富有启发性。

第十五条　教材体系要求：

（一）符合儿童、青少年身心发展规律，按照不同年龄阶段学生的生理和心理特点，建立适合学生学习的知识体系，根据学生的认识规律、学习水平和学科自身的知识结构，合理安排各学科教学内容的顺序、层次和逻辑关系，建立科学的教材内容体系；

（二）有利于实现学科的教学目标，使学生在获取和掌握知识的过程中，促进智力的发展、能力的提高，培养良好的思想、情感和品格，形成科学的态度和方法。

第十六条　教材语言文字及插图要求：

（一）语言文字要规范、简练，应体现不同年龄阶段学生的语言特点，版式设计要生动活泼、富有启发性；

（二）引文、摘录要准确；

（三）名称、名词、术语均应采取国际、国家统一标准或全国藏文教材审查委员会统一审定的标准，尤其是新用自然科学名称、名词、术语要逐步与国际统一标准接轨，国内外人名、地名等专用名词采用通用译名，汉语文用字要符合《中华人民共和国国家通用语言文字法》的要求；

（四）标题、字母、符号、体例必须规范、统一；

（五）计量单位采用国际单位制和国家统一规定的名称和符号；

（六）翻译教材的语言、文字表达要准确，译文要通俗易懂，简练生动；

（七）照片、地图、插图和图表要与教材内容紧密配合，地图应按照国家有关规定送审。

第十七条　教材中的作业和练习应当配合教学内容，要体现教学目的和要求，内容要精选，分量要适当；注意能力的培养，富有启发性，安排要有层次，形式要多样，能适应不同程度学生的需要；要重视观察、实验、动手制作和社会调查；要因地制宜，讲求实效，尽可能利用简便易行的器材和已有的条件；要注意联系生活和生产实际；引用的事例、数据要准确。

第十八条　教学软件、音像教材与教学挂图应当画面构图合理、主体突出、形象生动；内容要科学，符合教学大纲的要求，富有教育性；教学软件、音像教材要充分体现先进的教学思想和科学的教学方法；音像教材要符合教育部颁发的技术质量标准；教学软件要符合国家有关部门规定的技术标准。

第四章　审查程序

第十九条　送审的自编教材必须是经教育行政部门批准编写，并经过一轮以上教学实验的中学或小学全套教材。教材编写单位或个人，应于每年 10 月向全国藏文教材审查委员会办公室（以下简称审查办）申报，经批准后于当年 12 月底以前按以下要求送审：

（一）送审的教材必须为经实验后的定型书稿，不得以未完成稿送审；教学挂图和图册送审制版图；送审教材应附汉文蓝本以及名词术语藏汉文对照表；送审的自编藏文教材，应附自拟的课程标准（教学大纲）和教材说明。

（二）送审教材必须同时附有送审报告和实验报告，经省、自治区教育行政部门初审通过后再送审的教材还必须有推荐报告。送审报告应包括如下内容：教材编写指导思想、原则，教材结构、体例，教材特色和适用范围；教材实验报告应包括如下内容：教材实验情况、效果和实验学校师生对教材的评价；推荐报告应包括如下内容：推荐单位对教材的评价、初审结论。

（三）送审教材和有关材料必须以同一版本报送审查办 3 套，并送审查委员和学科审查组成员各 1 套。

（四）有下列情况之一者，将不予审查：

1. 送审教材同已审查通过出版的同科教材在指导思想、结构、体例、编排形式等方面无显著区别者；

2. 不符合本条（一）（二）（三）款之一者；

3. 侵犯他人版权者。

第二十条　送审教材的审查先由学科审查组成员和审查委员于审查会议前进行个人审阅。个人审阅内容包括：

（一）送审报告、实验报告和推荐报告，并了解相关情况；

（二）根据审查标准认真审阅送审教材，应着重从思想性、科学性和适用性等方面对各送审教材作出综合评价；

（三）归纳整理对送审教材的意见，并于审查会议前填写好审阅表。

第二十一条　在个人审阅的基础上召开会议，对送审教材分学科进行审查。审查会议必须有一半以上学科审查组成员出席，其审查结果方为有效；被审查教材的审查意见，应在充分讨论的基础上形成，如有不同意见，可经无记名投票决定，投票结果需 2/3 以上与会成员同意方为有效。审查会议以民主程序进行工作，其一般进程是：

（一）根据工作量安排审查日程，并对各送审教材审查报告的起草做好分工；

（二）逐一审查教材，经过充分讨论，集中审查意见和修改意见，并起草成文；

（三）通过对各送审教材的审查意见和修改意见，并分别作出审查结论；

（四）填写审查报告表，与会全体审查组成员签名，并报审查委员会签署意见；

（五）需要复审或复核的送审教材，对复审或复核的工作做出安排。

第二十二条　审查报告必须集中体现国家对送审教材的权威性意见，其内容应包括以下三个部分：

（一）审查意见：对送审教材的特点、优点和缺点作出评价，并指出进一步修改、完善的方向；

（二）修改意见：指出送审教材中的错误、不妥之处，提出修改意见，对其中重大政治性、科学性错误必须逐条写明；

（三）审查结论：根据教材审查情况可分别作出以下四个结论：

第一类，审查通过。教材达到审查标准，按审查意见，经复核并报审查委员会主任批准后方可使用。

第二类，复审。教材基本达到审查标准，但存在一些问题，需要修改，必须按修改意见进行修改，经复审后再做结论。

第三类，重新送审。教材尚未达到审查标准，但具备可以修改的基础和条件，按审查意见和修改意见进行修改完善后，重新送审。

第四类，停止使用。教材质量低劣，或存在严重政治性、思想性、科学性错误，或不适用于教学。

审查结论及修改意见由审查办公室分别通知各编写单位或个人。

第二十三条　经学科审查组审查、复审通过的教材报审查委员会主任批准后，由教育行政部门列入中小学教学用书目录。出版时在教材封面上须标明"××××年经全国藏文教材审查委员会审查通过"字样，供学校选用。

第二十四条　复核或复审的教材，有关编写单位或个人应按要求报送修改后的教材及修改说明。

（一）复核。由审查委员会指定有关人员进行复核，并填写复核意见表。

（二）复审。复审分会议复审、通讯复审和两者结合复审。参加初审的学科审查组成员和审查委员必须有一半以上参加复审，并填写复审意见表。

（三）复审通过后尚需复核的，由审查委员会指定有关人员进行复核。

第五章　工作纪律

第二十五条　审定教材要严格审查程序和审定标准进行，要客观公正，实事求是，既要严格把关，又要积极扶持，不得以个人或某一学派的学术观点作为衡量教材的标准。

第二十六条　审查中实行编审、译审分开的原则，审查委员一般不得兼任本学科教材的主编、编（译）者或顾问。

第二十七条　编写、翻译单位人员未经允许一般不得参加审查会议。审查委员会认为确需编写、翻译人员说明并听取意见时，可请主编（译）在规定时间到会说明。

第六章　经　　费

第二十八条　藏文教材审查委员会的审查经费由全国藏文教材审查委员会提出年度预算，报国家教育部审核批准。开支项目：审读费、专门审查教材的专业性会议费、供审查人员使用的图书资料购置费、交通费、审查委员会办公室日常办公费、调查研究中小学教材建设费用、奖励优秀教科书、必要的公用设备以及临时性开支等。

第二十九条　审查委员会委员、学科审查组成员审查、审读书稿后，根据有关规定按工作量付给审读费。审查委员会办公室到年终将年度审查经费使用情况向国家教育部民族教育司作书面报告。

第七章　附　　则

第三十条　本章程由全国藏文教材审查委员会办公室负责解释。自教育部批准之日起实行。

附录七

全国中小学教材审定委员会朝鲜文教材审查委员会工作章程

2004 年 10 月教育部颁发

第一章　总　则

第一条　为进一步加强东北三省中小学朝鲜文教材建设，规范中小学朝鲜文教材审查工作，提高教材审查质量，根据教育部《中小学少数民族文字教材编写审定管理暂行办法》（教民厅〔2004〕5 号）有关规定，结合全国朝鲜文教材审查工作实际，制定本章程。

第二条　全国中小学教材审定委员会朝鲜文教材审查委员会（以下简称全国朝鲜文教材审查委员会）是教育部领导下的朝鲜文教材审查、审定机构。

第三条　全国朝鲜文教材审查委员会，在全国中小学教材审定委员会的指导下，主要审查朝鲜族中小学部分学科课程标准、朝鲜文版教材及其他教学辅助资料。

第二章　组织机构

第四条　全国朝鲜文教材审查委员会委员由 15 人组成。审查委员会设主任、副主任。审查委员会委员由朝鲜族中小学教育教学专家、教师和教育行政领导干部组成，由教育部聘任，任期四年，可以连聘连任，每届更换人数不超过 1/3。主任、副主任任期最长不得超过三届。审查委员会全体会议每年举行一次。

第五条　依据国家制定和东北三省中小学朝文教材编译出版协作小组商定的朝鲜族中小学课程设置，审查委员会下设学科审查小组。学科审查小组由该学科专家、中小学教育教学研究人员及教师组成。学科审查小组成员（以下简称学科审查员）由全国朝鲜文教材审查委员会聘任，任期四年，可以连聘连任，每届更换人数不超过 1/3。

第六条　聘任审查委员会委员、学科审查员，根据工作需要，在东北三省教育行政部门和教研部门推荐人选的基础上进行。

第七条　全国朝鲜文教材审查委员会下设办公室作为常设工作机

构，与东北三省中小学朝文教材编译出版协作小组办公室合署办公，一套人马，两块牌子。

第八条　审查委员会委员、学科审查员的条件

（一）坚持党的基本路线，热爱社会主义祖国，具有良好的职业道德，作风正派，能团结协作，秉公办事。

（二）全面贯彻国家的教育方针，熟悉课程标准，了解朝鲜族中小学教育及教育改革的实际和发展趋势。

（三）具有高级专业技术职称，学术造诣较深，兼通朝、汉两种语言文字，有坚实的理论基础和较丰富的教学实践经验，对朝鲜族中小学教材有一定的研究。

（四）身体健康，能坚持参加教材审查工作。审查委员会委员年龄在 70 岁以下，学科审查员年龄在 65 岁以下。

第九条　审查委员会职责

（一）负责审议全国朝鲜族中小学部分学科课程标准。

（二）负责审查、审定全国朝鲜族中小学自编教材、编译或翻译教材以及其他教学辅助资料。

（三）指导各学科审查小组工作，研究解决课程标准的审议和教材审查工作中提出的问题。

（四）做好教育部交办的有关工作。

第十条　学科审查小组职责

（一）审议本学科的课程标准和教材，向审查委员会提出审议意见和审查报告。

（二）研究在审议本学科课程标准和教材中发现的问题，并提出处理意见。

（三）对本学科教材建设及使用情况进行调查研究，向审查委员会提出建议。

（四）参与优秀朝鲜文教材的评选工作。

（五）做好审查委员会交办的有关工作。

第十一条　审查委员会办公室职责

（一）负责处理审查委员会日常工作。

（二）组织全国朝鲜文教材审查工作，协调各学科审查小组的工作。

（三）负责组织朝鲜文教材建设及使用情况的调查研究。

（四）建立和完善学科审查员信息库。

（五）做好教育部交办的各项工作。

（六）管理和使用教材审查经费，做到专款专用。

第三章 教材审查、审定原则和标准

第十二条 教材审查、审定应当遵循以下原则

（一）符合国家的有关法律、法规、政策。

（二）体现教育要面向现代化、面向世界、面向未来的要求。

（三）贯彻国家的民族政策，符合朝鲜族中小学实际，体现民族特点。

（四）贯彻党的教育方针，遵循教育教学规律，体现朝鲜族基础教育的性质、任务、培养目标和学科教学目标。

（五）符合教育部制定和辽、吉、黑三省教育行政部门商定发布的朝鲜族中小学课程计划、课程标准所规定的各项要求。

（六）符合学生身心发展的规律，联系学生的生活经验，反映社会科技发展的趋势，具有自己的风格和特色。

（七）编译或翻译教材，其内容必须准确无误，文字表达必须符合朝鲜语规范化要求和学生的年龄特点，通俗简练。

（八）符合国家公布的有关技术质量标准。

第十三条 教材内容应当符合以下基本要求

（一）观点正确，有利于对学生进行爱国主义、社会主义、集体主义教育及辩证唯物主义和历史唯物主义教育，有利于弘扬中华民族优秀文化传统，有利于继承和发扬朝鲜民族的优秀文化传统，培养学生良好的思想品德、坚强意志和健康的心理素质。

（二）内容科学，观点正确，材料、数据准确、可靠，编写顺序合理。

（三）符合我国国情和朝鲜民族的实际，体现时代精神，反映现代教育改革成果和科学技术发展成就。

（四）从学生所熟悉的环境和事物出发，做到理论联系实际，注重素质教育，结合基础知识、基本训练以及实验等实践活动培养学生创新意识和分析、解决实际问题的能力。

（五）教材的容量、深度、广度和难易程度适当，内容精练、深入浅出，可读性强，富有启发性。

第十四条　教材体系应当符合以下基本要求

（一）符合儿童、青少年身心发展规律。按照不同年龄阶段学生的生理和心理特点，建立适合学生学习的知识体系。根据学生的认识规律、学习水平和学科自身的知识结构，合理安排各学科教学内容的顺序、层次和逻辑关系，建立科学的教材体系。

（二）有利于实现学科教学目标，使学生在获取和掌握知识的过程中，促进智力的发展、能力的提高，形成良好的思想、情感、意志和品格，养成科学的态度和方法。

（三）注意学科内各部分内容间的相互衔接以及与其他学科内容间的联系。

第十五条　教材的语言文字及插图应当符合以下基本要求

（一）语言文字要规范、简练，应体现不同年龄阶段学生的语言特点。版式设计要生动活泼，富有启发性和趣味性。

（二）照片、地图、插图和图表要和教材内容紧密配合。

（三）引文、摘录要准确。

（四）名称、名词和术语均应采用国际统一名称或国家统一规定名称。外国人名、地名采用通用译名。汉语文用字要符合《中华人民共和国通用语言文字法》的要求。

（五）标题、字母、符号和体例必须规范、统一。

（六）计量单位采用国际单位制和国家统一规定的名称和符号。

第十六条　教材中的作业和练习应当配合教学内容，体现教学目的和要求，内容要精选，分量要适当，不要加重学生负担；注意能力的培养，富有启发性，安排要有层次，能适应不同程度学生的需要；内容、形式要多样；要重视观察、实验、动手制作、搜集处理信息和社会调查；要因地制宜，讲求实效，尽可能利用简便易行的器材和已有的条件；要注意联系生活实际和生产实际；引用的事例、数据要准确。

第十七条　教学软件、音像教材与教学挂图应当画面构图合理、主体突出、形象生动；内容要科学，符合课程标准的要求，富有教育性，给学生以美的享受；教学软件和音像教材要充分体现先进的教学思想和科学的教学方法，注重教学实效，音像、图画具有启发性、趣味性，培养学生的思维能力；音像教材要符合教育部电教部门颁发的技术质量标准；教学软件要符合国家有关部门规定的技术标准。

第四章　教材审定（审查）程序

第十八条　送审的教材必须是经东北三省中小学朝文教材编译出版协作小组批准立项的教材。编写单位，应于每年1月底和7月底之前，分两次向审查委员会办公室申报送审目录（包括送审时间）。审查委员会办公室可根据送审目录制定审查计划。

（一）送审的新自编教材（包括教学挂图、图册和电化教材）必须为定型成品，不得以未成品送审，同时要附上送审报告。送审报告应包括教材编写指导思想、原则、教材体系、结构和教材特色。

（二）新版翻译教材，由出版社出版后，报送审查委员会审查。审查委员会于每年5月和11月集中审查各学科翻译教材。

（三）教材审查采取通讯和会议两种审查方式。教材审查时间一般为自编教材1个月，翻译教材2个月。

（四）送审教材必须报送审查办2套，学科审查员各1套。

第十九条　送审的教材先由审查委员会委员和学科审查员于审查会议前进行个人审阅。审阅包括：

（一）阅读送审报告。

（二）根据审查标准认真审阅送审教材，并提出修改意见。

（三）归纳整理对送审教材的意见，填写审阅表。

第二十条　在个人审阅的基础上召开审查会议，对送审教材分科进行审查。审查会议必须有2/3以上审查员出席，其审查结果方为有效。审查会议的一般进程是：

（一）根据工作量安排审查日程。

（二）逐一审查教材，经过充分讨论，集中审查意见和修订意见，并起草成文。

（三）根据对各送审教材的审查意见和修改意见，分别做出审查结论。

（四）填好审查报告表，报审查委员会主任签批。

第二十一条　审查报告集中体现国家对送审教材的权威性意见，其内容应包括以下三个部分。

（一）审查意见：对送审教材的特点、优点和缺点做出评价，并指出进一步修改、完善的方向。

（二）修改意见：指出送审教材中的错误、不妥之处，提出修改意见，对其中重大政治性、科学性错误必须全部写明。

（三）审查结论：根据教材审查情况分别做出以下三类结论。

第一类，审查通过。教材达到审定标准，按审查意见和修改意见修改，经复核并报审查委员会主任批准后方可出版使用。

第二类，复审。教材基本达到审定标准，但问题较多、较严重，需做重大修改，按审查意见和修改意见修改，经复审后报批。

第三类，重新送审。教材尚未达到审定标准，但具备可以修改的基础和条件，按审查意见和修改意见修改后，重新送审。

第二十二条　审查通过的教材出版时，在教材封面上标明"经全国朝鲜文教材审查委员会×××年审查通过"字样。

第五章　工作纪律

第二十三条　审查、审定教材要严格按照审查程序和审定（审查）标准进行，客观公正，实事求是，既要严格把关，又要积极扶持，不得以个人或某一学派的学术观点作为衡量教材的标准。

第二十四条　审查中实行编审分开的原则，教材的主编、编者或顾问不得兼任审查委员和本学科审查员。

第二十五条　审查人员不得将讨论情况和意见私下透露给编写单位及其有关人员。

第二十六条　编写人员一般回避审查会议，如确实需要可请主编到会。

第二十七条　教材实行编、审负责制，编写和审查各负其责。对于审查通过的教材，编写单位或编者应当按照审查意见进行修改。如有正当理由不能完全按照审查意见进行修改时，应及时向审查委员会提出说明；没有正当理由而不按照审查意见对教材进行修改，要追究编写单位领导责任。

第六章　附　　则

第二十八条　审查通过的自编教材，由教材编写单位根据试用情况进行全面修订时，应按规定将修订教材送审查委员会审查、审定。送审教材要附上教材试用报告，试用报告应包括教材试用情况、效果和学校对教材的评价。

第二十九条　根据教育部有关文件精神，未经审查通过的教材，一律不得进入课堂。

第三十条　朝鲜文教材审查经费，由教育部给予支持。审查委员、学科审查员审查教材，按工作量付审查费。

第三十一条　本章程由全国朝鲜文教材审查委员会办公室负责解释。本章程自教育部批准之日起执行。

附录八

全国蒙古文中小学教材审查委员会工作章程及相关附件
1988 年 1 月教育部颁发

第一章　总　　则

第一条　为提高蒙古文中小学教材的质量，成立全国蒙古文中小学教材审查委员会（以下简称全国蒙古文教材审查委员会）。

第二条　全国蒙古文教材审查委员会是受内蒙古教育厅和国家教委民教司领导，全国中小学教材审定委员会负责业务指导的全国蒙古文中小学各学科教学大纲和教材的审查机构。

第三条　全国蒙古文教材审查委员会主要审查：

一、国家教委委托拟定的全国蒙古文中小学通用教材的教学大纲。

二、内蒙古教育出版社编写、翻译和编译出版的中小学各学科的教材。

第四条　全国蒙古文教材审查委员会，每 3 年进行一次优秀蒙古文中小学教科书的评选工作。

第二章　组织结构

第五条　全国蒙古文教材审查委员会，由国家教委民教司、内蒙古教育办公厅、八省区民委和语委领导，从事教育出版工作的负责同志以及有关专家组成，内蒙古教育厅一名副厅长任主任委员，另设副主任委员若干人。

全国蒙古文教材审查委员会委员，实行兼职聘任制，任期 3 年。

第六条　全国蒙古文教材审查委员会下设：蒙古语文、汉语文、外语、社会科学、自然科学、音乐、体育、美术、幼教等学科审查组，学科审查组成员由全国蒙古文教材审查委员会聘请兼任，任期 3 年。

第七条　全国蒙古文教材审查委员会下设办公室，设主任 1 名，工作人员若干名，处理日常事务，协调各学科审查组的工作。

第三章　审查原则

第八条　蒙古文中小学各门课程的教学大纲和教科书的审查原则：

一、教学大纲和教科书的内容必须符合中华人民共和国宪法和民族区域自治法的规定；必须符合教育方针、法令，以及中小学的培养目标、任务、学制和教学计划的规定。

二、教学大纲和教科书的内容必须符合马列主义、毛泽东思想的基本观点，体现本门课程的特点。

三、教学大纲和教科书的内容必须符合中小学学生的生理心理特征；必须有利于启迪学生的智力，培养学生的能力。

第四章　审查程序

第九条　教材审查分初审和复审两步：

送审的教材必须是全套若干册或分段若干册（如初中、高中分两段送审）同时送审。

一、初审。各学科教材试用2～3年后，经过修改，送全国蒙古文教材审查委员会办公室，并由办公室组织有关学科审查组进行初审。初审提出意见，然后交编者修改。

二、复审。编者根据初审意见修改后，再送复审，由有关学科审查组进一步审查，并综合审查意见，提请全国蒙古文教材审查委员会讨论通过，经主任委员批准后，作为正式教材，交内蒙古教育出版社出版。

第十条　蒙古文中小学教科书实行编审分工负责制，教科书的编写者、审查者、审查单位（指全国蒙古文教材审查委员会）都要署名。

第十一条　审查期限：

一、初审时间3个月。字数多的教科书，审查时间可延长一些。

二、复审时间3个月。学科审查组审查2个月，审查委员会审查批准1个月。

第五章　经　　费

第十二条　教材建设和教材审查的经费，由全国蒙古文教材审查委员会办公室提出年度预算，报国家教委审核批准，列入国家教育事业该年度经费预算内，款项直接拨给全国蒙古文教材审查委员会办公室。经费主要用于教材、图书、资料的购置（均含国外引进），教材审查、奖励优秀教科书，会议开支，必要的公用设备以及临时性开支等。

第十三条　审查委员会委员、学科审查组成员审读书稿后，按工作量付给审读费；该委员会办公室到年终将年度经费使用情况向国家教委民教司作书面报告。

蒙古文中小学教科书审查标准

为便于全国蒙古文中小学教材审查委员会审查蒙古文中小学教科书，根据《中华人民共和国义务教育法》审定教科书的规定，参考《全国中小学教材审定委员会工作章程》第四章审定原则，制定审查标准如下：

一、教材的编写思想和内容应符合《中华人民共和国宪法》《中华人民共和国民族区域自治法》《中华人民共和国义务教育法》以及党和政府的各项法令、方针、政策，符合国家规定的学制、教学计划、教学大纲的要求，有利于培养学生德、智、体、美全面发展，为提高民族素质，培养社会主义现代化建设所需要的各级各类有理想、有道德、有文化、有纪律的人才奠定基础。

二、教学内容选择

1. 应根据教学大纲规定的内容、要求，精选基础知识，并按照学生所能接受的程度，适当反映现代科学技术的新发展。

2. 应根据学科特点，结合教学内容对学生进行辩证唯物主义和历史唯物主义教育，爱国主义和国际主义教育，共产主义理想的启蒙教育和良好的道德、品格和意志的教育。

3. 课文中的概念、规律阐述要准确、清晰，不能有科学性错误以及相互矛盾的记述。

4. 应根据学科的不同特点，注意联系社会经济历史发展状况，体现民族特点和地区特点以及蒙古族学生实际。

5. 应注意培养学生良好的学习习惯和掌握本学科的思维方法及研究问题的方法，并结合基础知识、基本训练以及实验等实践活动，培养学生分析问题和解决实际问题的能力。

三、教学程度

1. 难易适度，符合所在学年学生的身心发展和生理、心理特征及接受能力。

2. 分量适当，具有一定弹性，利于因材施教。

3. 不同程度、不同层次的教学要求要有一定的适用范围。

四、体系

1. 知识结构科学合理，重点突出，内容章节（单元）教学目标明确。

2. 教学体系符合由感性到理性，由具体到抽象，由简到繁，由浅入深的认识规律，利于学生理解、巩固和少年儿童的身心发展。

3. 各学段各册的知识和能力的要求应相互衔接，注意与其学科间内容上的联系。

4. 课文中的地图、插图、图片、表格的选择和编排要与内容紧密联系，有利于启发学生的思维，激发学生兴趣。

5. 实验、实习、观察、观测和饲养、栽培要配合重点内容，有利于加强基础知识，发展智力，培养能力。要从实际出发，因地因时制宜，要尽可能利用简便易行的器材，逐步实现教学手段的现代化。

6. 习题、练习要精选，有利于巩固基础知识和加强基本技能训练。题目要富于启发性，分量要适当，注意联系实际。

五、统一规范（包括翻译教材）

1. 语言、文字表达要准确、规范化，通俗简练、生动活泼。不要使用方言土语，要符合学生的不同年龄的语言发展阶段，注意蒙古族学生的生活经验。

2. 定律、定理、公式名称，化学药品、生物、矿物名称，名词术语要采用已审定统一的名词术语命名；外国人名、地名采用通用译名。

标题符号，公式使用的字母、符号均需统一。

3. 单位制采用"中华人民共和国法定计量单位"。

4. 引文、摘录、改编不能断章取义。审查时要与原文核对；摘录的插图、图片、图表审查时要与原图对照。

地图要以国家正式出版的文本为准。

5. 教材上数字用法要以国家语委等七部门发出的联合通知《关于出版物上数字用法的试行规定》为准。

蒙古文中小学教材送审的有关规定

第一条　本规定根据《全国中小学教材审定委员会工作章程》和我国蒙古族地区的具体情况制定。

第二条　根据《全国中小学教材审定委员会工作章程》，送审的蒙古文中小学教材要符合下列各款：

1. 体现培养目标。根据中共中央《关于教育体制改革的决定》和《中华人民共和国义务教育法》中确定的培养目标和基础教育的任务编写教材。

2. 符合大纲要求。根据教学大纲规定的教学目的与要求、教学原则、教学内容编写教材。

3. 内容要精选、适量。根据蒙古族学校试行的教学计划规定的课时精选教学内容，分量要适当，并要留有余地。

4. 程度深浅适度。教材内容的难易程度，要符合蒙古族学生一定年级的多数学生的接受能力。

5. 体系结构合理。教材的体系要符合一定年龄阶段学生的心理特征和认识规律，以利于学生身心健康发展。

6. 思想观点鲜明。教材的思想性、科学性要鲜明。要充分揭示和利用教学内容所固有的思想教育因素，对学生进行共产主义理想、道德和情操的教育。

7. 语言文字流畅。教材语言要规范，文字要通俗简炼，生动活泼，富有启发性和趣味性，便于学生学习。

8. 术语、插图要准确。翻译教材要采用统一化、标准化的名词术语。各种地图、图片、插图要准确科学。

9. 试用效果明显。送审的教材先要试用 2～3 年，并取得较好的教学效果。

第三条　送审程序及注意事项

送审教材，要按照《全国中小学教材审定委员会章程》第五章规定的有关精神送审，具体要求是：

1. 符合本规定第二条要求的教材，可送全国蒙古文中小学教材审查委员会审定。

2. 送审单位要提出送审报告，说明编著者姓名、工作单位、职务（职称），教材编辑指导思想、知识能力结构、教材主要特点、适用范围。教科书还要说明授课总课时，各章节课时分配，教学试用效果，送审单位意见等。

3. 送审的教材，经学科教材审查组（以下简称审查组）初审，不符合要求的，由全国蒙古文中小学教材审查委员会办公室退还，并说明理由，经过修改达到送审要求，可再次按送审程序送审；初审符合要求的教材，接到审查组初审教材的稿本和通知后，应在三个月内将修改后的复审稿本送全国蒙古文中小学教材审查委员会办公室。编著者对审查组的初审有不同意见，可在送复审稿时作解释、说明。

4. 送审教材时，要列出所参考的书目。如果某处是参考有关书籍编写的，要注明出处，包括书名、编著者、出版年月、页数等。

5. 送审教科书时，如果编有与教科书配套的教师用教学参考书等也应同时送审。

第四条　全国蒙古文中小学教材审查委员会复审合格的教科书、教师用教学参考书，经内蒙古教育厅批准，列入学期（学年）的中小学教材用书目录。出版印刷时，在教材封面上印"经全国蒙古文中小学教材审查委员会审定"字样。

第五条　国家颁布新的学制、教学计划、教学大纲后（修订教学计划、教学大纲），原经全国蒙古文中小学教材审查委员会审查合格的教材，如果编著译者按新的学制、教学计划、教学大纲重新修订，需按本规定重新送审。

蒙古文优秀中小学教科书评选、奖励办法

第一条　本办法根据《全国中小学教材审定委员会工作章程》和使用蒙古文中小学教科书地区的实际情况制定。

第二条　评选蒙古文优秀中小学教科书。是为了加强教材建设，促进教材改革，提高教材质量，表彰和鼓励对中小学教材建设作出贡献的单位、集体和个人。

第三条　蒙古文优秀中小学教科书的评选条件：

1. 教学目标明确。基础知识、基本技能和培养能力所要求的深度、广度、分量适当，能够为学生的在校学习和就业以及终身学习打下坚实的基础。

2. 教学内容要有鲜明的思想性、科学性，符合我国和民族地区实际情况的先进性和教学适用性，注意理论联系实际，有利于加强学生思想品德教育和智能的发展，促进教学质量的提高。此外还要有开创性，体现改革精神，有利于教学改革。

3. 体系具有科学逻辑性、认识循序性和思维启发性，符合学生认识规律，并在培养学生科学态度，掌握学习方法，培养本门学科的思维方法，研究问题方法方面具有突出优点，获得所适用范围内大多数师生的好评。

4. 编写形式突出学科特点，语言、文字优美、流畅，图文并茂，利于激发学生的学习兴趣。

第四条　蒙古文优秀中小学教科书评选办法：

1. 以全国蒙古文中小学教材审查委员会各学科教材审查组为主，吸收本学科有关专家、学者、优秀中小学教师参加，组成各学科优秀中小学教科书评选委员会，负责评选工作。

2. 蒙古文优秀中小学教科书分学段（如小学、初中、高中或九年一贯制）按学科评选。可以是一个学科某学段的一套教科书。也可以是其中的一册或若干册教科书。

3. 蒙古文优秀中小学教科书候选书目，由学科教材审查组、教育行政部门、学术团体、教育出版社、专家学者、中小学教师推荐。

4. 各学科优秀教科书评选委员会评选出的优秀教科书，经全国蒙古文中小学教材审查委员会评定，国家教育委员会批准，授予蒙古文优秀中小学教科书称号，并给编者以奖励。

第五条　蒙古文优秀中小学教科书奖励办法：

1. 国家教育委员会对蒙古文优秀中小学教科书的编者发给奖状、奖金或其他物质奖。

2. 蒙古文优秀中小学教科书奖金分一、二、三等奖。

（1）小学、初中、高中一个学段或学科全套优秀教科书的奖金是：

一等奖：1.2万－1.0万元

二等奖：0.8万－0.6万元

三等奖：0.5万－0.3万元

（2）某学科中一册优秀教科书奖金是：

自编教材：

一等奖：2000元

二等奖：1500元

三等奖：1000元

翻译教材：

一等奖：1500 元

二等奖：1000 元

三等奖：500 元

封面设计：

一等奖：200 元

二等奖：150 元

三等奖：100 元

插图：

一等奖：150 元

二等奖：100 元

三等奖：50 元

（3）某学科若干册优秀教科书奖金按（2）中一、二、三等奖的若干倍计算。

第六条　全国蒙古文中小学教材审查委员会对教科书印装质量高的印刷厂分别发给适当的奖金、奖状，以资鼓励。

参考文献[1]

（一）资料汇编

[1] 786 本少数民族中小学教科书（清末至民初）.

[2] 中华民国大学院. 全国教育会议报告 [Z]. 上海：商务印书馆，1928.

[3] 国民政府教育部. 第一次中国教育年鉴 [M]. 上海：开明书店，1934.

[4] 《年鉴》编审委员会，周邦道. 第一次中国教育年鉴 [Z]. 上海：开明书店，1934.

[5] 教育部. 教育法令特辑 [Z]. 南京：正中书局，1938.

[6] 教育部. 教育法令汇编（第三辑）[Z]. 南京：正中书局，1938.

[7] 教育部. 教育法令汇编（第四辑）[Z]. 南京：正中书局，1939.

[8] 教育部. 教育法令汇编（第五辑）[Z]. 南京：正中书局，1940.

[9] 教育部国民教育司. 国民教育法规汇编（第一辑）[Z]. 南京：正中书局，1941.

[10] 中国教育学会. 中国教育学会年报三十三年 [Z]. 上海：中华书局，1944.

[11] 国民政府教育部. 第二次中国教育年鉴 [M]. 上海：商务印书馆，1948.

[12] 张静庐. 中国近代出版史料（初编、二编、补编）[M]. 北京：中华书局，1957（再版）、1957 年（重版）、1957 年（初版）.

[13] 张静庐. 中国现代出版史料（甲编、乙编、丙编、丁编）[M]. 北京：中华书局，1954 年（初版）、1955 年（初版）、1956 年（初版）、1959 年（初版）.

[14] （日）多贺秋五郎. 近代中国教育史资料（民国篇）（上、中、下）[M]. 台北：文海出版社，1975.

[15] 舒新城. 中国近代教育史资料（三册）[M]. 北京：人民教育出版社，1961.

[16] 荣孟源. 中国国民党历次代表大会及中央全会资料 [M]. 北京：光明日报出版社，1985.

---

[1] 以文献的出版时间为序。

［17］教育部教育年鉴编纂委员会. 第二次中国教育年鉴（第 14 编）［Z］. 台北：文海出版社，1986.

［18］陈学恂. 中国近代教育史教学参考资料（上、中、下三册）［M］北京：人民教育出版社. 1987.

［19］李盛平. 中国现代史词典［Z］. 北京：中国国际广播出版社，1987.

［20］国家教委民族地区教育司. 少数民族教育工作文献选编（1949—1988）［M］. 呼和浩特：内蒙古教育出版社. 1989

［21］中央科学研究所教育史研究室. 中华民国教育法规选编（1912—1949）［M］南京：江苏教育出版社，1990.

［22］宋恩荣，章咸. 中华民国教育法规选编（1912—1949）［M］. 南京：江苏教育出版社. 1990.

［23］中国第二历史档案馆. 中华民国史档案资料汇编（第一、二辑）［Z］. 南京：江苏古籍出版社，1991.

［24］中国第二历史档案馆. 中国民国史档案资料汇编（第三辑教育）［M］. 南京：江苏古籍出版社，1991.

［25］璩鑫圭，唐良炎. 中国近代教育史资料汇编·学制演变［Z］. 上海：上海教育出版社，1991

［26］中共中央统战部. 民族问题文献汇编［M］. 北京：中共中央党校出版社，1991.

［27］国家教委中小学教材审定委员会办公室. 中小学教材建设文件与法规汇编［M］. 北京：北京师范大学出版社，1992.

［28］朱有，王献，等. 中国近代教育史资料汇编·教育行政机构及团体［Z］. 上海：上海教育出版社，1993.

［29］李国钧. 中国教育大系——历代教育制度考（民国编）［Z］. 武汉：湖北教育出版社，1994.

［30］国家民委. 中国民族统计年鉴（1994—2000）［Z］. 北京：北京民族出版社，2000.

［31］国家民委. 中国民族工作统计年鉴（2001—2003）［Z］. 北京：北京民族出版社，2003.

［32］李桂林，等. 中国近代教育史资料汇编·普通教育［Z］. 上海：上海教育出版社，1995.

［33］北京图书馆，人民教育出版社图书馆. 民国时期总书目（1911—1949）（中小学教材）［M］. 北京：书目文献出版社，1995.

［34］国家教委民族地区教育司. 省市自治区少数民族教育工作文件选编（1977—

1990）［M］. 成都：四川民族出版社，1995.

［35］中国第二历史档案馆. 中国民国史档案资料汇编（第五辑第二编教育（一））
　　　［M］. 南京：江苏古籍出版社，1997.

［36］国家民委. 中华人民共和国民族政策法规选编［M］. 北京：中国民航出版
　　　社，1997.

［37］中国第二历史档案馆. 中华民国史档案资料汇编（第五辑第三编教育（二））
　　　［M］南京：江苏古籍出版社，2000.

［38］课程教材研究所编. 20 世纪中国中小学课程标准·教学大纲汇编［M］. 北
　　　京：人民教育出版社，2001.

［39］中国民族区域自治法法律法规通典［M］. 北京：中央民族大学出版社，2002.

［40］国家民族事务委员会，中共中央文献研究室. 民族工作文献选编（1990—
　　　2002）［M］. 北京：中央文献出版社，2003.

［41］教育部民族教育司，国家民委教育科技司. 走向辉煌的中国民族教育——第
　　　五次全国民族教育工作会议材料汇编［M］. 北京：民族出版社，2003.

［42］国家图书馆藏.（民国）教育部文牍政令汇编（全六册）［M］. 北京：全国
　　　图书馆文献微缩复制中心，2004.

［43］教育部民族教育司. 民族教育文件汇编（1991—2001）［M］. 北京：红旗出
　　　版社，2004.

［44］国家民委教育科技司. 中国民族教育文件汇编（一、二）. 内部资料 2004 年
　　　7 月.

［45］宋恩荣，章咸. 中华民国教育法规选编（修订版）［Z］. 南京：江苏教育出
　　　版社，2005.

［46］金炳镐. 民族纲领政策文献选编（全 2 册）［M］. 北京：中央民族大学出版
　　　社，2006.

［47］马大正. 民国边政史料汇编［M］. 北京：国家图书馆出版社，2009.

［48］徐丽华，李德龙. 中国少数民族民族旧期刊集全［M］. 北京：中华书局，2010.

［49］中国教育年鉴编辑部. 中国教育年鉴（1949—2011）［M］. 北京：人民教育
　　　出版社，2011.

［50］司永成. 民族教育政策法规选编［M］. 北京：民族出版社，2011.

（二）专著类

［1］王云五主编，卢绍稷编. 三民主义与教育［M］. 上海：商务印书馆，1929.

［2］庄俞，等. 最近三十五年之中国教育［M］. 上海：商务印书馆，1931.

［3］吴研因，吴增芥. 小学教材研究［M］. 上海：商务印书馆，1933.

［4］吴研因，等．小学教科书评论［M］．南京：正中书局，1936．

［5］刘曼卿．边疆教育（上、中、下）［M］．北京：商务印书馆，1936．

［6］国立暨南大学教育系．西北教育考察报告书［M］．广州：国立暨南大学出版社，1936．

［7］朱子爽．中国国民党教育政策［M］．重庆：国民图书出版社，1941．

［8］剪敦道，宁夏省政府．十年来宁夏省政述要·教育篇［M］．银川：宁夏省政府秘书处，1942．

［9］曹树勋．边疆教育新论［M］．南京：正中书局，1945．

［10］沈百英，等．小学教科书的改革［M］．上海：华华书店，1948．

［11］民族政策文件汇编（第一编）［M］．北京：人民出版社，1958．

［12］民族政策文件汇编（第二编）［M］．北京：人民出版社，1958．

［13］民族政策文件汇编（第三编）［M］．北京：人民出版社，1960．

［14］札奇斯钦边疆教育［M］．台北：蒙藏委员会，1961．

［15］曹树勋．边疆教育概述［M］．台北：国防研究院，1964．

［16］（瑞士）索绪尔．普通语言学教程［M］．北京：商务印书馆，1980．

［17］周士林，等．教材建议浅论［M］．北京：北京航空学院出版社，1986．

［18］国家民委政策研究室．国家民委民族政策文件选编（1979—1984）［M］．北京：中央民族学院出版社，1988．

［19］王沪宁．当代西方政治学分析［M］．成都：四川人民出版社，1988．

［20］（美）约翰·罗尔斯．何怀宏，何包钢，廖申白，译．正义论［M］．北京：中国社会科学出版社，1988．

［21］钟启泉．现代课程论［M］．上海：上海教育出版社，1989．

［22］当代中国民族工作编辑部．当代民族工作大事记（1949—1988）［M］．北京：民族出版社，1989．

［23］费孝通．中华民族多元一体格局［M］．北京：中央民族学院出版社，1989．

［24］白寿彝．中国通史（第19、20、21、22卷）［M］．上海：上海人民出版社，1989．

［25］庄孔韶．教育人类学［M］．哈尔滨：黑龙江教育出版社，1989．

［26］（美、西）M·F·麦凯，M·西格恩．严正，柳秀峰，译．双语教育概论［M］．北京：光明日报出版社，1989．

［27］翁独健．中国民族关系史纲要［M］．北京：中国社会科学出版社，1990．

［28］江应梁．中国民族史［M］．北京：民族出版社，1990．

［29］杨建新，马曼丽．西北民族关系史［M］．北京：民族出版社，1990．

［30］于式玉．于式玉藏区考察文集［M］．北京：中国藏学出版社，1990．

［31］朱解琳．藏族近现代教育史略［M］．西宁：青海人民出版社，1990.

［32］国家民族事务委员会，中共中央文献研究室．新时期民族工作文献选编［M］．北京：中央文献出版社，1990.

［33］熊明安．中华民国教育史［M］．重庆：重庆出版社，1990.

［34］朱解琳．藏族近现代教育史略［M］．西宁：青海人民出版社，1990.

［35］孙若穷．中国少数民族教育学概论［M］．北京：中国劳动出版社，1990.

［36］北京图书馆．民国时期总书目（1911—1949）法律．书目［Z］．北京：文献出版社，1990.

［37］吕一燃．中国边疆史地论集［M］．哈尔滨：黑龙江教育出版社，1991.

［38］西北大学西北历史研究室．西北历史研究（1989年号）［Z］．西安：西北大学出版社，1991.

［39］毛泽东选集［M］．北京：人民出版社，1991.

［40］胡森．江山野，等．简明国际教育百科全书·课程［M］．北京：教育科学出版社，1991.

［41］张有隽，徐杰舜．中国民族政策通论［M］．南宁：广西教育出版社，1992.

［42］欧用生．开放社会的教育改革［M］．台北：心理出版社，1992.

［43］黄光学．当代中国民族工作（上、下）［M］．北京：当代中国出版社，1993.

［44］赵云田．中国边疆民族管理机构沿革史［M］．北京：中国社会科学出版社，1993.

［45］葛剑雄，等．简明中国移民史·福州［M］．福州：福建人民出版社，1993.

［46］魏永理．中国西北近代开发史［M］．兰州：甘肃人民出版社，1993.

［47］朱解琳．甘宁青教育史简编［M］．西宁：青海人民出版社，1993.

［48］王远新．中国民族语言学史［M］．北京：中央民族大学出版社，1993.

［49］朱培民．新疆革命史［M］．乌鲁木齐：新疆人民出版社，1993.

［50］马大正．边疆与民族—历史断面研考［M］．哈尔滨：黑龙江教育出版社，1993.

［51］邓小平文选［M］．北京：人民出版社，1994.

［52］李国钧．中国教育大系—历代教育制度考（上，下）［Z］．武汉：湖北教育出版社，1994.

［53］金炳镐．民族理论通论［M］．北京：中央民族大学出版社，1994.

［54］国家民委政策研究室．中国共产党主要领导人论民族问题［M］．北京：民族出版社，1994.

［55］周庆元．中学语文教材概论［M］．长沙：湖南出版社，1994.

［56］江铭．中国教育督导史［M］．北京：人民教育出版社，1994.

［57］吕达. 中国近代课程史论［M］北京：人民教育出版社，1994.

［58］陶增骈. 东北民族教育史.［M］. 沈阳：辽宁大学出版社，1994.

［59］（美）费正清. 剑桥中华民国史（上卷）［M］. 北京：中国社会科学出版社，1994.

［60］郝时远，阮西湖. 当代世界民族问题与民族政策［M］. 成都：四川民族出版社，1994.

［61］江平. 中国民族问题的理论与实践［M］. 北京：中共中央党校出版社，1994.

［62］李时岳. 近代史新论［C］. 汕头：汕头大学出版社，1994.

［63］国家民委民族问题研究中心. 民族工作研究（1994—2003）［M］.

［64］（美）加里·沃塞曼. 陆震纶，等，译. 美国政治基础［M］. 北京：中国社会科学出版社，1994.

［65］刘要悟. 教育评价导论［M］. 兰州：甘肃文化出版社，1995.

［66］吴仕民. 中国民族政策概览［M］. 北京：人民出版社，1995.

［67］毛礼锐，沈灌群. 中国教育通史（第3、4、5卷）［M］. 济南：山东教育出版社，1995.

［68］周耀文. 中国少数民族语文使用研究［M］. 北京：中国社会科学出版社，1995.

［69］国家民委办公厅，政策研究室. 国家民委民族政策文件选编（1985—1995）（上、下）［M］. 北京：中国民航出版社，1996.

［70］阿尔宾达赉，沙玛·甲加. 中国少数民族文字教材建设概况［M］. 呼和浩特：内蒙古教育出版社，1996.

［71］罗荣渠. 中国现代化历程的探索［M］. 北京：北京大学出版社，1996.

［72］邱树森. 中国回族史（下册）［M］. 银川：宁夏人民出版社，1996.

［73］洲塔. 甘肃藏族部落的社会与历史研究［M］. 兰州：甘肃民族出版社，1996.

［74］刘志霄. 维吾尔族历史中篇（1980—1949）［M］. 北京：中国社会科学出版社，1996.

［75］余振贵. 中国历代政权与伊斯兰教［M］. 银川：宁夏人民出版社，1996.

［76］白寿彝. 回族人物志（近代）［M］. 银川：宁夏人民出版社，1996.

［77］王建军. 中国近代教科书发展研究［M］. 广州：广东教育出版社，1996.

［78］联合国教科文组织国际教育发展委员会. 华东师范大学比较教育研究所，译. 学会生存——教育世界的今天和明天［M］. 北京：教育科学出版社，1996.

［79］赵中建. 联合国教科文组织教育丛书：教育的使命—面向二十一世纪的教育

宣言和行动纲领［M］. 北京：教育科学出版社，1996.

［80］联合国国际 21 世纪教育委员会. 联合国教科文组织总部中文科，译. 教育——财富蕴藏其中［M］. 北京：教育科学出版社，1996.

［81］（英）约翰·密尔. 程崇华，译. 论自由［M］. 北京：商务印书馆，1996.

［82］夏建中. 文化人类学理论学派［M］. 北京：中国人民大学出版社，1997.

［83］（美）L·亨金. 信春鹰等，译. 权利的时代［M］. 北京：知识出版社，1997.

［84］（英）哈耶克. 王明毅等，译. 通向奴役之路［M］. 北京：中国社会科学出版社，1997.

［85］李华兴. 民国教育史［M］. 上海：上海教育出版社，1997.

［86］国家教委社科司组. 中国革命史［M］. 北京：高等教育出版社，1997.

［87］国家民委办公厅、政法司、政策研究室. 中华人民共和国民族政策法规选编［M］. 北京：中国民航出版社，1997.

［88］曾天山. 教材论［M］. 南昌：江西教育出版社，1997.

［89］洪泉湖，等. 族群教育与族群关系［M］. 台北：时英出版社，1997.

［90］林耀华. 民族学通论（修订本）［M］. 北京：中央民族大学出版社，1997.

［91］戴庆厦，滕星，等. 中国少数民族双语教育概论［M］. 沈阳：辽宁民族出版社，1997.

［92］盖兴之. 双语教育原理［M］. 昆明：云南教育出版社，1997.

［93］叶澜. 教育概论［M］. 北京：人民教育出版社，1998.

［94］孙培青. 中国教育管理史［M］. 北京：人民教育出版社，1998.

［95］朱崇先，王远新. 双语教学与研究（第一辑）［M］. 北京：中央民族大学出版社，1998.

［96］吴洪成. 中国学校教材史［M］. 重庆：西南师大出版社，1998.

［97］韩达. 中国少数民族教育史（一、二、三卷）［M］. 云南教育出版社、广西教育出版社、广东教育出版社，1998.

［98］王锡宏. 中国民族教育本体理论研究［M］. 北京：民族出版社，1998

［99］吴仕民. 中国民族政策读本［M］. 北京：中央民族大学出版社，1998.

［100］马文华. 新疆教育史稿［M］. 乌鲁木齐：新疆大学出版社，1998.

［101］鲁洁. 教育社会学［M］. 北京：人民教育出版社，1998.

［102］林霄红，赵虹. 教育法论［M］. 昆明：云南民族出版社，1998.

［103］何俊芳. 中国少数民族双语研究历史与现实［M］. 北京：中央民族大学出版社，1998.

［104］丁石庆. 双语文化论纲［M］. 北京：中央民族大学出版社，1999.

［105］戴庆厦，成燕燕，傅爱兰，等. 中国少数民族语言文字应用研究［M］. 昆

明：云南民族出版社，1999.

[106] （美）弗里德里希·克拉托赫维尔，（德）约塞弗·拉伯德．金烨，译．文化和认同 [M]．杭州：浙江人民出版社，2003.

[107] 袁众．语言接触与语言演变 [M]．北京：民族出版社，2001.

[108] 郝文明．中国民族工作五十年 [M]．北京：民族出版社，1999.

[109] 毛公宁，王铁志．民族问题论丛（第一辑） [M]．北京：中央民族大学出版社，1999.

[110] 国家民委办公厅．民族工作手册 [M]．北京：民族出版社内部出版，1999.

[111] 张崇根．中国民族工作历程（1949—1999） [M]．上海：远东出版社，1999.

[112] 毛泽东文集 [M]．北京：人民出版社，1999.

[113] 张传燧．中国教学论史纲 [M]．长沙：湖南教育出版社，1999.

[114] 吴永军．课程社会学 [M]．南京：南京师范大学出版社，1999.

[115] 贵州民族事务委员会．贵州民族工作五十年 [M]．贵阳：贵州民族出版社，1999.

[116] 毛公宁，王铁志．民族问题论丛（第二辑） [M]．中央民族大学出版社，1999.

[117] （美）约翰·罗尔斯．万俊人，译．政治自由主义 [M]．上海：译林出版社，2000.

[118] （美）托马斯·雅诺斯基．柯雄，译．公民与文明社会 [M]．沈阳：辽宁教育出版社，2000.

[119] 金炳镐．中国民族理论研究二十年 [M]．北京：中央民族大学出版社，2000.

[120] 陈孝彬．教育管理学 [M]．北京：北京师范大学出版社，2000.

[121] 郑金洲．教育通论 [M]．上海：华东师范大学出版社，2000.

[122] 宁骚．公共政策 [M]．北京：高等教育出版社，2000.

[123] 张建成．多元文化教育 [M]．台北：师大书苑图书，2000.

[124] 王远新．双语教学与研究（第四辑） [M]．北京：中央民族大学出版社，2000.

[125] （奥）茨达齐尔．李其龙，译．教育人类学原理 [M]．上海：上海教育出版社，2001.

[126] （日）王柯．冯谊光，译．民族与国家：中国多民族统一国家思想的系谱 [M]．北京：中国社会科学出版社，2001.

[127] 滕星．族群、文化与教育 [M]．北京：民族出版社，2001.

［128］德尔基彭错，郭嵩明．中国南方回族文化教育资料选编［M］．成都：四川民族出版社，2001．

［129］蔡寿福．云南教育史［M］．昆明：云南教育出版社，2001．

［130］（奥）茨达齐尔．李其龙，译．教育人类学原理［M］．上海：上海教育出版社，2001．

［131］哈经雄，滕星．民族教育学通论［M］．北京：教育科学出版社，2001．

［132］王铁志．新时期民族政策的理论与实践［M］．民族出版社，2001．

［133］柳治微，蔡尚思．中国文化史（下）［M］．上海：上海古籍出版社，2001．

［134］袁振国．教育政策学［M］．南京：江苏教育出版社，2001．

［135］袁振国．中国教育政策评论（2001）［C］．北京：教育科学出版社，2001．

［136］傅明贤．行政组织理论［M］．北京：高等教育出版社，2001．

［137］劳凯声．教育法论［M］．南京：江苏教育出版社，2001．

［138］（英）戴维·米勒．应奇，译．社会正义原则［M］．南京：江苏人民出版社，2001．

［139］（德）哈拉尔德·米勒．郦红，那斌，译．文明的共存——对塞缪尔·亨廷顿"文明冲突论"的批判［M］．北京：新华出版社，2002．

［140］贾东海．少数民族教育政策研究［M］．兰州：甘肃教育出版社，2002．

［141］王鉴．民族教育学［M］．兰州：甘肃教育出版社，2002．

［142］铁木尔．民族政策研究文丛（第一辑）［M］．北京：民族出版社，2002．

［143］（古希腊）亚里士多德．颜一，秦典华，译．政治学［M］．北京：中国人民大学出版社，2003．

［144］王军．文化传承与教育选择［M］．北京：民族出版社，2002．

［145］董艳．文化环境与双语教育［M］．北京：民族出版社，2002．

［146］布拉德福德·霍尔．麻争旗，赵靳秋，张开，等，译．跨越文化障碍—交流的挑战［M］．北京：北京广播学院出版社，2003．

［147］拉里 A·萨默瓦，理查德 E·波特．麻争旗、赵靳秋、张开，等，译．文化模式与传播方式［M］．北京：北京广播学院出版社，2003．

［148］王宁．中国文化概论［M］．长沙：湖南师范大学出版社，2003．

［149］王继平．近代中国与近代文化［C］．北京：中国社会科学出版社，2003．

［150］杨立强．清末民初资产阶级与社会变动［C］．上海：上海人民出版社，2003．

［151］吴洪成．历史的轨迹——中国小学教育发展史［M］．重庆：西南师范大学出版社，2003．

［152］铁木尔．民族政策研究文丛（第二辑）［M］．北京：民族出版社，2003．

[153] 黄忠敬. 知识. 权力. 控制——基础教育课程文化研究 [M]. 上海：复旦大学出版社，2003.

[154] （英）安东尼·吉登斯. 社会学 [M]. 北京：北京大学出版社，2003.

[155] 刘豪兴. 社会学概论 [M]. 北京：高等教育出版社，2003.

[156] （美）伦恩伯格奥斯坦. 孙志军，金平，等，译. 教育管理学 [M]. 北京：中国轻工业出版社，2003.

[157] 李喜所. 中国近代社会与文化研究 [M]. 北京：人民出版社，2003.

[158] 黄建华. 国民党政府的新班政策研究 [M]. 北京：民族出版社，2003.

[159] 周积明，杯莹，等. 震荡与冲突中国早期现代化进程中的思潮和社会 [M]. 北京：商务印书馆，2003.

[160] 复旦大学历史学系，复旦大学中外现代化进程研究中心. 近代中国的国家形象与国家认同 [M]. 上海：上海古籍出版社，2003.

[161] 王蓓. 孙中山政治心理思想研究 [M]. 北京：中国社会科学出版社，2004.

[162] 马戎. 民族社会学 [M]. 北京：北京大学出版社，2004.

[163] 田海林. 中国近代政治思想史 [M]. 济南：山东大学出版社，2004.

[164] （英）安迪·格林. 朱旭东，徐卫红，等，译. 教育、全球化与民族国家 [M]. 北京：教育科学出版社，2004.

[165] （美）迈克尔·W·阿普尔. 阎光才，等，译. 文化政治与教育 [M]. 北京：教育科学出版社，2005.

[166] 乔健，李沛良，马戎. 文化、族群与社会的反思 [M]. 北京：北京大学出版社. 2005.

[167] （美）Ronald E. Koetzsch Ph. D. 薛晓华，译. 学习自由的国度——另类理念学校在美国的实践 [M]. 上海：华东师范大学出版社，2005.

[168] （美）霍华德·威亚尔达. 娄亚，译. 比较政治学导论：概念与过程 [M]. 北京：北京大学出版社，2005.

[169] 李华兴，张元隆，李海生. 索我中华之理想：中国近代国家观念的形成与发展 [M]. 合肥：安徽教育出版社，2005.

[170] 关海庭. 中国近现代政治发展史 [M]. 北京：北京大学出版社，2005.

[171] （美）阿普尔，等. 侯定凯，译. 教科书政治学 [M]. 上海：华东师大出版社，2005.

[172] 陈庆云. 公共政策分析 [M]. 北京：北京大学出版社，2006.

[173] 张创新. 中国政治制度史（第二版）[M]. 北京：清华大学出版社，2006.

[174] 马廷中. 民国时期云南民族教育史研究 [M]. 北京：民族出版社，2007.

[175] 桑兵. 晚清学堂学生与社会变迁 [M]. 桂林：广西师范大学出版社，2007.

［176］（美）凯瑟琳·麦克德莫特. 周玲，杨旻，译. 掌控公立学校教育：地方主义与公平［M］. 北京：教育科学出版社，2007.

［177］（美）卢克·拉斯特. 王媛，徐默，译. 人类学的邀请［M］. 北京：北京大学出版社，2008.

［178］（美）德雷克·博克. 侯定凯，梁爽，陈琼琼，译. 回归大学之道：对美国大学本科教育的反思与展望［M］. 上海：华东师范大学出版社，2008.

［179］（美）迈克尔·W·阿普尔. 曲囡囡，刘明堂，译. 教育与权力［M］. 上海：华东师范大学出版社，2008.

［180］人民教育出版社课程教材研究所. 民族中小学汉语教学论稿［M］. 北京：人民教育出版社，2008.

［181］金志远. 民族文化传承与民族基础教育课程改革［M］. 北京：民族出版社，2008.

［182］汪家熔. 民族魂——教科书的变迁［M］. 北京：商务印书馆，2008.

［183］石鸥，吴小鸥. 百年中国教科书图说［M］. 长沙：湖南出版社，2009.

［184］滕星，王铁志. 民族教育理论与政策研究［M］. 北京：民族出版社，2009.

［185］（加）梁鹤年. 丁进锋，译. 政策规划与评估方法［M］. 北京：中国人民大学出版社，2009.

［186］（美）杜赞奇. 王宪明，等，译. 从民族国家拯救历史——民族主义话语与中国现代史研究［M］. 南京：江苏人民出版社，2009.

［187］（加）威尔·金里卡. 杨立锋，译. 多元文化公民权——一种有关少数族群权利的自由主义理论［M］. 上海：上海世纪出版集团，2009.

［188］孟立军. 新中国民族教育政策研究［M］. 北京：科学出版社，2010.

［189］汪洪亮，等. 民国时期边疆教育文选［M］. 广州：黄山书社，2010.

［190］（美）托马斯·R·戴伊. 谢明，译. 理解公共政策［M］. 北京：中国人民大学出版社，2010.

［191］吴定初，张传燧. 羌族教育发展史［M］. 北京：商务印书馆，2011.

［192］王鉴. 中国少数民族教育政策体系研究［M］. 北京：民族出版社，2011.

［193］石鸥. 中国近现代教科书史（上，下）［M］. 长沙：湖南教育出版社，2012.

［194］金志远. 民族基础教育课程知识选择主体研究［M］. 呼和浩特：内蒙古大学出版社，2012.

［195］石鸥，张增田. 教科书评论（2013）［M］. 北京：首都师范大学出版社，2014.

［196］石鸥. 百年中国教科书忆［M］. 北京：知识产权出版社，2015.

［197］石鸥. 简明中国教科书史［M］. 北京：知识产权出版社，2015.

［198］National Ethos. Multicultural Edueation and the New History Textbooks in Israel. Curriculum Inquiry，spring 2005. Blackwell Publishing.

［199］History，identity，and the school Curriculum in NorthemIreland：an empirical studay ofsecondary students' ideas and Perspectives. Journal a of Cutriculum Studies，January—February 2005，Taylor & Francis Group Ltd.

［200］Complicating Discontinuity：What About Poverty. Curriculum Inquiry，sping 2005. Blackwell publishing.

［201］The Milk in Schools Scheme，1934 – 1945：nationalization and resistance. History of Education，January 2005. Taylor & Francis Group Ltd.

［202］David M. Newman. Sociology—Exploring the Architecture of Everyday Life，Pine Forge Press. 2003.

［203］William Kornbolum Harcourt. Sociology in a Changing World：Brace College Publishers. 1999.

［204］James W. Vander Zanden. Sociology—the core：McGraw – Hill. Inc. 2001.

［205］Sociology：Prentice Hall，INC，Englewood cliffs，New Jersey，1998.

［206］Apple，M. W.. Ideology and Curriculum. New York：Routledge，Chapman and Hall，Inc. 1990.

［207］Michael F. D. Yong. Knowledge and Control：Collier – Macmillan，1971.

［208］Standardizing Knowledge in a Multieultural Soeiety. Curriculum Inquiry，spring 2005. Blackwell Publishing.

［209］Young . Knowledge and Control ：New Directions for the Sociology of Education. London. ：Collier Maemillan，1971.

［210］Apple，M. W. The Hidden Curriculum and the Nature of Conflict Interchange，2：4. 1972.

(三) 论文

［1］全国教育会联合会. 改革教科书审定制度案［J］. 浙江省教育会月刊，1924 (4).

［2］国民政府教育行政委员会设立教科书编审处［J］. 厦大周刊，1927（第 73 期. 国内教育新闻).

［3］推荐教科书审查委员会委员［J］. 第四中山大学教育行政周刊，1927（第 5 期. 行政部消息).

［4］国民政府教育行政委员会. 教科书审查规程［J］. 第四中山大学教育行政周

刊，1927（第 7 期．法规）.

[5] 郑鹤声．三十年来中央政府对于编审教科图书之检讨［J］．教育杂志，1935（第 25 卷第 7 号）.

[6] 吴研因．清末以来我国小学教科书概观［J］．中华教育界，1935（第 23 卷第 11 期．专载）.

[7] 郑鹤声．我国边疆教育计划与设施［J］．教育杂志．1936 年第 26 卷第 5、6 号.

[8] 郭莲峰．边疆教育工作之检讨［J］．教与学月刊．1940 年第 5 卷第 7 期.

[9] 郭莲峰．今后边疆教育设施之方针［J］．教与学月刊．1940 年第 5 卷第 8 期.

[10] 朱治国．推行边疆教育之途径［J］教与学月刊．1940 年第 5 卷第 7 期.

[11] 王文首．边疆教育之理论与问题［J］．时代精神．1940 年第 2 卷第 2 期.

[12] 宗亮东．边疆教育的三个重要问题［J］．教与学月刊．1940 年第 5 卷第 7 期.

[13] 吴鼎．边疆教育之现状及今后推进之方法［J］．边政公论．1941 年第 1 卷第 2 期.

[14] 王一影．泛论边疆教育夷族青年的教育与训练［J］．边政公论．1941 年第 1 卷第 3、4 期.

[15] 欧元怀．边疆教育之今后［J］．边政公论．1941 年第 1 卷第 5、6 期.

[16] 李伯海．三年来之甘肃边疆教育［J］．甘肃教育．1941 年第 3 卷第 23、24 期合刊.

[17] 魏冰心．国定教科书之编辑经过［J］．教育通讯，1946（复刊第 1 卷第 6 号）.

[18] 魏冰心．国定教科书之供应问题［J］．教育通讯，1946（复刊第 1 卷第 13 期）.

[19] 陈立夫．我对于编辑中小学教科书的意见［J］．学生之友，1940（第 1 卷第 4 期）.

[20] 陈立夫．我对于编辑中小学教科书的意见（续）［J］．教与学，1942（第 7 卷第 2 期）.

[21] 古清尧，中国历史上的民族政策研讨述要［J］．民族研究，1991（2）.

[22] 李显元．苗汉双语文教材建设刍议［J］．民族语文，1993（4）.

[23] 石学东．湘西苗汉双语文实验教材的特点［J］．民族语文，1993（4）.

[24] 甘玉贵．我国民族政策研究的特点［J］．贵州民族研究，1993（3）.

[25] 黄承敏．民族政策与民族发展［J］．黑龙江民族丛刊，1994（1）.

[26] 马大正．1978 年以来中国近代边疆问题研究述评（上）［J］．中国边疆史地研究，1994（3）.

[27] 金炳镐．论党的民族风俗习惯政策的形成发展 [J]．黑龙江民族丛刊，1994 (1)．

[28] 马大正．1978 年以来中国近代边疆问题研究述评（下）[J]．中国边疆史地研究，1994 (4)．

[29] 韩星．孙中山对民族精神的反思和重构 [J]．史学月刊，1994 (4)．

[30] 邱久荣．试析孙中山的民族主义与民族观念 [J]．中央民族大学学报，1994 (1)．

[31] 高永久．二十一世纪中国西北地区民族社会发展展望 [J]．西北史地，1994 (1)．

[32] 李瑞．试论我国社会主义民族政策的特点 [J]．中央民族大学学报，1994 (6)．

[33] 周朱流．中国的民族政策撮要 [J]．西北民族学院学报，1995 (1)．

[34] 徐治涛．从民族政策的动态属性看我国民族问题的解决 [J]．民族理论研究，1995 (3)．

[35] 李红杰．也谈民族政策的几个理论问题 [J]．中央民族大学学报，1995 (4)．

[36] 石筠弢．我国基础教育课程教材政策发展 50 年 [J]．课程·教材·教法，1996 (3)．

[37] 余梓东．"民族政策"定义推究 [J]．内蒙古社会科学，1996 (3)．

[38] 刘付靖．民国初期孙中山先生与民族宗教事务 [J]．广东民族学院学报（社会科学版），1996 (3)．

[39] 韦清风．近代中国边疆研究的第二次高潮与国防战略 [J]．中国边疆史地研究，1996 (3)．

[40] 李永伦．论孙中山的民族观 [J]．云南民族学院学报（哲学社会科学版），1996 (3)．

[41] 马大正．二十世纪的中国边疆史地研究 [J]．历史研究，1996 (4)．

[42] 袁林．甘宁青历史饥荒统计规律研究 [J]．兰州大学学报（社会科学版），1996 (4)．

[43] 李永伦．试析孙中山民族平等的思想 [J]．云南教育学院学报，1996 (4)．

[44] 张楚廷．素质：人的内在之物 [J]．湖南师范大学社会科学学报，1996 (4)．

[45] 周庆元．21 世纪中国语文教育的全方位突破 [J]．湖南师范大学社会科学学报，1996 (3)．

[46] 唐景福．民国时期历届中央政府维护西藏主权的措施 [J]．中国藏学，1997 (1)．

[47] 陈金龙. 论孙中山的民族平等思想 [J]. 民族研究, 1997 (1).

[48] 祝启源. 孙中山民族主义的真谛 [J]. 云南社会科学, 1997 (1).

[49] 吴福环, 李慈荣. 孙中山与中国边疆现代化 [J]. 新疆大学学报 (哲学社会科学版), 1997 (2).

[50] 刘平. 清至民国时期政府行为在成就新获双语中的作用 [J]. 西域研究, 1997 (2).

[51] 沈桂萍. 试论民族政策制定的原则 [J]. 黑龙江民族丛刊, 1997 (1).

[52] 彭谦. 关于民族政策法律化问题 [J]. 黑龙江民族丛刊, 1997 (4).

[53] 李建辉. 略论中国民族政策体系 [J]. 当代中国史研究, 1997 (5).

[54] 施本植. 轨迹与走向: 我国民族经济政策探析 [J]. 云南学术探讨, 1997 (4).

[55] 王楠, 马佳宏. 论发展民族教育的特殊政策及其实施 [J]. 中国民族教育, 1997 (5).

[56] 李登全. 论党在新时期的民族政策 [J]. 民族, 1997 (10).

[57] 郑晓云. 孙中山的民族平等思想与民族发展 [J]. 云南社会科学, 1997 (1).

[58] 钟桂明. 试论北洋军阀政府的民族政策 [J]. 广西民族学院学报 (哲学社会科学版), 1997 (3).

[59] 房建昌. 简述民国年间有关中国边疆的机构与刊物 [J]. 中国边疆史地研究, 1997 (2).

[60] 郭弘. 民国时期甘肃藏区初等教育述评 [J]. 甘肃社会科学, 1997 (6).

[61] 温起秀. 中国民族政策的国际比较 [J]. 西北民族学院学报 (哲学社会科学版), 1998 (3).

[62] 石鸥. 素质教育取向研究的思考 [J]. 中国教育学刊, 1999 (3).

[63] 王伏平. 民国时期的西北地区回族研究 [J]. 中央民族大学学报 (社会科学版), 1999 (2).

[64] 温起秀. 中国民族政策的历史对比 [J]. 西北民族学院学报 (哲学社会科学版), 1999 (2).

[65] 苏发祥. 民国时期藏区教育概述 [J]. 民族教育研究, 1999 (3).

[66] 黄建华. 蒋介石与新疆三区革命 [J]. 中国边疆史地研究, 1999 (4).

[67] 肖红. 浅析当代中国民族政策与民族法律的关系 [J]. 西北民族学院学报 (哲社版), 1999 (2).

[68] 廖雅琴. 孙中山和毛泽东关于民族独立和民族平等思想的比较研究 [J]. 零陵师范高等专科学校学报, 1999 (2).

[69] 魏中海. 孙中山开发大西北经济的战略构想及启示 [J]. 理论研究, 1999 (2).

[70] 沈社荣. 30 年代国民政府的西北战略意识 [J]. 宁夏大学学报 (哲学社会科学版), 1999 (3).

[71] 刘要悟. 教育学的未来发展 [J]. 教育评论, 2000 (2).

[72] 何志明. "五族共和思想" 对民族地区的影响 [J]. 青海民族学院学报 (社会科学版), 2000 (1).

[73] 周庆生. 国民政府时期国共两党的民族语言政策 [J]. 民族语文, 2000 (1).

[74] 陈少娟, 张作荣. 试论宁夏新式回民教育 [J]. 回族研究, 2000 (2).

[75] 周泓. 民国时期的边疆教育制度 [J]. 民族教育研究, 2000 (4).

[76] 王鉴, 李伟. 中国少数民族教育课程的历史发展及其昭示 [J]. 贵州民族研究, 2000 (1).

[77] 王信东. 云南省中小学音乐美术乡土教材建设与研究 [J]. 民族艺术研究, 2000 年增刊.

[78] 何群. 论民族认同性与多民族国家民族政策的成功调整 [J]. 内蒙古大学学报 (社科版), 2001 (1).

[79] 曹承明. 构建新世纪民族政策 [J]. 民族论坛, 2000 (1).

[80] 何群. 多民族国家民族政策与民族关系发展远景 [J]. 西北民族研究, 2000 (1).

[81] 周泓. 民国时期新疆民族宗教教育与国民教育的并行 [J]. 西北民族研究, 2001 (2).

[82] 黄建华. 国民党政府的新班政策特点 [J]. 新疆地方志, 2001 (4).

[83] 孙宏年. 国民参政会中的藏族参政员与国民政府治藏政策 [J]. 西藏研究, 2001 (4).

[84] 王启龙, 邓小咏. 1949 年以前藏区教育研究述评 [J]. 西藏大学学报, 2001 (4).

[85] 黄天华. 论民国时期西康建省 [J]. 四川师范大学学报 (社会科学版), 2001 (4).

[86] 张楚廷. 新世纪：教育与人 [J]. 高等教育研究, 2001 (4).

[87] 石鸥. 在过程中体验, 从新课程改革关注情感体验价值谈起 [J]. 课程·教材·教法, 2002 (2).

[88] 何群. 多民族国家民族政策与民族关系发展远景 [J]. 西北民族研究, 2002 (1).

［89］高艳萍．略论孙中山民族主义思想的发展［J］．廊坊师范学院学报，2002（1）．

［90］梁伟．西藏各民族对维护国家统一和领土完整的历史贡献［J］．西藏大学学报，2002（1）．

［91］寇俊敏．2001年中国边疆史地研究论文索引［J］．中国边疆史地研究，2002（1）．

［92］邓亦武．1912—1916年北京政府的民族政策［J］．绥化师专学报，2002（1）．

［93］李根．羁縻制与少数民族政治行政制度［J］．云南行政学院学报，2002（1）．

［94］马大正．关于边疆研究若干问题的思考［J］．中国边强史地研究，2002（1）．

［95］马廷中．民国时期贵州的边地教育［J］．贵州民族研究，2002（1）．

［96］张楚廷．课程与课程论研究发展的十大趋势［J］．课程·教材·教法，2002（1）．

［97］万明钢．"积极差别待遇"与"教育优先区"的理论构想——西部少数民族贫困地区教育发展途径探索［J］．教育研究，2002（5）．

［98］李冬生．关于新民主主义革命时期党的民族纲领及政策的若干探讨［J］．内蒙古工业大学学报（社科版），2003（1）．

［99］张楚廷．课程的"五I"构想［J］．课程·教材·教法，2003（11）．

［100］孙宏年．2002年中国边疆史地研究论文索引［J］．中国边疆史地研究，2003（1）．

［101］刘国武．论黄慕松使藏［J］．云南民族学院学报（哲学社会科学版），2003（1）．

［102］张羽新．蒙藏事务局及其对藏政的管理（上）［J］．中国藏学，2003（1）．

［103］沈社荣．蒋介石的西北战略观［J］．固原师专学报（社会科学版），2003（1）．

［104］周庆元、于源溟．诵读法的历时演化与现时解读［J］．中国教育学刊，2004（10）．

［105］石鸥，赵长林．科学教科书的意识形态．教育研究［J］．2004（6）．

［106］孟凡丽．我国少数民族基础教育课程、教材建设：回顾与反思［J］．贵州民族研究，2004（4）．

［107］郑新蓉，卓挺亚．我国义务教育阶段少数民族文字教材调查研究［J］．广西民族学院学报（哲学社会科学版），2004（5）．

［108］张传通．教育的主体与主体性教育散论［J］．教师教育研究，2004（3）．

［109］容中逵，刘要悟．论基础教育课程改革中的改革问题［J］．教育理论与实践，2005（1）．

［110］容中逵，刘要悟．民族化、本土化还是国际化、全球化——论当前我国基础

教育课程改革的参照系问题［J］．比较教育研究，2005（7）．

［111］石鸥．课程改革：谁在呼唤？——关于基础教育课程改革的认识之一［J］．教育科学论坛，2005（11）．

［112］宋军令．近代中国的教科书审定制及其影响［J］．河南科技学院学报（社会科学版），2005（3）．

［113］王阿舒，孟凡丽．新疆少数民族双语教育政策发展综述［J］．民族教育研究，2006（2）．

［114］贺金林．国民政府时期中小学教科书供应体制的沿革［J］．中山大学学报（社会科学版），2006（5）．

［115］董颖红．民族预科语文教材编撰原则探析［J］．民族教育研究，2007（3）．

［116］彭尔佳．我国教科书百年回眸——教科书编审制度的演变［J］．河北师范大学学报（教育科学版），2008（2）．

［117］石鸥．最不该忽视的研究——关于教科书研究的几点思考［J］．湖南师范大学教育科学学报，2007（9）．

［118］白立元．民族教育教材出版发行现状及其发展策略［J］．民族教育研究，2007（3）．

［119］薛二勇，方展画．美国教育公平发展中的补偿性政策——以《初等与中等教育法》颁布四十余年的政策实践为例［J］．教育发展研究，2007（10）．

［120］杨伊生．蒙语授课教师对蒙文版新课程教材评价的调查研究［J］．民族教育研究，2008（2）．

［121］彭霞光．全纳教育：未来之路［J］．中国特殊教育，2008（12）．

［122］赵敏．对新形势下少数民族中小学双语教材出版问题的思考［J］．新疆教育出版，2008（2）．

［123］白霞．谈谈新疆"双语"教学图书的出版［J］．科技与出版，2008（9）．

［124］吴小鸥．艰难的规整——解放初期教科书之研究［J］．湖南师范大学教育科学学报，2009（9）．

［125］孟凡丽，艾尼·外力．新疆义务教育阶段维吾尔文《语文》教科书文化构成分析［J］．民族教育研究，2009（2）．

［126］胡锐军，郭峰．和谐社会与教育公平——以权力和政策为视角［J］．国家教育行政学院学报，2009（1）．

［127］马戎．如何思考我国少数民族地区乡土教材建设［J］．北京大学教育评论，2010（1）．

［128］拉西冬日布．论民族文字教材建设［J］．1995年昆明少数民族教育国际学术研讨会论文．

［129］李素梅，滕星．我国少数民族地区乡土教材百年发展历史与文化功能述略

[J]. 中央民族大学学报，2010（5）.

[130] 古丽扎尔·吾守尔在. 中小学维吾尔文教材调查研究 [J]. 民族教育研究，2011（6）.

[131] 方成智，新中国教科书多样化的开端——"八套半"义务教育教科书研究 [J]. 学术探索，2012（1）.

（四）学位论文

[1] 王伦信. 清末民国时期中学教育研究 [D]. 上海：华东师范大学博士学位论文，2001.

[2] 马志强. 全纳教育在英国和美国的研究历程和现状 [D]. 郑州：河南大学教育科学学院硕士学位论文，2001.

[3] 周彬. 教育政策基础的经济分析 [D]. 上海：华东师范大学博士学位论文，2003.

[4] 孟凡丽. 多元文化背景下地方课程开发研究 [D]. 兰州：西北师范大学博士学位论文，2003.

[5] 马廷中. 云南民国时期民族教育研究 [D]. 北京：中央民族大学博士学位论文，2004.

[6] 李尚耘. 中华人民共和国民族政策研究 [D]. 北京：中央民族大学博士学位论文，2004.

[7] 李军. 我国教育政策研究现状分析 [D]. 上海：华东师范大学硕士学位论文，2004.

[8] 王侠. 西方多元文化教育理论的阐释 [D]. 北京：中央民族大学硕士学位论文，2005.

[9] 苏德. 多维视野下的双语教学发展观 [D]. 北京：中央民族大学博士学位论文，2005.

[10] 孙东方. 文化变迁与双语教育演变 [D]. 北京：中央民族大学博士学位论文，2005.

[11] 聂春燕. 20世纪30、40年代开发西北大潮中的边疆教育 [D]. 成都：四川大学硕士学位论文，2005.

[12] 蔡仁赐. 教育政策的理性决策模式研究 [D]. 南京：南京师范大学硕士学位论文，2005.

[13] 董田甜. 中国教育政策实施评估与对策研究 [D]. 南京：南京师范大学硕士学位论文，2005.

[14] 毕正宇. 教育政策执行模式研究 [D]. 武汉：华中师范大学博士学位论文，2006.

[15] 张振改. 教育政策的限度研究——来自个案的启示 [D]. 上海：华东师范大学博士学位论文，2006.

[16] 李国栋. 民国时期的民族问题与民国政府的民族政策研究 [D]. 兰州：兰州大学博士学位论文，2006.

[17] 刘丽群. 论知识准入课程中的国家介入 [D]. 长沙：湖南师范大学博士学位论文，2007.

[18] 高志刚. 民国前期教育立法研究 [D]. 长春：东北师范大学硕士学位论文，2007.

[19] 张永民. 抗战时期的西南边疆教育研究 [D]. 贵阳：贵州师范大学硕士学位论文，2007.

[20] 齐宝江. 政治公平与和谐社会——政治生活的政治哲学分析 [D]. 长春：吉林大学博士学位论文，2008.

[21] 吴小鸥. 清末民初教科书的启蒙诉求 [D]. 长沙：湖南师范大学博士学位论文，2009.

[22] 王曙明. 宁夏近代教育研究 [D]. 兰州：西北大学博士学位论文，2009.

[23] 王海文. 南京国民政府蒙藏教育司创设及实践研究 [D]. 北京：中央民族大学硕士学位论文，2009.

[24] 王洋. 对维汉语教学研究 [D]. 上海：华东师范大学博士学位论文，2009.

[25] 王洪玉. 甘南藏汉双语教育历史与发展研究 [D]. 北京：中央民族大学博士学位论文，2010.

[26] 方成智. 艰难的规整——新中国十七年（1949—1966）中小学教科书研究 [D]. 长沙：湖南师范大学博士学位论文，2010.

[27] 刘晓光. 边政公论研究 [D]. 昆明：云南大学硕士学位论文，2011

[28] 王昌善. 我国近代中小学教科书编审制度研究 [D]. 长沙：湖南师范大学博士学位论文，2011.

[29] 刁含勇. 新中国中小学教科书制度的形成及其影响（1949—1954）[D]. 上海：华东师范大学博士学位论文，2011.

[30] 李水平. 新中国教科书制度研究 [D]. 长沙：湖南师范大学博士学位论文，2014.

后 记

大约两年前的暑假，第一次在石鸥老师家里看到 1932 年、1947 年南京国民政府教育部出版发行的两套汉蒙语合璧的《国语》《常识》教科书，之前一直以政策为主要研究对象的我，被这些纸脆、发黄的教科书实物一下给震撼了，博士论文的研究费尽心思挖掘档案、文件始终不得要领，此时却感觉思路豁然开朗。教科书政策的最终呈现，还是孩子们日日翻阅的小小读本啊。

每次参观石鸥老师筹建的教科书博物馆时，在铺陈一堆的教科书中，总会一眼看到少数民族教科书的存在，因为在教科书的大家庭中，它非常特别。这特别之处首先表现在教科书语言的丰富多彩。与单一语言的普通教科书不同，中国的少数民族教科书语言分属世界主要五大语系，如汉藏、阿尔泰、南亚、印欧和南岛语系等。对于普通读者来说，陌生的语言引起的是对教科书所承载的别具一格文化的好奇，可能并不会注意甚至联想到少数民族教科书既是多元文化的载体，又因与文化的双向建构关系而成为一种自在自为的文化主体。少数民族教科书从诞生之日起，在追求工具属性时更加凸显其人文属性，因为它与中国近现代民族国家的建构和民族主义的传播紧密相关。

在百余年的发展过程中，少数民族教科书已经超越文化载体的功能，形成一种包含实体内容与独立结构的文化现象。在时间维度上，不同中央政府出版发行的教科书文本解决了其作为一种文化主体的持续性问题。每个阶段的教科书文本都在价值导向、编写风格、编排体例、选文标准、插图设计、印刷等方面自成文化体系，成为当时社会文化的有机组成部分。而在空间维度上，历经萌芽、成型、发展阶段，不同政府制定的无形的政策与制度保证了少数民族教科书作为文化主体的稳定性。跨越中国近现代史，少数民族教科书已经摆脱单纯的文化传承工具的面貌，成为具有超越性的、自觉的文化主体，是少数民族社会文化的教育学沉淀。而这，正是我们所欣喜看到的。

本书是在我的博士论文基础上修订而成，预期整本书的写作必须完成三项基本任务：第一，需从极易让人迷失的历史档案中将百年少数民族教科书政策发展的历史叙事搞清楚；第二，要对历史叙事进行概念层面的抽象，建立少数民族教科书政策清晰的分析框架，捋出其深层的历史发展机制；第三，要把分析框架上升到理论层面、与少数民族教科书研究所涉及学科当中最为核心的"母题"对接，阐明对此研究的理论洞见。然而，客观检视最终成果，几乎每项任务都没能尽善尽美地完成，比如在第一个任务中，历史档案及教科书文本的搜集整理无法避免捡万漏一的情形出现，这既需要主观方法与技术的支撑，也要等待客观时间的磨练与自现；第二项任务涉及公共政策研究，这是一个既古老又年轻的学科，它建立了多样化的政策分析模型，而在本书中主要采用了较为单一的团体竞争模型分析少数民族教科书政策，而我们知道多视角地分析一项公共政策是多么得重要；在第三项任务中，由于少数民族教科书研究是一项交叉学科研究，它与教育学、民族学、人类学、政治学、语言学、文化学等学科的核心"母题"研究都有深度勾连，每个相关学科庞杂的知识体系和精细的研究技术加大了本研究的难度，还有许多问题仍然未知，如少数民族教科书与公民教育的关系如何？少数民族教科书内容如何呈现多样化身份并引导优先选择？教科书对于少数民族文化的传承与发展是否表现为一贯的促进作用等，这些多多少少的留白都为下一步的研究指明了方向。

本研究涉及的全部教科书实物资料来源于石鸥教授筹建的"教科书博物馆"，这所目前大陆唯一的教科书博物馆位于首都师范大学教育学院，馆藏中国近现代教科书 5 万余册，为教科书研究提供了丰富的资源宝库。十余年来，石鸥教授领衔的教科书研究团队取得了丰硕的研究成果，形成了从历史研究到理论研究，从普通教科书到民族教科书，从纸质教科书到电子教科书的全学科、全类型研究覆盖，在保护教科书文物的基础上强化了教科书研究的权威性和准确性。作为团队的一员，我由衷感谢我的老师石鸥教授，倘若学术研究是一条布满荆棘的路，恩师带我一路披荆斩棘，走到今天。

　　本书的成型非常感谢知识产权出版社的编辑申立超，她逐字逐句认真校对了全书内容，展现出一名优秀编辑的职业素养和良好的沟通能力。同时，感谢在此书的研究中帮助过我的家人、同门、同学和朋友。

崔珂琰

2016 年仲冬写于陕西西安